사물들의 우주

사물들의 우주
THE UNIVERSE OF THINGS

지은이	스티븐 샤비로
옮긴이	안호성
펴낸이	조정환
주간	신은주
편집	김정연
디자인	조문영
홍보	김하은
프리뷰	권두현·문규민·신빛나리
초판 1쇄	2021년 12월 6일
초판 2쇄	2024년 4월 24일
종이	타라유통
출력	상지출력
인쇄	예원프린팅
라미네이팅	금성산업
제본	바다제책
ISBN	978-89-6195-287-3 93100
도서분류	1. 철학 2. 현대철학 3. 서양철학
값	17,000원
펴낸곳	도서출판 갈무리
등록일	1994. 3. 3.
등록번호	제17-0161호
주소	서울 마포구 동교로18길 9-13 2층
전화	02-325-1485
팩스	070-4275-0674
웹사이트	www.galmuri.co.kr
이메일	galmuri94@gmail.com

일러두기

1. 이 책은 Steven Shaviro의 *The Universe of Things. On Speculative Realism*, Minneapolis : University of Minnesota Press, 2014를 완역한 것이다.

2. 인명, 책 제목, 논문 제목, 전문 용어 등 고유명사의 원어는 맥락을 이해하는 데 원어가 꼭 필요하다고 생각되는 경우를 제외하고는 본문에서 원어를 병기하지 않았으며 찾아보기에 모두 수록하였다.

3. 단행본, 전집, 정기간행물에는 겹낫표(『』)를, 논문에는 홑낫표(「」)를 사용하였다.

4. 저자의 대괄호는 〔 〕를 사용하였고, 옮긴이가 이해를 돕기 위해 첨가한 내용은 [ ] 속에 넣었다.

5. 옮긴이 주석은 일련번호를 가지며, 옮긴이 주석에는 *라고 표시했다.

6. 영어판에서 이탤릭체로 강조된 것은 고딕체로 표기하였다.

7. 인용문 중 기존 번역이 있는 경우 가능한 한 기존 번역을 참고하였으나 전후 맥락에 따라 번역을 수정했다.

8. 화이트헤드 저서 중에서 『이성의 기능』은 옮긴이가 인용한 것이고 저자는 참고하지 않은 책이다. 인용 표기에 일관성을 기하기 위해서 서지사항을 약어표와 참고문헌에 넣고 옮긴이가 주석에서 인용할 때 원서와 동일하게 약어 형식으로 인용 표기를 했다.

내 두 딸, 아다 모젤 샤비로와 록산느 타마르 샤비로에게
이 책을 바친다.

차례

사물들의
우주

THE
UNIVERSE
OF
THINGS

AI   *Adventures of Ideas* [알프레드 노스 화이트헤드, 『관념의 모험』, 오영환 옮김, 한길사, 1997.]

CN   *The Concept of Nature* [알프레드 노스 화이트헤드, 『자연의 개념』, 안형관 옮김, 이문출판사, 1998.]

MT   *Modes of Thought* [알프레드 노스 화이트헤드, 『사고의 양태』, 오영환·문창옥 옮김, 치우, 2012.]

PR   *Process and Reality* [알프레드 노스 화이트헤드, 『과정과 실재 : 유기체적 세계관의 구상』, 오영환 옮김, 민음사, 2003.]

RM   *Religion in the Making* [알프레드 노스 화이트헤드, 『종교란 무엇인가』, 문창옥 옮김, 사월의책, 2015.]

SMW   *Science and the Modern World* [알프레드 노스 화이트헤드, 『과학과 근대세계』, 오영환 옮김, 서광사, 2008.]

SP   *Science and Philosophy*

FR   *The Function of Reason* [알프레드 노스 화이트헤드, 『이성의 기능』, 김용옥 옮김, 통나무, 1998.]

『사물들의 우주』가 영어로 처음 출판된 지 어언 7년, 이 책의 일부 즉발적인 관심사는 다소 덜 중요한 게 되었습니다. 이 책의 철학적 참고문헌은 책이 2010년 초에 구성되었다는 것을 매우 잘 반영하고 있지요. 오늘날, "사변적 실재론"은 예전보다는 덜 시선을 끄는 주제가 되었습니다. 비록 그것의 여러 관념은 철학뿐만 아니라 인문학과 사회과학 전반에 걸쳐 계속해서 영향을 끼치고 있지만요. 한편, "신유물론"은 여전히 학계에서 막강한 영향력을 행사하고 있지만, 여러 날카로운 비판의 대상이 되기도 했으며, 폭넓은 비학구적인 독자층에는 흡수되지 않은 것 같습니다. 이 책을 지배하고 있는 관념들은 알프레드 노스 화이트헤드에게서 유래한 것인데, 비록 화이트헤드의 영향력은 그가 죽은 후 처음 반세기 동안보다는 오늘날 더 널리 퍼져 있지만, 전체적인 영향력은 여전히 소수에게만 한정됩니다. 『사물들의 우주』는 제가 한때 바라던 대로 널리 수용되는 작품이기보다는 틈새시장을 파고드는 일종의 매니악한 작품입니다.

그러나 동시에 이 책의 기저에 놓여 있는 목적과 메시지는 여전히 시급하다고 생각합니다. 우리가 흔히 알고 있는 바와

같이 ― 그리고 아무리 불투명하더라도 『사물들의 우주』가 다루고
자 하는― , 세계를 위협하는 생태위기는 책이 영어로 처음 출
판된 이후 몇 년 동안 뚜렷하게 가시화되고 위험해지기만 했습
니다. 우리가 기후위기에 대해 더 명료하게 깨달을수록, 동시에
우리가 그러한 위기에 충분히 대응하고 있지 않다는 것 또한
깨닫습니다. 이 위기를 완화하고 우리를 진정으로 암울한 미래
로부터 구하기 위해서는 거대한 사회적, 정치적, 경제적, 그리고
기술적 전환이 필요할 것입니다.

　『사물들의 우주』는 기후위기를 단도직입적으로 다루지 않
습니다. 그러나 이 책은 환경을 오랫동안 파괴해온 힘 중 하나
에 관해 말합니다. 인간 존재가 의미와 가치의 중심에 홀로 서
있다는 가정입니다. 인간중심주의anthropocentrism, 인간이 그 힘
과 성취에 있어서 유일무이하고 전체로서의 우주에서 특별히
중요하다는 그 믿음은, 우리가 그것의 풍요로움에 의지하며
그 위에서 살아가야 하는 지구를 심각하게 착취하고 고의로
파괴하는 행위를 부채질해왔습니다. 물론, 저는 인간중심주의
적 철학으로 인해서 생태학적인 파괴가 야기되었다고는 말하지
않을 것입니다. 사회경제적, 정치적 요인들이 훨씬 더 직접적으
로 책임이 있지요. 그러나 인간중심주의적 사고는 적어도 달콤
해 보이는 문화적 환경과 알리바이를 제공함으로써 이러한 파
괴가 진행될 수 있도록 그 기반을 닦고 그 파괴를 허용하였습니다.

　『사물들의 우주』에서 탐구되는 철학들은 인간중심주의

의 과장 진술이 좀 진부하다는 것을 보여줍니다. 알프레드 노스 화이트헤드는 자신의 철학이 "초기의 과잉된 자신의 주관성을 의식한 후 수행된 자기-교정"을 제공하고자 했다고 썼습니다. 오늘날, 이와 유사하게 사변적 실재론과 신유물론은 최근에 인류세라고 불리게 된 것에 힘을 실어준 이데올로기에 대한 수정을 제공합니다. 인류세라는 명칭은 피할 수 없이 아이러니한 것입니다. 어떤 한 차원에서, "인류세"라는 용어는 인간의 활동이 지구의 지질학과 생물학을 돌이킬 수 없을 만큼 거대한 규모로 변화시켰다는 사실을 가리킵니다. 하지만 동시에, 이 용어는 이러한 변화가 우리가 예상했던 것이 아니며, 원했던 것도 아니라는 것을 상기시켜줍니다. 우리는 우리가 자연을 정복할 수 있으리라 생각했습니다. 그러나 대신 우리의 전례 없는 힘은 스스로를 파멸시키는 우리의 능력이 높아졌다는 것을 의미했습니다.

인류세는 또한 이전까지 우리 자신에 관해서 믿었던 방식처럼 인간이 고독하지 않으며 자율적이지도 않다는 깨달음을 우리에게 강요했습니다. 우리의 행위에 따르는 결과는 재앙이었습니다. 왜냐하면, 정확히 우리의 행위에 따른 결과가 단순히 우리 자신에게로만 돌아오지 않기 때문입니다. 결과는 다른 존재, 다른 이해관계, 그리고 다른 행위자를 연루시킵니다. 우리가 우리의 지배를 견고하게 하면 할수록, 우리는 우리 자신의 현존이 자율적이지 않고, 오히려 수많은 다른 생명체, 그리고 살아있지는 않지만 온전히 관성적이지도 않은 존재와 얽혀 있다는 것을 발견하게 됩니다. 만약 우리가 여전히 살만한 지구에서 계속 살아가기를 원한다면, 우리는 나무와 곰팡이와 숲, 꽃과 곤충, 그리고 강과 해양의 욕구를 고려해야 합니다. 우리는 그들의 번창을 우리 자신을 위해서뿐만 아니라, 그들 스스로를 위해서도 가치 있는 것으로 바라보는 법을 배워야 합니다.

물론, 저는 『사물들의 우주』가 이 모든 요점을 단도직입적으로 다루고 있다고 주장하려는 것은 아닙니다. 오히려 다루지 않지요. 이러한 생태학적 관심을 배경, 혹은 차라리 기류라고 생각해봅시다. 비록 제가 이 기류를 단도직입적으로 언급하지는 않더라도, 이 책을 가능하게 했던 상황 및 설정이 없었더라면, 이 책은 쓰이지 않았을 것입니다. 만약 우리가 적어도 인류세를 의식조차 하지 않는다면, 세상의 다른 어떤 것도 이해되지 않습니다.

그러므로 『사물들의 우주』는 확장된 사고 실험으로 가장 잘 여겨질 수 있을 것 같습니다. 인간중심주의를 포기하고 인간이 창조의 정점이라는 우리의 주장을 포기하는 데 동의한다고 해봅시다. 제 책이 묻는 것은 간단합니다. 그러면 무엇이 일어날까? 우주의 중심으로서도, 우주의 통치자로서도 우리 자신을 보지 않고, 화이트헤드가 말하는 것처럼 오히려 "동료 피조물들의 민주주의 속에"(Whitehead 1929/1978) 있는 것으로서 본다는 것은 무엇을 의미하는가? 우리가 우리 자신을 세계의 일부로 여기면서 더는 그것을 지배하지 않을 때, 세계에 대한 우리의 이해는 어떻게 변하게 될까? 일단 우리가 생각해야만 하는 것이 단순히 우리 자신에 관한 것일 수만은 없다는 것을 깨달았을 때, 무엇을 여전히 생각할 수 있는 것일까?

이것은 화이트헤드가 거의 한 세기 전에 미리 던진 질문들이며, 오늘날 사변적 실재론자들과 신유물론자들이 더 긴박하게 던지고 있는 질문들입니다. 인간이 만물의 척도라는 자만심을 벗어던져 버릴 필요가 있는 겁니다. 세계와 그 속에서 완전히 얽히고설킨 우리의 위치를 새롭게 이해하려면 화이트헤드가 말하는 새로운 사고의 모험을 떠나야 합니다. 만약 우리가 우리 자신의 전제 속에 갇혀 역사의 뒤안길로 사라지고자 하지 않는다면, 우리는 "사변적이어야 하고, 모험적이어야 하며, 새로움을 열망해야 합니다." 우리는 퀑탱 메이야수가 아름답게 거대한 외부라고 부른 것, "내 사고의 상관항이 아닌"(Meillassoux 2008) 황야에 우리 자신을 드러내기 위해, 우리 자신의 지적 거미줄로 짜인 안락한 울타리를 뛰어넘어야만 합니다.

그러한 사변, 그러한 지적 모험은 물론, 절대 쉽지 않습니다. "아무 곳도 아닌 곳에서 보는 관점" 같은 것은 없기 때문이며, 영원의 상 아래에서sub specie aeternitatis 세계를 이해하기 같은 것은 없기 때문입니다. 우리가 우리 자신의 너무도-인간적인 참조 체계에서 완전히 벗어날 수 없다는 것을 깨닫고 있더라도,

우리는 그 참조 체계와 극단적으로 이질적인 것들을 의식하기 위해 분투해야 합니다. 우리 자신의 용어의 한계로부터 완전히 벗어날 수 없다는 것을 불가피하게 인지하고 있더라도, 그렇기에 더욱더 우리는 세계를 우리 자신의 용어들로 환원해서는 안 됩니다. 그러므로 우리는 일종의 이중 구속 속에 놓여 있습니다.

이 이중 구속을 벗어날 적어도 두 개의 위대한 길, 그것과 마주하고 그것을 뛰어넘을 수 있게 해주는 두 가지 사변적 모험이 있습니다. 저는 이 두 개의 길을 『사물들의 우주』에서 논합니다. 한 가지 탈출구는 허무주의적인 것인데, 그것은 우리의 편협하고 너무도-인간적인 것을 넘어서는 어떠한 의미와 가치도 부정하는 것입니다. 이것은 퀑탱 메이야수와 레이 브라시에 같은 사변적 실재론자들이 (현재 그들이 허무주의라는 용어를 거부한다 할지라도) 따른 길입니다. 그들 모두 우주는 우리의 옹졸한 관심을 관용하지 않는 적대적인 장소라고 말합니다. 인간 영역 밖에는 "죽은 물질"밖에 없으며, 자연은, 메이야수가 말하기를, "우리의 현존에 무심합니다"(Meillassoux 2012). 브라시에에게 있어서, "우주의 가속적인 팽창이 물질 자체의 구성을 분해하여 … 우주의 모든 별이 불타 없어져 버릴 때 … 원자 자체가 존재하기를 멈출 때"(Brassier 2007), 모든 의미는 도래할 궁극적인 멸종에 대한 전망 속에서 멸합니다. 설령 이것이 일어나는 데 수십억 년이 걸린다 해도, 이 궁극적 결과의 확실성은 "모든 것이 이미 죽은 것이나 마찬가지다"(Brassier 2007)라는 것을 의미합니다.

또 다른 탈출구는 제가 선호하는 것인데, 인간의 의미와 가치는 정말 편협하다는 것을 인식하는 것입니다. 하지만 이것은 오직 우리만이 그러한 의미와 가치를 보유하며 우주 속에서 고독하게 있기 때문이 아니라, 오히려 정확하게 그 반대이기 때문입니다. 화이트헤드는 "가치경험"이 인간 존재에게 특별한 것이 아니라고 주장합니다. 오히려, "가치경험이라는 공통 사실"은 인간 존재를 넘어서 광범위하게 퍼져 있으며, 그리하여 "각각의 현실태의 맥박" 속에서 발견할 수 있습니다. "모든 것은 자신을 위해서, 타자를 위해서, 그리고 전체를 위해서 어떠한 가치를 가지는 것입니다"(Whitehead 1938). 이와 유사하게, 신유물론 사상가 제인 베넷은 비인간 존재가, 살아있든 아니든, "자신의 긍정적이고 생산적인 힘"을 가지고 있으며 우리의 너무도–인간적인 용어로 환원될 수 없다고 주장합니다(Bennett 2010). 그리고 사변적 실재론 철학자 그레이엄 하먼은 칸트와 포스트칸트주의 철학자들이 그러했듯 "인간과 그 외 나머지 사이의 고독한 하나의 균열"을 구상하기보다는, 오히려 "인간 의식이라는 사태"를 "카나리아, 미생물, 지진, 원자" 등의 사태들과 "정확히 같은 지평 위에" 위치시켜야 한다고 주장합니다(Harman 2007b).

요컨대 저는 『사물들의 우주』에서 우리 인간만이 우주에서 가치와 의미의 근원이 된다고 하는 오만한 가정을 버려야 한다고 주장합니다. 그러나 이것은 가치와 의미가 (마치 그러한 것들이 신으로부터 주어졌다고 말하는 것처럼) 아무튼 초월적으로 존재하기 때문이 아니며, 가치와 의미를 부여하는 우리의 활동과 떨어져서 우주 그 자체는 완전히 무의미하고 무가치하기 때문도 아닙니다. 오히려, 우리는 우리 자신과 나란히 무수한 다른 존재들이 자신들이 마주치는 모든 것에 가치와 의미를 부여한다는 점을 인식할 필요가 있습니다. 이것은, 예를 들어 나무가 의식적이고 자각하는 존재라거나, 또는 나무가 (마치 분노, 혐오, 유쾌, 수치처럼) 우리의 느낌과 같은 부류의 느낌을 가지고 있다는 것을 반드시 의미하지는 않습니다. 한편으로, 우리는 인간중심주의(인간이 유일무이하고 비교를 불허한다는 생각)를 피해야 합니다. 하지만 동시에, 다른 한편으로 우리는 우리의 인간적 특성을 다른 존재에 투사하고, 그리하여 그 존재들이 궁극적으로 우리와 같으리라고 생각하는 것을 피해야 합니다. 이 두 가지 태도는 모두 제가 ― 19세기 낭만주의 시인 퍼시 비시 셸리와 현대의 과학소설 작가 귀네스 존스의 뒤를 이어 ― 사물들의 우주라고 부르는 것의 경이롭고 끔찍한 복잡성을 인지하지 못하고 있습니다.

제가 이 책에서 제시하는 담론은 확실성을 보장하지 못하고 오류를 범하지 않았다는 확신을 주지 못한다는 의미에서 위험이 뒤따르는 것입니다. 저는 인간 존재를 유한한 것으로 전제합니다. 비록 우리가 우리 자신의 한계와 우리의 참조 체계의 편향성을 깨달을 수 있더라도, 그러한 깨달음은 우리에게 그러한 한계나 체계의 편향성을 초월할 수 있는 힘을 부여해 주지 않습니다. 우리는 우리 자신의 암묵적 관점에 대해 회의적일 수 있고 또 회의적이어야 하지만, 그러한 깨달음은 우리에게 그러한 관점의 왜곡에서 벗어날 힘을 부여해 주지 않습니다. 우리가 할 수 있는 최선은 하먼이 제시하는 대로 "현전하는 것으로 만들 수 없는 객체를 암시하는"(Harman 2012a. 강조는 샤비로) 것뿐입니다. 우리는 우리가 실제로 알 수 없는 것, 예를 들면 나무의 가치경험에 관해서 사변할 수는 있습니다. 물론, 이 사변은 – 칸트 이래 철학자들이 우리에게 경고해 온 것처럼 – 독단적이어서는 안 되며, 오히려 사변소설로 알려지게 된 것의 양식처럼 실험적이어야 합니다.

『사물들의 우주』에서 저는 최소한 그러한 사변을 위한 가능성을 열고자 합니다. 실천에 있어서, 이는 철학자보다는 과학소설 작가의 영역입니다. 예를 들어, 수 버크는 그녀의 소설 『세미오시스』*Semiosis*(2018)와 『인터퍼런스』*Interference*(2019)에서 식물이 가장 고도로 감각적인 형태의 생명체로 판명된 머나먼 행성을 인간이 식민지로 삼으려 하는 시나리오를 상상합니다. 인간 식민지 개척자들은 그러한 지적인 식물들과 경쟁하기보다는 함께 사는 법을 배워야 합니다. 지배는 불가능하지만, 협상은 잘 통할 수도 있습니다. 또 다른 예시를 들자면, 아드리

안 차이콥스키의 소설 『시간의 아이들』(2015)과 『파멸의 아이들』(2019)은 유전 공학을 통해 다른 종들이 인간 수준의 지성을 얻을 수 있는 머나먼 미래를 구상합니다. 전권에서는 포셔 거미가, 후권에서는 문어가 다뤄지지요. 이 소설들은 이러한 개량된 종들의 의식과 가치가 인간 존재의 것과는 막대하게 다를 수 있는 방식을 탐구합니다. 제한된 의사소통과 어느 정도의 상호 이해는 모두 달성 가능한 것으로 밝혀지지만, 인간의 규범에는 동화될 수 없지요. 이러한 허구들은, 우리가 실제로 알 수는 없더라도, 우리 자신과는 아주 다른 존재들의 생활세계와 관점에 접근할 수 있게 해줍니다. 『사물들의 우주』는, 비록 제가 실제로 그것을 성취할 수는 없지만, 과학소설의 조건을 열망합니다.

2021년 2월
스티븐 샤비로

이 책은 알프레드 노스 화이트헤드Alfred North Whitehead, 1861-1947의 철학을, 최근 대륙철학의 여러 전개, 거칠게 "사변적 실재론"과 (그보다 덜하게는) "신유물론"이라 분류할 수 있는 철학적 조류를 통하여 새롭게 바라보고자 한다. 나는 이 새로운 사상 계통들의 다양한 프로그램과 목적을 화이트헤드 자신의 프로그램과 긍정적으로든 부정적으로든 관련시켜보고자 한다. 이 두 사고 체계를 공명시키고 연결해보고자 하는 가장 큰 이유는 다음과 같다. 화이트헤드와 사변적 실재론자, 양쪽 모두 서양의 근대적 합리성의 핵심 전제였던 인간중심주의에 의문을 던진다는 것이다. 이러한 의문은 우리가 생태위기에 대한 전망과 마주할 때, 또 인간의 운명이 온갖 존재의 운명과 깊이 얽혀있음을 인식할 때 시급하게 요구된다. 과학적 실험이나 발견에 비춰보아도 인간중심주의는 점점 지지하기 힘든 것이 되고 있다. 이 땅에서 살아가는 이런저런 생명과 우리가 얼마나 닮았으며 또 얼마나 긴밀하게 연결되어 있는지를 아는 한, 이제는 우리 자신을 유일무이한 존재라고 여기기 힘들게 되었다. 그렇게 그 경계를 도무지 알 수 없는 우주에서 우주적 규모로 일어나는 과정을 우리 자신의 이해관계와 경제로부터 분리할 수 없게 된 것이다.

화이트헤드는 거의 한 세기 전에 이미 이러한 긴장과 위기를 인지하고 있었다. 화이트헤드 철학의 기본 목적은 언제나 그가 "자연의 이분화"라고 부르는 것, 혹은 "의식적으로 포착한 자연과 그러한 의식의 원인이 되는 자연" 간의 절대적인 분열을 극복하는 데 있다(CN, 30~31). 화이트헤드가 말하기를, 한편에는 현상적으로 "나타나는" 세계가 있다. "나무들의 푸르름, 새들의 노래, 햇볕의 따스함, 의자의 딱딱함, 벨벳의 느낌"(CN, 31)과 같은 것 말이다. 다른 한편에는 그 안에 숨겨진 물리적 실재가 있다. 즉, "현상적으로 나타나는 자연에 대한 의식을 낳도록 정신을 촉발하는 분자와 전자의 연접적 체계"(CN, 31)와 같은 것 말이다. 일차 성질과 이차 성질 사이의 대립(퀑탱 메이야수에 의해 부활한 데카르트와 로크의 구분), 물자체와 현상 사이의 대립(칸트의 구분), 그리고 "현시적 이미지"manifest image와 "과학적 이미지"scientific image 사이의 대립(윌프리드 셀러스와 최근에는 레이 브라시에)을 포함해서 많은 근대 사상이 이러한 분열에 기반하고 있다. 현상학, 좀 더 일반적으로는 대륙 사상이 이 분열의 한쪽에 위치하고, 좀 더 과학적이고 환원주의적인 형태의 분석 사상이 다른 한쪽에 자리를 잡고 있다. 그런데 화이트헤드는 이 분열을 완전히 없애 버리려고 한다. 화이트헤드에게 그것은 "그중 어느 한쪽을 뽑거나 선택하는 것이 아니다." 오히려 "붉게 빛나는 노을"과 지구 대기

중으로 굴절되는 햇빛의 "분자와 전파"가 동일한 존재론적 지위를 가지는 세계를 설명해야 한다(CN, 29).

자연의 분열을 극복하려는 화이트헤드의 탐구는 그를 오랜 형이상학적 사변의 모험으로 이끌었다. 화이트헤드의 철학적 모험이 다다른 종착점은 자신의 대표작 『과정과 실재』(1929)에서 표현되며, 그의 마지막 저서들인 『관념의 모험』(1933)과 『사고의 양태』(1938)에서 더욱 제련되어 그 우주론적 광활함을 보여준다. 화이트헤드가 말하기를, 세계는 사물이 아닌 과정으로 구성되어 있다. 그 어떤 것도 미리 주어지는 법이 없다. 모든 것은 먼저 스스로 그러한 자신을 생성해야 한다. "그 현실적 존재가 어떻게 생성하는지가 그 현실적 존재가 무엇인지를 결정한다 … 그것의 '있음'being은 그것의 '됨'becoming에 의해 구성되는 것이다"(PR, 23). 과정을 이렇게 이해할 때, 그것은 자연의 분열을 구성하는 양 측면을 포괄한다. 과정은 내가 무엇what을 포착하는지와 어떻게how 포착하는지에 동등하게 적용되는 것이다. 나는 자신의 외부에 있는 객체적 세계와 마주하는(혹은 현상학자가 말하는 "지향하는"intending) 주체가 아니다. "주체"도 "객체"도 그 자체로 생성의 과정이며, "모든 현실적 존재는 객체이자 주체"(PR, 56~57)이기 때문이다.

데카르트 이후, 특히 칸트 이후 대부분의 서양철학은 인식의 여러 문제를 중심으로 삼았고, 그리하여 자연의 이분화를 견고하게 만들었다. 서양철학은 존재론(무엇이 존재하는지의 문제를 단도직입적으로 묻는 것)을 대가로 인식론(우리가 아는 것에 대해, 어떻게 알 수 있는지를 묻는 것)에 특권을 부여하였다. 데카르트의 코기토, 칸트의 초월론적 연역, 그리고 현상학적인 판단중지epoche는 모두 세계를 세계에 대한 우리의 지식에 의존시키고 있다. 그것들은 모두 알려진 것을 우리가 알게 되는 방식에 종속시키고 있다. 그러나 화이트헤드는 반대로 이렇게 말한다. "경험된 사물은 그것에 대한 우리의 지식과는 구별해야 한다. 의존 관계에 있어서 사물이 인식을 위한 길을 터주는 것이지 그 반대가 아니다 … 경험된 현실적 사물들은 지식을 포함하면서도 지식을 초월하는 공통 세계에 들어간다"(SMW, 88~89). 즉, 어떻게 아느냐는 문제는 선행할 수 없다. 우리가 무언가를 아는 방식 자체가, 사물이 참으로 무엇이고 어떤 작용을 일으키고 있느냐는 문제의 귀결이자 산물이기 때문이다. 사물 자체를 사물에 대한 우리의 경험에 종속시킬 수 없다면, 인식론은 그 고고한 자리에서 내려와야 할 것이다. 나는 나의 밖에 있는 사물들의 세계를 알게 되는 것이 아니다. 오히려 내가 발견하는 것, 내가 느끼는 것은 나 자신은 물론 사물들에 대한 나의 앎을 초월하는 그 사물들이 모두 이 "공통 세계"의 주민이라는 것이다.

화이트헤드의 설명에서 결정적인 것은, 모든 입자적 존재 — 각각의 "현실적 존재"actual entity, "현실적 계기"actual occasion, 혹은 생성의 과정process of becoming — 가 자신 이외의 모든 것을 초월하지만, 동시에 이 모든 "계기"가 서로에게 속해 있다는 것이다. 그리하여 화이트헤드는 세계에 대한 이중적인 관점을 제안한다. 한편으로, "궁극적인 형이상학적 진리는 원자론"(PR, 35)이며, 각각의 존재는 자신 이외 여타의 것과는 다르며 구별된다. 다른 한편으로, 이러한 궁극적인 원자들은 "복잡하고 상호의존적인 경험의 방울들"(PR, 18)이다. 그것들은 각자 단순하고 자기동일적인 실체라기보다는 능동적이며 정교하게 연결되는 과정들 – 경험들 혹은 느끼는 순간들 – 인 것이다. 이리하여 존재는 생성에 종속된다. 그러나 생성은 연속적이고 보편적인 흐름이 아니다. 생성은 각각 한정된 결정적이고 유한한 것, 서로 간에 구별되는 "계기들"이 이루는 다수성이다(PR, 35 외 여러 곳). 따라서 화이트헤드는 모든 사물의 깊은 상호연결성과 그들의 상호작용과 변이가 끊임없이 어떤 새롭고 예상치 못한 여러 귀결을 불러일으키는 방식 양자를 모두 긍정한다. 화이트헤드에게 최상의 가치는 창조성Creativity이며, 화이트헤드는 창조성이 "보편자들의 보편자"(PR, 21)라고 한다. 이는 세계가 정적인 것이 아니며, 닫힌 채로 완성된 것도 아님을 의미한다. 각각의 생성 과정은 새로움novelty을 낳는다. 생성은 이전에는 존재하지 않았던 어떠한 새로운, 특별한 것을 낳는다. 사물은 "있기 위해 힘쓰는 것"(스피노자의 코나투스 정의), 내가 나로 있기 위해 힘쓰는 것이라기보다는 자신을 스스로 개변하고 변형하는 "어떠한 독창성 … 자극에 대한 반응의 독창성"(PR, 104)이다.

화이트헤드는 1947년에 세상을 떠났다. 화이트헤드의 철학은 20세기 후반, 그가 "사변철학"(PR, 3~17)이라 부르는 노력이 경시되던 시대에는 쭉 그늘에 가려져 있었다. 분석철학자와 대륙철학자는 화이트헤드의 업적을 대체로 무시했고, 오직 소수의 "과정신학자"만이 그의 업적을 받아들였다(예를 들어 Cobb and Griffin 1976을 참고하라). 그러나 오늘날 21세기 초에는 화이트헤드의 사상을 향한 관심이 부활하고 있다. 이는 대체로 쥬디스 존스(1988)와 이사벨 스텡거(2011)가 화이트헤드에 관한 주요 연구서를 출판하였기 때문이다. 나 자신의 이전 저작, 『기준 없이 : 칸트, 화이트헤드, 들뢰즈, 그리고 미학』(Shaviro 2009)이 그들의 뒤를 따른다. 화이트헤드의 사상을 향한 관심의 부활은 화이트헤드의 과정-지향적 사고가 프랑스 철학자 질 들뢰즈의 사상과 밀접하다는 것이 인식되기 시작하면서 박차가 가해지기도 했다.

그러나 좀 더 거시적으로 말하자면, 사상적인 흐름이 변하면서 화이트헤드가 새롭게 재조명된 것이라고 할 수 있다. 화이트헤드는 빅토리아 시대에 태어나서 주된 업적을 초기 모더니즘 시대에 남겼음에도 불구하고, 디지털화와 글로벌화 같은 포스트모더니즘 시대(그리고 포스트모든 것posteverything)에 특히 관련 있어 보인다. 한 세기 동안 형식화와 정화를 향한 집요한 근대주의적 시도를 거쳐, 어쩌면 애초에 "우리는 결코 근대인이었던 적이 없다"(Latour 1993)는 것을 자각하기 시작한 시대에 화이트헤드는 마치 우리의 뇌리에 스며들듯이 돌아왔다. 오늘날 우리는 디지털 샘플링, 생태위기, 포스트휴먼의 등장으로 특징지어지는 시대에 살고 있다. 화이트헤드는 우리의 시대적 문제의식과 깊이 관련되어 있다. 화이트헤드가 선택적 반복 속에서 어떻게 새로운 것이 발생할 수 있는지, 세계 속에서 사는 모든 존재가 서로 분리되어 있으면서도 어떻게 상호 간에 연결되고 의존하고 있는지, 그리고 비인간적인 동인(動因)이 어떻게 인간적인 동인과 마찬가지로 행위하고 자신의 욕구와 가치를 표현하는지를 생각하고 있기 때문이다.

나는 바로 이 문맥 속에서 화이트헤드의 관심과 사변적 실재론자와 신유물론자의 관심이 만난다고 생각한다. "사변적 실재론"이라는 이름은 퀑탱 메이야수, 그레이엄 하먼, 레이 브라시에, 그리고 이에인 해밀턴 그랜트 이 네 명의 철학자의 업적을 가리키는 것으로서 2007년에 처음 도입되었다. 그 외에는 레비 브라이언트, 이언 보고스트, 티머시 모턴, 유진 태커, 벤 우다드를 사변적 실재론에 포함할 수 있겠다. 이 사상가들은 몇몇 근본적인 문제에 관해 화이트헤드와 다른 입장을 취하는 것은 물론, 그들 서로 간에도 아주 다르다(다양한 형태의 사변적 실재론의 개관으로는 Bryant, Srnicek, Hannan 2010을 보라). 그럼에도 불구하고, 그들은 화이트헤드와 마찬가지로 형이상학적 사변과 견고한 존재론적 실재론에 헌신한다. 사변적 실재론이라는 이름이 암시하는 것처럼 그러한 헌신은 그들을 하나로 묶고 있다. 그들은 모두 "형이상학"이라면 뭐든지 치를 떨며 거부하던 세기를 지나 형이상학적 탐구와 모험의 존엄성을 회복시키고자 하는 것이다. 20세기의 많은 사상이 근본적으로 반실재론을 상식으로 삼았던 것과는 대조적으로, 화이트헤드가 그러했던 것처럼 이 최근의 사상가들은 모두 정직하게 실재론자이다. 리 브레이버가 상세하게 기술하고 있듯이 현상학, 구조주의, 그리고 이를 잇는 20세기 대륙철학의 대부분 학파는, "현상은 존재하기 위해 정신에 의존한다"(Braver 2007, 39 외 여러 곳)는 칸트적 주장의 또 다른 형태의 반실재론을 상정할 뿐이었다. 바로 이것이야말로 사변적 실재론이 전도시키고자 하는 전제이다.

좀 더 정확히는, 사변적 실재론자들은 공통으로 메이야수가 상관주의correlationism라 부른 것을 거부한다. 상관주의란 "주체와의 관계를 떠나서 객체 '그 자체'는 파악할 수 없다"(Meillassoux 2008, 5)는 학설이다. 상관주의에 있어서 실재는 정신과 떨어져서 존재할 수 없다. 왜냐하면, 우리가 그러한 실재를 생각한다는 사실 자체가, 그것이 정신과 독립해 있는 것이 아님을 의미할 것이기 때문이다. 이러한 관점에서 볼 때, "사고는 '그 자체로' 있는 세계와 '우리에게 있어서의' 세계를 비교하기 위해 사고 자신을 벗어날 수 있는 것이 아니며, 그러므로 우리는 우리와 세계의 관계가 가지는 함수와 세계에만 속하는 것을 구별할 수 없게 된다"(Meillassoux 2008, 3). 브라시에가 말하듯, 상관주의에서 "주체적인 것을 객체적인 것으로부터, 혹은 인간적인 것을 비인간적인 것으로부터 분리할 수 없다면, 우리와의 관계와 독립해서 어떤 것이 그 자체로 무엇인가를 묻는 것은 의미가 없다"(Bryant et al. 2010, 53~54에서 재인용). 혹은 하먼의 말을 빌리자면, 상관주의의 이론 아래에서는 "모든 것이 인간이 세계에 접근하는 것에 관한 질문으로 환원되며, 인간이 아닌 것들의 관계는 자연과학에 떠넘겨지고 있다"(2009b, 156). 계속해서 하먼의 말을 빌려 달리 말하자면, "상관주의자는 세계 없는 인간, 인간 없는 세계를 생각할 수 없고, 단지 양자 사이의 원시적인 화합이나 상관관계만을 생각할 수 있다고 주장한다. 상관주의자에게 인간에 선행해서 존재하는 세계 그 자체를 논하는 것은 불가능하며, 인간에 선행해서 존재하는 인간에게 있어서의 세계만을 논할 수 있는 것이다"(2009b, 122). 상관주의에서 "사유한 것은 완전히 사유로 전환되며, 사유의 밖에 위치하는 것은 반드시 언제나 사유할 수 없는 것으로 남아 있게 된다"(2010, 789)고 하먼은 풍자적으로 요약한다.

사변적 실재론자들은 상관주의적 논증의 자기반성성 — 그 자신의 전제에 비판적으로 되돌아가는 방식 — 으로부터 도망치기 어렵다는 것을 날카롭게 인지하고 있다. 일단 우리가 "상관주의 순환"이라고 메이야수가 명명한 매듭 안에 갇혀 있다는 것을 인지하면, 우리는 결코 그러한 매듭에서 쉽게 빠져나올 수 없다. 자기긍정적으로마저 보이는 상관주의 순환의 자명함은 거의 두 세기 하고도 반세기 동안 서양철학을 지배해왔다. 상관주의는 적어도 철학사에서 칸트의 "코페르니쿠스적 전환"까지 거슬러 올라간다. 칸트에게 있어서 세계에 대한 경험 자체는 우리가 스스로 세계를 만들어낸다고 하는 조건에서밖에 일어나지 않는다. 상관주의적 논쟁은 경험론적인 것이 아닌, 오히려 칸트가 초월론적이라 부르는 것에 가깝다. 그것은 우리의 지성이나 담론을 지배하는 여러 조건에 관한 것이다. 그렇게 상관주의는 포스트칸트주의적 철학 논쟁에서 양쪽이 모두 언제나–이미 전제하고 있기 때문에 그렇게 명시적으로 주장되지는 않는다. 자신의 초월론적인 주장을 가지고 칸트는 오늘날 흔히 "소박한 실재론"이라 깎아내리는 것과 함께 모든 형태의 "독단주의"dogmatism(세계가 실제로, 그 자체로 어떤 것인가를 기술하려는 형이상학적 시도)를 반박한다. 칸트에게 그러한 독단주의는 불가능하다. 왜냐하면, 우리는 "물자체"에 접근하는 것이 아니며, 물자체가 존재해야 한다는 순수한 사실 이외에는 그것에 관해서 어떠한 것도 알 수 없기 때문이다. 칸트의 초월론적 주장은 메이야수의 말을 빌리자면 "누구도 악순환에 빠지지 않고서는 즉자적인 것을 생각할 수 없고, 따라서 즉시 자기모순에 빠지게 된다"(2008, 5)는 것을 확증하도록 설계되어 있다.

칸트 이후로 상관주의는 19세기 동안 서양의 철학 담론을 지배했고 그러한 지배는 20세기에도 계속되었다. 현상학에서는 근본적인 노에시스-노에마 구조라는 개념에서, 초기 비트 겐슈타인에게서는 "형이상학적 주체"는 "세계의 한계이며 일부가 아니다"(Wittgenstein 1922/2001, sec. 5.641)라는 그의 주장에서 우리는 상관주의 전제를 찾을 수 있다. 20세기 후반에 해체주의가 텍스트의 바깥에는 아무것도 없다il ny'a pas de hors-texte(Derrida 1998, 158)고, 언어와 텍스트의 무한한 유희 외부에 독립된 영역은 없다고 주장할 때, 해체주의는 소극적으로 상관주의에 머무르고 있다. 라캉의 정신분석학 또한 상관주의를 완전히 극복하지 못하고 있다. 물론, 라캉은 사고와 상관할 수 없는 실재계Real를 상정한다. 그러나 라캉에게 실재계는 근본적으로 미분화된 것, 마치 칸트의 물자체가 그러했던 것처럼 그것은 "철저하게 비실체적이며 … 상징계에 통합시키지 못한 잔여물이다"(Zizek 1993, 129). 여기서 주체-객체의 상관관계는 부정되어 있지만, 바로 그 점 때문에 라캉의 실재계는 상관주의의 경계를 벗어나지 못하고 있다. 심지어 20세기 후반의 급진적인 포스트구조주의 사상조차도 하먼이 말하듯이 "객체를 인간이 그것에 접근하는 방식으로 환원하는 식상한 표준적 형이상학"(2009b, 25)에 예속되어 있다.

화이트헤드는 상관주의라는 단어를 한 번도 사용한 적이 없지만, 그의 철학은 상관주의를 향한 사변적 실재론자의 비판을 예측하였다. 화이트헤드 자신의 분명한 반론은 "주어-술어 형식의 사고"와 그에 동반하는, 아리스토텔레스 이후 서양

철학의 역사를 지배해온 "실체–성질의 개념"에서 찾을 수 있다 (PR, 7).[1] 화이트헤드가 말하기를, 주어–술어 도식 아래에서는 "개별적인 현실적 존재를 지각하는 것은 있을 수 없으며," 오직 일련의 일반화들, 혹은 "보편자들을 통한 규정"(PR, 49)만

---

1. * 상관주의는 화이트헤드의 말을 빌리면 주관주의(subjectivism)라고도 볼 수 있다. 화이트헤드가 볼 때, 데카르트 이전의 철학자들은 예를 들어 "저 돌은 회색이다"와 같은 일상적 진술에 주목했다. 이 문장은 주어(저 돌)와 술어(회색)로 되어 있는데, 이는 아리스토텔레스에게 실체/개별자(저 돌)와 성질/보편자(회색)에 관한 진술이 된다. 회색은 보편자인데, "저 돌"도 회색일 수 있고 "그 돌"도 회색일 수 있으며, "이 돌"도 회색일 수 있기 때문이다. 회색은 어떠한 개별자에게도 독점되지 않는다는 의미에서 보편자다. 반면 "저 돌"은 "이 돌"도 아니고 "그 돌"도 아니라는 의미에서 개별자이다. 그런데 아리스토텔레스에게는 "저 돌"이 개별자라는 바로 그 점 때문에 "주어는 다른 주어의 술어가 되지 못한다." 개별자는 여러 보편자에 의해 규정되는 것으로 간주되기 때문이다. "현실 세계는 여러 보편적인 성질로 특징지어지는 제1실체들의 집합체로 간주될 수 있다"(PR 158). 이 아리스토텔레스적인 "주어–술어 형식의 사고"는 "객관주의"(objectivism)라고 볼 수도 있다. 그게 단적으로 "객체"(object)에 관해 말하기 때문이다.

그런데 데카르트 이후의 철학자들이 볼 때, 아리스토텔레스적인 문장은 완전한 문장이 아닌데, 오히려 완전한 문장은 "저 돌은 회색이다"가 아닌, "저 돌을 회색이라고 '생각하는 나의 정신'이 있다"가 된다. 이 문장이 함의하는 바는, 저기에 있는 것이 정말로 "돌"인지, 그리고 그 돌이 정말로 "회색"인지는 모르지만, 그렇다고 "생각하는 내가 있다"는 것이다. 아리스토텔레스적인 문장을 전도시킨 이 문장이 주관주의이다. 그것은 객체 그 자체를 말할 수 없다. 그러나 주관주의는 사실 아리스토텔레스적인 실재론을 전도시킨 것이 아니요, 아리스토텔레스의 논리를 훨씬 일관적으로 밀고 나간 것이다. 왜냐하면, "저 돌"을 관찰하는 "생각하는 나"는 또 하나의 주어/개별자이며, 그렇기에 "저 돌"은 결코 "생각하는 나"라는 개별자의 "술어/성질"이 되지 못한다. 우리에게 남겨진 것은 어디에서 유래했는지 알 수 없는 "회색"이라는 보편자와 그것을 마음에 품는 "생각하는 나"다. 주관주의에서 우리는 "객체"를 완전히 빼앗겼고, 그러므로 하먼의 말대로 "사유한 것은 완전히 사유로 전환되며, 사유 밖에 있는 것은 언제나 알 수 없는 것"으로 남겨지게 된다.

이 남게 된다. 우리는 결코 우리의 외부에 있는 것과 진정으로 조우하는 것이 아니게 된다. 이는 궁극적으로 칸트가 행했던 "세계를 단순히 '나타나는 것'으로 격하시키는 것"(PR, 49)으로 이어지게 된다. 우리가 세계를 한쪽에서는 접근할 수 없는 현실적이고 물질적인 것, 또 다른 한쪽에서는 정신 속에서 존속하는 이러한 물질의 인상이나 관념으로 나눌 때 우리는 자연의 이분화라는 함정에 빠진 것이 된다. 이러한 전통에 대항해서 화이트헤드는 우리가 실제로 우리 이외의 것들과 마주친다고 주장한다. "현실적 존재는 여타의 현실적 존재 안에 존재한다 present in"(PR, 50). 사물은 결코 수동적이거나 관성적인 것이 아니다. 사물은 자신 이외의 사물을 촉발할 수 있는 힘을 가지고 있다(PR, 57~59). 사물은 우리를 움직이거나 자신을 느끼도록 강요한다. 그리고 바로 이 사실 때문에, 사물은 그것을 포섭하고 싶어 하는 상관주의 도식으로부터 빠져나가고 있는 것이다.

화이트헤드는 "인간"이 만물의 척도가 아니라고 생각했다는 점에서 사변적 실재론을 예상했다고도 볼 수 있다. 하먼이 정확히 지적한 것처럼, 화이트헤드는 인간의 경계를 넘어 모험을 감행하는 대담하면서도 희귀한 철학자였다(2005, 190). 생성과 창조성은 화이트헤드에게 있어 "유적 관념"generic notions 이었다(PR, 17, 18). 생성과 창조성은 인간 존재가 독점하는 것이 아닌 우주에서 일어나는 모든 것에 적용되는 관념이다. 물론 거기에는 정도의 차이가 있다. 화이트헤드는 몇 차례나 이를 일깨워 준다. 예를 들어 인간 존재는 돌덩어리에 비해 월등한 독창성을 보여준다(PR, 15, 104). 그러나 정도의 차이가 종류의 차이로 이해되어서는 안 될 것이다. 돌덩어리조차도 궁극적으로 활동적이며 변화무쌍하다. 돌덩어리는 그 안에 고착화된 성질들을 보관하는 "무차별적으로 존속하는 것"의 사례로 여겨질 수 없다(PR, 77~79). 돌덩어리에서마저 힘과 자족성을 찾아내며 화이트헤드는 서양 철학을 고질적인 인간중심주의에서 벗어나게 한다. 인간중심주의 대신 화이트헤드는 "맥박의 박동, 분자, 돌덩어리, 식물의 삶, 동물의 삶, 그리고 인간의 삶"(MT, 86)에 동등한 존재론적 지위를 부여하는 형이상학을 제시한다.

메이야수는 현대의 철학자들이 상관주의 순환에 빠진 것을 보고 다음과 같이 말한다. "현대의 철학자들은 거대한 외부를 잃었다. 전-비판적 사상가들이 가지고 있던 절대적인 바깥을, 우리에게 상대적이지 않은 그 바깥을 말이다 … 우리가 그것에 관해 생각하든 말든 그 자체로 존재하며, 이질적인 영역에 있다는, 완전히 다른 장소에 있다는 타당한 느낌을 가지고 사고가 탐구할 수 있는 그 바깥 말이다"(2008, 7). 화이트헤드는 한 번도 상관주의 비판을 제기하려 하지 않았다. 그럼에도 불구하고 화이트헤드는 사변적 실재론의 여러 주제와 논의를 선취했다. 이는 화이트헤드가 이미 거대한 외부의 요소를 향해 나아갔기 때문이다 ― 그리고 그런 의미에서 스텡거는 화이트헤드의 철학을 두고 "자유롭고 대담한 개념 창조"(2011)라 부른다. 그리고 이것이, 마치 메이야수가 상관주의 순환을 회피하기 위해 데카르트로 거슬러 올라가듯이, 화이트헤드가 스스로 포스트칸트주의적 참조 체계에 불가피하게 연관되어 있음에도(이 점에 관해서는 Shaviro 2009에서 자세하게 논하였다), 자신의 저작이 "데카르트에서 시작해서 흄과 함께 끝난 철학적 사고의 국면으로의 회귀"를 포함하고 있다고 명확히 밝히고 있는 이유이다(PR, xi).

칸트가 거부했던 "독단주의"에 다시 빠지지 않으면서도 상관주의를 뛰어넘어 거대한 외부에 도달하는 유일한 방법은, 철학의 역사를 불투명하게 읽어내며 철학이 자신의 인간중심주의 전제를 넘어서려 할 때 돌출하는 다양한 분기점과 이상한 우회로를 발견하는 것이다. 그것은 하이데거와 데리다가 그랬던 것처럼 전통적 형이상학의 폐쇄성과 허점을 비판적으로 기록하는 것을 지향하지 않는다. 사실상 하이데거와 데리다는 그들 스스로 인지하고 있었을 정도 이상으로 훨씬 칸트주의였다. 그들의 업적은, 이성이 자신의 불가피한 환상을 폭로하도록 이성을 원래의 자기 자리로 되돌린다고 하는 칸트적인 기획을 급진화하고 완성한 것에 불과하다. 이와는 대조적으로 화이트헤드와 메이야수는 전통 철학의 모순과 망설임을, 비판적으로 읽어내야 할 입구가 아니라 다시 한번 거대한 외부를 향해 도약하기 위한 도구로서 포착한다. 즉, 화이트헤드와 메이야수는 전통적인 철학이 자신의 "암묵적인 전제(들)"(PR, 76)와 모순을 일으키고 또 능가하는 극단적인 도식을 제시할 때 생겨나는 이례적인 순간에 도달하고자 하는 것이다.

사변적 실재론은 자신에 뒤따르는 위험이 없이는 사변적 실재론이 아니다. 상관주의 순환을 깨부수고자 하는 시도 속에서 사변적 실재론은 위험을 지니게 된다. "실재론을 향한다는 것은 상식의 고리타분한 한계를 향한다는 것이 아니다. 오히려 그것은 종종 완전히 기묘한 방향으로 나아가게 된다"(Bryant et al. 2010, 7). "고리타분한 ⋯ 상식"에서 벗어나는 것은 좋은 일일 수도 있으나, 반대로 추악한 오만함을 나타내는 것일 수도 있다. "너희가 뭘 알겠어"라는 식의 오만을 암암리에 자행할 수 있는 것이다. 화이트헤드는 "전문지식과 상식 사이에는 항상 반작용이 있기 마련"(PR, 17)이라고 경고한다. 우리가 상식적인 견해를 바꾸고자 할 때도 단순하게 상식을 버리는 게 되어서는 안 된다. 또한, 다른 사람에게 충격을 주기 위해 기묘함 그 자체를 인정하는 것은 오늘날에는 지루하고 고리타분한 것이 되어버린 근대주의자의 오래된 수법이다. 사변철학은 최악에 있어서 불안하고 의심스러운 근거에 기반하여 (또는 근거가 전혀 없거나) 방대한 융자금(재정적인 의미로든 형이상학적인 의미로든)을 휘두르는 사변적[투기적]speculative 금융기관에 불과한 것일 수 있다. 그러나 사변철학은 최선에 있어서 차라리 사변소설에 가깝다. 사변철학이 외삽법 없이는 진행할 수 없기 때문이다. 사변철학은 화이트헤드가 말한 대로 "개별적인 주제에서 일반화를 거쳐, 일반화된 것을 상상적으로 도식화하고, 마지막으로 상상적인 도식을 그것이 적용되어야 할 직접적인 경험과 다시금 새롭게 비교해보는 복잡한 과정"(PR, 16)으로서 작동한다. 과학소설SF에도 같은 것을 말할 수 있겠다. 사실, 과학소설과 사변적 형이상학 사이의 선은 종종 명확히 긋기 힘들다.

사변적 실재론자들은 상관주의에 대한 공동의 거부와, "실재 자체를 향한 새로운 관심이 가져올 수 있는 보상에 거는 사변적 내기"(Bryant et al. 2010, 3)로 똘똘 뭉쳐있다. 그러나 그들은 형이상학적 사변을 다루는 방식에 있어서 화이트헤드와 다른 것은 물론 서로 간에도 극단적으로 다르다. 메이야수는 수학이 특별한 능력을 가지고 있다고 보고, 그래서 수학을 통해 "거대한 외부에 관해서, 그리고 인류와 생명이 부재했던 과거에 관해서 논할 수 있다"(2008, 26)고 주장한다. 메이야수는 초월론적 논증을 전도시켜 "우연성의 필연성"(70)이 절대적인 존재론적 지위를 가진다고 주장하기에 이른다. 메이야수에게 있어서는 "우연만이 필연적이다"(80). 레이 브라시에는 인간의 사고와 어떠한 방식으로도 상관관계를 맺지 않는 물리적 실재를 파악하기 위해 수학 자체보다는 현대 물리학의 수학적 정식화에 주목한다. 브라시에는 실재를 개념화함이 없이, "실재와 실체적 형상을 동일시하는 아리스토텔레스적 사고에 빠지지 않고" 어떻게 "과학적 개념이 즉자적인 것을 추적하는지," 어떻게 "과학이 실재를 아는지"를 보여주고자 한다(Bryant et al. 2010, 64에서 재인용). 하먼은 그의 동료 레비 브라이언트, 이언 보고스트, 그리고 티머시 모턴과 함께 객체지향 존재론Object-Oriented Ontology(이하 OOO)을 정교하게 구축했다. OOO는 "객체들의 민주주의"(Bryant 2011)를 선언하며 "모든 객체를 동등한 지평에 두기"(Harman 2009b, 103) 위한 프로젝트에 착수한다. 그렇게 "객체와 인간 지각의 분열을 우주의 유일한 균열로 간주하는 것을 멈춘다"(Harman 2005, 192). 그랜트는 물질성은 "오직 활동을 통해서만 구성되는 역동적인 것"(Grant 2006, 39)으로, 사고는 사고를 선행하고 또 능가하는 여러 힘의 산물로 자리잡게 되는(Grant 2009) 새로운 "자연철학"을 제기하기 위해 나름의 방식으로 셸링의 칸트적 상관주의 비판으로 되돌아간다.

거칠게 "신유물론자"라고 칭할 수 있는 사상가들은 사변적 실재론자만큼 상관주의라는 특정한 모순에 사로잡히지 않는다. 그러나 신유물론자 또한 인간중심주의 패러다임을 벗어던지고 실재론을 향한 견고한 헌신에 기반을 두며 세계를 새롭게 바라보고자 한다(다양한 형태의 신유물론에 관한 개관으로서는 Coole and Frost 2010과 Dolphijn and van der Tuin 2012를 보라). 대부분의 신유물론자는 (그레이엄 하먼처럼) 브뤼노 라투르의 영향을 강하게 받았다. 신유물론은 라투르가 인간적 행위소를 비롯하여 비인간 행위소 간의 권력투쟁과 협상을 추적하고(Latour 1988, 151~238), 혼성체들이 증식하는 세계를 그리는(Latour 1993, 1~3 외 여러 곳) 것으로부터 영감을 받았다. 그래서 제인 베넷은 사물들이 "자신의 긍정적이고 생산적인 힘"을 드러내는 "생기적 유물론"vital materialism을 지지한다(2010, 1 외 여러 곳). 로지 브라이도티 또한 "비인간적이면서도 긍정적인 생명력"을 포함하는 "생기론적 유물론"의 가능성을 모색한다(Coole and Frost 2010, 203에서 재인용). 엘리자베스 그로츠는 베르그손을 따라서, "이성의 출현이나 반성 능력, 혹은 그 밖에 몇몇 인간 고유의 성질에 결부되지 않는 자유"의 개념을 제시한다(Coole and Frost 2010, 149에서 재인용). 캐런 바라드는 양자역학의 지속적인 역설들에 대응하는 방식으로 "행위적 실재론"agential realism을 제시한다(2007, 132~85).

이 책에서 나는 사변적 실재론과 신유물론에 비추어 화이트헤드의 사상을 읽어내면서도, 한 명의 화이트헤드주의자로서 이러한 최근 경향의 수정을 제안하고자 한다. 각 장의 내용을 간략하게 요약하겠다. 1장 「자기향유와 관심」에서는 미학과 윤리학에 대한 화이트헤드의 입장을 프랑스의 유대계 거장 철학자 에마뉘엘 레비나스의 입장과 비교한다. 물론 레비나스는 사변적 실재론자가 아니다. 그러나 내재와 초월을 향한 레비나스의 관심과 어떠한 총체성도 능가하며 현전하는 것을 향한 그의 집착, 그리고 절대적 타자와의 조우에 관한 그의 견해는 오늘날 상관주의 비판의 배경을 이루고 있다. 2장 「활화산」

에서는 화이트헤드의 과정-지향적 사고와 그레이엄 하먼의 객체-지향적 존재론을 명확히 대비시켜 보고자 한다. 3장 「사물들의 우주」에서는 하먼의 하이데거 독해와 영국의 낭만주의에 관한 화이트헤드의 독해를 통해 객체와 과정, 사물과 경험 모두를 정당하게 다루는 미학적 존재론을 제시한다. 4장 「범심론 그리고/혹은 제거주의」에서는 일단 상관주의, 혹은 사고와 존재의 상응을 거부하고 나면 우리는 노골적인 제거주의(존재는 근본적으로 사고능력이 없다고 말하는 것)와 일반화된 범심론(모든 곳에 사고가 내재하여 있음을 선포하는 것) 사이의 냉혹한 기로에 놓이게 된다고 주장한다. 5장 「범심론의 귀결」에서는 범심론에 관한 최근의 철학적 논의, 즉 정신성이 물질의 기본 속성이라는 테제를 개관해 보고자 한다. 화이트헤드 자신의 범심론적 발상은 반환원주의적 자연주의라는 형태로 제시될 것이다. 6장 「비상관주의적 사고」는 현존하는 사변적 실재론자들이 사고를 설명하는 방식에 담겨 있는 여러 문제점을 고찰한다. 거기서 나는 비지향적이고 비반성적이며, 대체로 의식적이지 않은 사고의 이미지를 대안으로 제시하겠다. 즉, 존재와 상관관계에 있는 것이 아니라 본질적으로 존재에 내재하여 있는 일종의 "자폐적" 사고라는 이미지를 제시할 것이다. 일곱 번째이자 마지막 장인 「아이스테시스」에서는 인간 판단에 국한되지 않는, 특히 인간의 주체성에 중심을 두지 않는 미학을 제시하기 위해 이러한 사고의 이미지를 사용한다.

위대한 시인 스테판 말라르메는 이렇게 쓴 적이 있다. "모든 것은 미학과 정치경제학으로 요약된다."tout se resume dans l'Esthetique et l'Economie politique. 나는 이 아포리즘을 기본적인 존재론적 진리로 삼겠다(비록 이 책에서는 이를 증명하려 하진 않을 것이지만 말이다). "최종적으로" 경제학이 윤리학, 정치학, 인식론을 결정한다. 인간적인 용어로는 생산력과 생산관계를 통해서, 우주론적인 용어로는 양자장과 에너지의 흐름, 그리고 엔트로피의 과정이라는 "일반 경제학"을 통해서 그것들은 결정된다. 하지만 이 모든 것들과 나란히 서 있는 것은 경제와 공존하지만 경제로 환원될 수 없는 내적 경험의 영역, 미학의 영역이다. 화이트헤드가 말하기를, "주체의 경험을 떠나서는 아무것도, 아무것도, 아무것도 없다. 그저 무無가 있을 뿐이다"(PR, 167). 이 책에서 나는 경제학과 에너지론의 진리는 제쳐두고 그것과 동등하게 중요한 진리, 화이트헤드주의자가 말하는 경험에 초점을 두겠다. 그렇게 함으로써 — 비록 다른 이유에서이지만, 그레이엄 하먼의 경우와 마찬가지로 — 나 또한 "미학이야말로 제1의 철학이 되는" 지점에 도달할 것이다(Harman 2007b, 205).

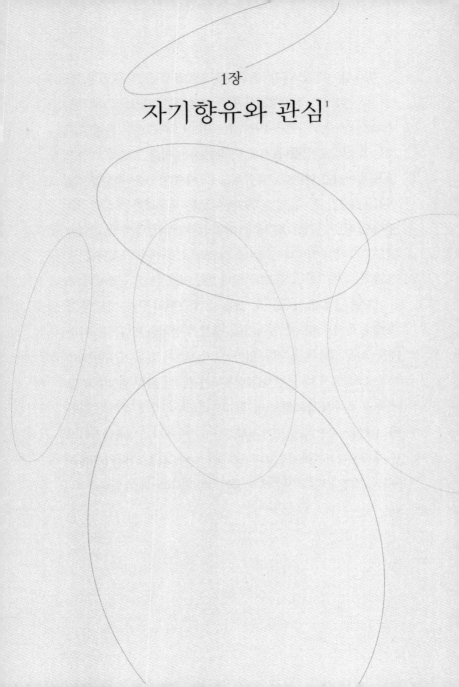

1장
자기향유와 관심[1]

화이트헤드의 마지막 저작인 『사고의 양태』 제8장 「살아 있는 자연」에서, 화이트헤드는 "생명의 개념은 자기향유self-enjoyment의 일정한 절대성을 함의하고 있으며 … 경험의 계기는 자신의 직접적[무매개적] 자기향유에 있어서 절대적이다"(MT, 150~51)라고 말한다. 다른 말로 하자면, 생명은 순수하게 자기 촉발적인 과정이다. 생명은 "직접적[무매개적]"이고 "절대적"인 "자기향유"를 품고 있다. 자기향유는 그 순간 자체에 있어서 "선반성적"으로 일어난다는 의미에서 "직접적"이다. 나는 나의 삶을 내가 살아가는 것으로서 즐긴다. 살아가는 것으로서 즐기는 것, 그것이 무언가가 살아있다고 말할 때 정확히 의미하는 바이다. "향유는 과정에 속하는 것이며, 어떤 정적인 결과에 속하는 특징이 아니다"(MT, 152). 또한, 자기향유는 어떠한 조건 없이 완전히 즉자적이면서도 대자적으로 전개된다는 의미에서

---

1. * 여기서 관심(concern)이란 배려, 관여를 포괄하는 단어이다. 그러나 맥락에 따라서 concern을 배려, 관여로 번역하는 편이 좋아 보이고, 따라서 용어통일을 위해 일대일로 상응하는 하나의 용어를 선택하기보다는, 그것이 사용되는 문맥에 맞춰서 번역어를 사용하겠다. 관심은 일반적으로 자신을 넘어서는 타자를 향한 방향성을 함의한다. 자기향유는 절대적이지만 관심은 상대적이다. 관심은 자기향유와 상반되는 요소로 등장하지만, 궁극적으로 그 둘은 하나의 과정에 대한 두 가지 측면일 뿐이다. 관심은 관계하는(関) 마음(心), 즉 자기향유의 절대적인 내적 과정에서 상대적으로 발생하는 내적 과정의 다른 측면, 내적 관계에 관한 것이라 볼 수 있다. 관계가 내적이라는 것은, 그 관계가 관계항(생성하는 임의의 현실적 계기)에 있어서 본질적이며, 그러한 관계가 없이는 그 현실적 계기는 지금 그러한 존재로서 있을 수 없다는 것을 의미한다. 화이트헤드는 외적 관계와 내적 관계를 모두 긍정하지만, 여기서 문제가 되는 것은 내적 관계이다.

"절대적"이다. 살아있는 계기living occasion는 그 단어의 어원적 의미에서는 절대적이다. 그것은 구속받지 아니하고, 자유로우며, 모든 관계로부터 해방되어 있다.[2] 살아있는 모든 순간은 자율적인 "자기창조"(MT, 150)의 순간이다. 임의의 살아있는 계기는 반드시 "여타의 동시적 계기를 참조하지 않고 이해해야 한다"(MT, 151).

그런데 바로 몇 페이지 후에 화이트헤드는 좀 다른 것을 말한다. 화이트헤드에 의하면, "각각의 계기는 퀘이커교에서 말하는 관심concern의 활동이다 … 계기는 느낌과 정향을 통해서, 그 본질상 자신을 넘어서 있는 사물에 관여concern한다"(MT, 167). 퀘이커교에서 관심이란 영혼이 짊어지는 짐을 함의한다. 무언가가 나에게 관여concern할 때, 나는 그것을 모르는 척 무시하고 지나칠 수 없다. 그것은 내 존재를 짓누르고 그에 응답하도록 강요한다. 관심이란 그러므로, 타자에 의해서 촉발되는 본의 아닌 경험이다. 그것은 내가 원하든 원치 않든 나를 바깥으

---

2. * 『과정과 실재』에서 화이트헤드는 (우주) 역사의 과정이 한편으로는 합리화될 수 있지만, 다른 한편으로는 합리화될 수 없다고 한다. 그것이 합리화될 수 없는 이유를 화이트헤드는 바로 사물에 내재한 자율성/자기향유의 함수에서 찾고 있다.

"갈릴레오의 속삭임, '그래도 지구는 돈다'(E pur si muovo)는 분명 모든 결정을 뛰어넘어 사물에 내재하는 궁극적인 자유를 속삭이는 것이었다. 종교 재판관에게는 그릇되게 생각할 자유가, 갈릴레오에게는 올바르게 생각할 자유가, 그리고 지구에게는, 갈릴레오와 종교 재판관에 구애받지 않고 움직일 자유가 있었던 것이리라"(PR, 47).

로 이끈다. 그것은 나의 자율성을 제한하며, 나를 넘어서는 무언가로 이끈다. 관심은 절대적이기보다는 상대적이며, 자기촉발적이기보다는 타자촉발적이다.

자기향유와 관심의 구분은 근본적이다. 그런데도 동시에 이 둘은 긴밀하게 묶여있다. 한쪽을 잘라내고 다른 한쪽만 가질 수 없는 것이다. 관심은 그 자체로 일종의 향유이며, 관심은 바로 그 직접적 자기향유의 과정에서 생겨난다. 정확히 자신을 넘어서는 "우주에 관여concern할 때," 계기는 가장 생생하게 "자신의 직접적 자기실현에 착수하고"(MT, 167) 있는 것이다. 생명은 자신의 자기향유에 있어서 "미래로 넘어가는 것이며 … 이행을 떠나서 자연이란 있을 수 없으며, 시간적 지속을 떠나서 이행이란 있을 수 없다"(MT, 152).[3] 심지어는 가장 직접적인 자기

---

3. * 우리는 시간이, 엄밀하게는 사건들이 흘러간다는 것(이행)을 알고 있다. 그런데 시간적 두께를 무한히 나눌 수 있다. 1초만 놓고 보자. 우리는 10분의 1초, 100분의 1초, 1,000분의 1초 이런 식으로 분할할 수 있고, 무한하게 분할하다 보면 시간적 지속에서 시간적 지속 속으로 무한히 퇴행할 수 있을 것이다. 그런데 이렇게 되면 시간의 직선적 방향은 설명할 수 없게 된다. 우리는 1초가 지나기 전에 10분의 1초가 지났음을 말할 수 있을 것이고, 10분의 1초가 지나기 전에 100분의 1초가 지났음을, 100분의 1초가 지나기 전에 1,000분의 1초가 지났음을 말하며 무한히 반복해서 반박할 수 있을 것이기 때문이다.
   그러므로 화이트헤드는 시간의 가분성이 어느 시점을 경계로 끝을 맞이한다고 생각한다. 시간의 직선적인 방향이 가능하기 위해서는, 최소한의 시간적 두께가 시간의 불가분한 단위로써 필요한 것이다. 시간적인 두께를 가지지 않는 "순간"이라는 개념은 지성의 추상이다. 화이트헤드는 최소한의 시간적 단위를 "외양적 현재"라고 말하는데, 이는 단일한 "현실적 계기"라고 보아도 무방할 것 같다.

향유의 순간조차도 (윌리엄 제임스를 따라서) 화이트헤드가 말하는 "외양적 현재"specious present(MT, 89)라는 두께를 가지고 있으며, 이 "시간적 두께"(PR, 169)를 통해서 자기향유는 자신을 넘어선 것에 도달한다. 현재는 "여타의 동시적 계기"와는 무관할지 몰라도, 그것이 계승하는 선행하는 계기와 그것이 가능하게 만드는 미래의 계기와는 긴밀하게 얽혀있다.

그렇게 외양적 현재는 자기향유의 과정으로 채워져 있지만, 현재가 시간의 화살에 따르는 한 그것은 관심의 형태로 바뀌게 된다. 바로 자기향유 속에서 나는 미래를 바라보고, 그러므로 나 자신을 쏟아붓는 것이다.[4] 반대로 관심이나 타자-방향성은 그 자체로 자동사적인 자기향유를 위한 필요조건이 된다. 왜냐하면, 어떤 현재 순간도 그로부터 현재가 출현하는, 혹

---

4. * 바로 여기서 하나의 기묘함이 일어난다. 현실적 계기는 1초보다도 짧은 시간을 지속한다. 그런데 "나"라고 부르는 자기 자신은(인격이라 불러도 좋다) 기나긴 시간을 존속하는 것처럼 보인다. 이에 관해서 우리는 서로를 배반하는 두 가지 직관을 가지고 있다. 한편으로 1초 전의 나는 지금의 나와는 "다르다"(different). 다른 한편, 지금의 나는 1초 전의 나와 "같은"(same) 나인 것이다.

화이트헤드는 인격의 존속(endurance)을 부정하지는 않는다. 그러나 인격의 존속성 또한 시간의 화살을 피할 수는 없다. 그렇다면 어째서 이 두 직관이 동시에 가능한가? 현실적 계기는 찰나에 생성하고 소멸한다. 그러므로 1초 전의 나는 이러한 의미에서 타자이다. 엄밀히 말해서 1초 전의 현실적 계기는 현재의 현실적 계기와는 "다른" 계기이기 때문이다. 화이트헤드는 인격의 "같음"을 형성하는 것은 일종의 한정 질서라고 한다. 그런데 이 질서 자체는 활동성을 지니고 있지 않다. 그렇다면 나라는 것은 결국, 내가 나로 "있기" 위해서, 나는 끊임없이 내가 "되기를" 정향(aim)해야 한다. 이러한 정식에 따를 때, 어떤 의미에서 나는 한 번도 참으로 나였던 적이 없다.

은 그에 대항해서 현재가 출현하게 되는, 그러한 과거와 떨어질 수 없기 때문이다. 살아있는 계기의 절대적 자기긍정은 "자연의 물리적 과정에 관련된 것으로서 제공된 다수의 여건을 존재의 통합성 속으로 사유화私有化시키는 복잡한 과정"(MT, 151)에서 비롯된다.5 이 사유화 과정이 언제나 상냥한 것은 아니다. 화이트헤드는 우리에게 상기시킨다. "삶은 약탈이다"(PR, 105). 모든 "살아있는 사회는 음식이 필요하다." 그리고 음식은 오직 여타의 살아있는 사회를 "파괴"할 때 비로소 소모할 수 있다(PR, 105).6 이는 분명히 육식동물뿐만 아니라 외부의 자연에서 에너지를 보충하는 모든 유기체에 적용되는 이야기다. 그런데도 이러한 파괴적인 사유화 과정이 없다면 자기향유도, "창조적 전진"creative advance도 없을 것이다.

관심과 자기향유는 너무도 긴밀하게 얽혀있다. 그 둘이 모두 정서적emotional 운동이자 맥동이기 때문이다. 화이트헤드가 말하기를, 가장 기본적인 차원에서 "생명은 과거에서 파생하여 미래를 정향하는 정서의 향유이다. 그것은 그러했던, 그러

---

5. * 사유화란 외부에서 수용한 여건을 자신의 것으로 소화하는 것을 의미한다. 화이트헤드는 임의의 현실적 계기가 다수의 여건을 수용하고 그것을 통합시키는 과정을 통해 생성된다고 생각한다.

6. * 여기서 사회(society)는 다수의 현실적 계기가 이루는 일종의 결합체(nexus)이다. 현실적 계기는 찰나에 생성하고 소멸하는 미시적인 사건이지만, 이 사건이 다른 미시적인 사건과 특수하게 결합하며 거시적인 사물(예를 들어, 세포, 의자, 돌덩어리, 인간의 인격)을 이루게 된다.

한, 그리고 그러할 정서의 향유인 것이다"(MT, 167). 살아있는 존재가 느낀 정서는 언제나 다른 곳에서 유래하며, 언제나 다른 곳을 향한다. "다른 곳에서 생겨, 다른 곳으로 향한다 ··· 그것은 수용되고, 향유되고, 순간에서 순간으로 흘러간다"(MT, 167). 정서는 "사유화 과정"(MT, 150)에서 떠오른다. 정서는 오직 다음 순간으로 넘어간다는 조건에서 외양적 현재에서 직접적으로 향유된다. 생명은 시간을 경유한다. 그 중간에서 직접적인 현재를 자기향유하며, 양 끝에는 과거를 위한 관심과 자신을 넘겨줄 미래를 향한 관심이 위치한다. 임의의 계기는 "여타의 동시적 계기"에 관여concern하지도, 동시적 계기를 참조하지도 않는다는 한에서 자기-구성적이며 (생성의 중기와 후기 위상에서) 자기-반성적이다. 그러나 그 계기는 자신을 선행하는 계기와 자신을 이어받을 계기와는 연관되고 또 관여concern한다. 그것이 모든 경험이 가지는 "벡터적 성격"vector character이다(MT, 167).

자기향유와 관심 사이의 대비는, 그 자체로는 화이트헤드의 형이상학에서 전혀 새로운 것이 아니다. 언제나 퀘이커교적인 의미로 한정됐던 관심이라는 용어는, 『과정과 실재』에서는 등장하지 않았다. 그러나 관심이 『관념의 모험』에서 처음 언급되었을 때, 관심은 이전의 저작에서 친숙했던 개념과 얽혀 있었다. 화이트헤드는 "주체-객체의 관계"(AI, 176), 혹은 모든 지각이나 파악 행위(AI, 180)의 본질적인 특징을 나타내는 "정동7적affective 색조"를 의미하기 위해 관심이라는 용어를 사용하였다. "어떤 파악도, 심지어는 단순한 감각 여건sensa을 파악하는 것조차도 정동적 색조, 즉 퀘이커교가 말하는 '관심'으로부터 벗어날 수 없다"(AI, 180). 어떤 계기도 다른 계기를 중립적이고 무감각하게 파악할 수 없다. 임의의 계기가 다른 사물에 대해 느끼는 정서는, 다른 사물을 파악하는 과정에 있어 그 계기의 관심이라 할 수 있다.

자기향유라는 용어는 『과정과 실재』에서 매우 드물게 사용되었다. 그러나 바로 그 드문 사용이 주목할 가치가 있다. 화이트헤드는 "다자多者 속의 일자一者로 있다는 자기향유, 그리고

---

7. * 여기서 샤비로가 정동(affect)과 정서(emotion) 사이의 구별을 의식하고 있었다는 점을 말해야겠다. 『기준 없이 : 칸트, 화이트헤드, 들뢰즈, 그리고 미학』에서, 샤비로는 다음과 같이 말한다. "이어지는 글에서, 나는 '느낌,' '정서,' 그리고 '정동'을 대체로 상호 교환 가능한 용어로서 사용할 것이다. 이는 화이트헤드의 용법에 따른 것이다. 그럼에도 불구하고, 나는 여전히 브라이언 마수미의 정동과 정서 사이의 핵심적 구별을 염두에 둘 것이다(Massumi 2002, 27~28 외 여러 곳). 마수미에 따르면, 정동은 원초적이고 비의식적이며, 비주체적 및 선주체적이고, 비기표적이고 한정되지 않았으며 강도적일 때, 정서는 파생적이고 의식적이며, 한정되었고 의미 있으며, 그것의 '내용'은 이미 구성된 주체에 귀속될 수 있다. 나는 이 구별이 화이트헤드와도 연관이 있다고 여기지만, 화이트헤드는 이를 용어 구별을 통해 지적하지 않는다. 뒤에서 논하겠지만, 일차적으로 화이트헤드의 '느낌'은 마수미의 '정동'과 대체로 일치한다. 그러나 화이트헤드는 인간 같은 '높은 등급'의 유기체에게서 어떻게 마수미가 말하는 '정서'가 좀 더 원초적인 부류의 느낌으로부터 일어나는지에 관한 발생론적 설명을 제공하고자 한다"(Shaviro 2009, 47). 또한 화이트헤드는 다음과 같이 말한다. "그러나 인간의 경험, 심지어 동물의 경험에 있어서 정서는 순수한 정서가 아니라는 것을 명심해야 한다. 그것은 해석되고 통합된 정서이며, 보다 높은 범주의 느낌으로 변형된 정서이다"(PR 163).

다자의 구성에서 떠오르는 일자로 있다는 자기향유"를 말한다 (PR, 145). 즉 "다자는 일자가 되고, 일자에 의해서 증가하는 다자"(PR, 21)라는 과정 자체가 이미 자기향유의 사례가 되어 있다. 이후 『과정과 실재』에서 화이트헤드는 다음의 순간에 관해서 말한다. "사물의 사밀성privacy에 관련해서 고찰한 현실적 존재 … 그것이 자기향유의 기원이 되는 순간이다"(PR, 289). 그러므로 이러한 의미의 자기향유는 "공개성publicity과 사밀성 privacy 사이의 안티테제"에서 한 축을 맡는다. 그것은 화이트헤드 우주론의 "모든 단계에 개입하고 있다"(PR, 289). "문제로 삼고 있는 사실을 넘어서는 것을 참조하여야만 이해할 수 있는 요소들이 있다. 그리고 문제로 삼고 있는 사실의 직접적, 사적, 개인적, 개별적인 요소를 표현하는 요소들이 있다"(PR, 289). 자기향유의 사밀성과 관심의 공개성은 모든 단일한 계기가 가진 동전의 양면이다. 그러므로 화이트헤드는 『사고의 양태』에서 자기향유와 관심 간의 안티테제에 관해서 특별히 새로운 것을 논하지 않는다. 이전의 저작과 비교해서 보다 강조해서 이 구별을 명확하게 표현할 뿐이다.

그렇다면 화이트헤드의 말기 사상에서는 어떤 변화가 있는 것인가? 나는 『과정과 실재』와 『사고의 양태』의 차이는 강조의 차이, 즉 수사적인 차이라고 생각한다. 물론 이는 둘 사이의 차이가 중요하지 않다거나 단순히 허울에 불과함을 의미하지 않는다. 화이트헤드에게 있어서 언어는 "사고의 본질이 아니다"(MT, 35)라는 중요한 사실, 그리고 "각각의 용법이 오해를 쌓아간다"(AI, 176)는 점은, 언어적 변형을 최대한 주의 깊게 다루어야 한다는 것을 의미한다.[8] 내가 보기에, 화이트헤드의 말기 저작이 가진 특수함은 실제로 이론이 바뀐 게 아닌 정확히는 용법이나 색조, 문체의 차이이다. 『관념의 모험』, 『사고의 양태』, 그리고 「불멸성」(SP, 85~104)은 화이트헤드의 형이상학을 다른 용법과 양식으로 표현하고 있다. 그리고 그것이 모든 것을 바꾼다.

질 들뢰즈는 화이트헤드 이전의 스토아학파나 라이프니츠와 마찬가지로, 화이트헤드가 철학에서 "먼저 아리스토텔레스에서 시작하여 데카르트로 이어진 본질주의에 대항하

---

8. * 언어가 사고의 본질이 아니라는 발언은 꽤 혼란스러워 보인다. 우리는 언어를 가지고 생각하는 게 아닌가? 화이트헤드는 언어 행위가 일종의 "상징적 연관[참조]"(Symbolic Reference)라 하는데, 이는 화이트헤드에게 매우 중요하다. 종이에 그려져 있는 "달"이라는 문자를 상상해보라. 뒤에서 언급할 "현시적 직접성" 자체의 관점에서만 볼 때, "달"이라는 문자 자체는 누구에 대한(for) 것도, 무엇에 관한(about) 것도 아니다. 여기서 그것은 검은 점과 하얀 점의 나열일 뿐이다. 그것은 참된 의미에서 정보가 아니다. 문제는 우리가 너무도 당연하다는 듯이 "달"이라는 문자로부터 "달"의 개념을 발굴해내는 데에 있다. 그런데 문자로서의 "달"은, 우리에게 "달"이라는 개념을 발굴해내도록 어떠한 물리적 강제력도 가하지 않는다. 그것은 마치 신호등의 "빨간 불"을 보고 너무도 당연하다는 듯이 걸음을 멈추는 것과도 같다. "빨간 불"은 나의 걸음을 멈추게 하는 어떠한 물리적 강제력도 지니지 않는다는 것은 자명하다. 그런데도 나는 빨간 불을 보고 멈추는 것보다 멈추지 않는 데에 더욱 의식적 주목을 가해야 한다. 이 현상은 "인과적 효과성"과 "현시적 직접성"이 서로를 참조하는 것으로 이해될 수 있다. 오직 인과적 효과성과의 연계 속에서만, 현시적 직접성은 단순한 색깔로 된 점들 이상이 될 수 있다.

는"(Deleuze 1993, 53) 일종의 양식론mannerism을 창시했다고 생각한다. 과정과 사건의 철학은 존재의 상태보다는 존재하게 되는 방식을, 사고의 어떤 전제된 본질보다는 "사고의 양태"를, 그리고 불변하는 실체보다는 우연적인 상호작용을 탐구한다. 그것은 명사보다는 부사에 초점을 둔다고 할 수 있다. 이러한 철학은 말해진 것의 표면적인 내용에 주의를 가하는 만큼, 그 말을 하게 되는 방식에 관심concern을 가지고 있다. 설령 사실이나 여건data이 그 자체로는 변화하는 것이 아니어도, 그러한 사실이나 여건을 향유하는 방식은 변화할 수 있다.9 "참으로, 그것이 발화된 상황과 독립해서 의미를 가지는 문장과 단어란 있을 수 없다"(SP, 103). 이 모든 것은 문제로 삼고 있는 살아있는 계기가 정향aim하는 바에 관계되며, 화이트헤드는 이 정향을 "무궁무진한 대안 속에서" 하나의 특수한 "'향유 방식'이 선택되는"(MT, 152) 방식이라고 정의하고 있다. 양식론 철학은 우리가 무언가를 향유하는 방식이 본질주의 사상가가 "같은" 상황이라고 여기는 과정 속에서도 다수성과 가변성을 드러내는 것

---

9. * 사실(fact)은 다루기 힘든 개념이다. 사실이라는 단어가 일상 속에서 무차별적으로 사용되는 경향이 있기 때문이다. 여기서 말하는 사실이란 과거를 지칭하는 것으로 보아도 무방할 것 같다. 과거는 이미 지나간 것으로서, 완전히 결정되고 한정되어 소멸했다. 엄밀히 말해 현재는 아직 사실이라고 하기 힘들다. 그것은 아직 생성 도중에 있다. 미래 또한 사실이 아니다. 미래는 아직 생성이 시작되지도 않았다. 엄밀하게 말하면 미래는 존재하지 않는다. 그러므로 "미래를 바꾼다" 따위의 표현은 적절하지 않다. 변화(change)는 언제나 생성"된" 사실 간의 차이(difference)에서 관찰될 수 있을 뿐이다.

으로서 다룬다.

화이트헤드는 "신과 세계"라는 웅장한 비전을 끝으로 『과정과 실재』를 끝맺는다. 그 과정에서 화이트헤드는 "여섯 가지 안티테제"를 통해 경험 전체를 규정하는 "외견상의 자기모순"을 표현한다(PR, 348).[10] 이 안티테제들은 "상충하는 요소들"로 구성되어 있음에도 "서로에 대해서 필요조건이 되어 있다"(PR, 348). 화이트헤드의 우주론에서 궁극적인 조건ultimate terms에 속하는 "신"과 "세계"가 바로 그러한 사례다. 그러나 좀 더 작은 규모에서, 지금까지 기술해온 자기향유와 관심도 그 사례가 될 수 있다. 이러한 안티테제에서 각 항은 서로를 배제하는 듯 보인다. 그러나 화이트헤드는 우리가 그 둘을 함께 생각하기를 요구한다. 심지어는, 한편으로 변증법적 부정이나 지양이라는 재주에 호소하지 않으며, 다른 한편으로는 그 둘을 극복할 수

---

10. * 여기서 말하는 여섯 안티테제란 다음과 같다(PR 348).

　i. 신이 영속적이고 세계가 유동적이라고 말하는 것은, 세계가 영속적이고 신이 유동적이라고 말하는 것과 마찬가지로 진실이다.

　ii. 신이 일자고 세계가 다자라고 말하는 것은, 세계가 일자고 신이 다자라고 말하는 것과 마찬가지로 진실이다.

　iii. 신이 세계에 비해 탁월하게 현실적이라고 말하는 것은, 세계가 신에 비해 탁월하게 현실적이라고 말하는 것과 마찬가지로 진실이다.

　iv. 세계가 신에 내재한다고 말하는 것은, 신이 세계에 내재한다고 말하는 것과 마찬가지로 진실이다.

　v. 신이 세계를 초월한다고 말하는 것은, 세계가 신을 초월한다고 말하는 것과 마찬가지로 진실이다.

　vi. 신이 세계를 창조한다고 말하는 것은, 세계가 신을 창조한다고 말하는 것과 마찬가지로 진실이다.

없는 아포리아나 사고의 장애물로 치워버리지 않고 그 둘을 생각하기를 요구한다.

그렇다면 어떻게 이러한 이율배반을 해소할 수 있는가? (나는 칸트를 떠올리도록 이율배반이라는 용어를 사용했다. 칸트의 이율배반 또한 변증법적 술책에 호소하지 않고 해소되어야 할 것이다.) 해답은 화이트헤드가 말하는 과정의 의미 속에 있다. 각각의 안티테제에서 각기 궁극적인 조건을 담당하는 "신"과 "세계"는, "서로의 과정에 관련하여 반대로 움직인다고 하더라도,"(PR, 349) 서로 간에 어떠한 "통합성"을 유지해야 한다(PR, 348). 이는 반대로 움직이는 과정들 사이의 관계는, 한순간에서 다음 순간으로 가는 데 있어 강함strength이나 정도degree의 차이로 정해진다는 것을 의미한다. 어떠한 구체적인 상황에서도 상충하는 과정은 다양한 정도에서 서로를 "억제inhibit하거나 대비contrast하게" 된다(PR, 348).[11] 그러므로 화이트헤드는 가치평가적인 질문을 한다. 우리는 억제를 산출하는 "상충하는 다양성"과 마주하는가, 아니면 정동적으로 그럴싸한 패턴을 형성하는 "대비하는 다양성"이라는 상황과 마주하는가?(PR, 348). 안티테제는 후자를 선택할 때 해소된다. 아니, 차라리 창조적 행위를 통해 전자가 후자로 변환되었다고 하

---

11. * 화이트헤드에게 대비(contrast)란 어떤 양립 불가능한 두 요소를 나란히 두는 것을 의미하지 않는다. 오히려 그것은 다른 두 요소 사이의 공통적인 요소를 통해 그 두 요소를 통합시키는 것, 어떤 고등한 질서의 출현을 뜻한다.

는 게 낫겠다. 대비는 "상충을 대비로 바꾸는 의미의 전환"(PR, 348)을 통해, 이론적으로가 아닌 실천적으로 달성된다.

상충을 대비로 바꾸라는 명령은, 이사벨 스텡거의 뛰어난 화이트헤드 독해에 담긴 주요 동기가 된다(2011). 나는 이 명령이 화이트헤드가 말기에 저술한 글의 배면에 도사리는 근본적인 충동이라고 제안함으로써, 스텡거의 논의를 확장하고 싶다. 『관념의 모험』, 『사고의 양태』, 그리고 「불멸성」은 『과정과 실재』가 끝나는 바로 그 지점에서 시작하고 있다. 다루기 어려워 보이는 여러 개념적 상충이, 『관념의 모험』에서 말하는 "패턴화된 대비들"(AI, 252)이라는 미적 디자인으로 전환되는 것이다. 『관념의 모험』에서 『과정과 실재』의 논의를 오묘하게 조정하며 요약하고 난 후(III부, "철학적인 것"), 화이트헤드는 진리와 아름다움 사이의 복잡한 관계에 관한 완전히 새로운 논의를 펼친다(IV부, "문명"). 이전 저작에서는 암시만 했을 뿐이었던 미학적 질문은 이제 중심적인 사변적 초점이 되었다. 화이트헤드는 "아름다움은 진리보다 넓으며 근본적인 관념이다"(AI, 265)라고 진술한다. 화이트헤드에게 "아름다움은 … 자신의 본성이 자신을 정당화시키는 하나의 정향이다"(AI, 266), 그러므로 "어떤 넓은 의미에서 아름다운 사물의 체계는, 그게 아름다운 한에서 그 존재가 정당화된다."(AI, 265). 일반적인 인간성에 대해서, 그는 "의식 자체가 예술의 산물이며," "인간 신체란 인간 영혼의 삶 속에서 예술을 낳기 위한 도구이다"(AI,

271)라고 말한다. 그리고 무엇보다도 대담하게, 화이트헤드는 "우주의 목적론은 아름다움의 산출을 겨냥하고 있다"(AI, 265)라고 주장한다.

이러한 주장은 21세기를 사는 우리의 감성에 도전한다. 근대 말기(혹은 포스트)라는 조건에서, 우리는 미학적 주장을 의심스러운 것으로 여기는 강한 경향이 있다. 화이트헤드가 『사고의 양태』를 완성하려고 하던 시기에, 발터 벤야민이 파시즘적인 "정치의 미학화"(2003, 270)라고 고발했던 언어의 망령에 우리는 여전히 겁을 먹고 있다. 오늘날 우리는 미학을 통째로 거부하지는 않더라도 그것을 목적론에 갖다 붙이지는 않는다. 최선에 있어 우리는 미학을 윤리학과 정치학에 종속시킬 뿐이다. 심지어 미학 영역에서도 우리는 아름다움보다는 숭고에 가치를 둔다. 그렇다면 말기 화이트헤드의 이 걷잡을 수 없고 주저 없는 심미주의를 우리는 어떻게 다룰 것인가? 나는 이 질문에는 "패턴화된 대비"의 미학에 관한 화이트헤드 자신의 구체적인 설명을 통해서만 대답할 수 있다고 생각한다. 『사고의 양태』에서 자기향유와 관심의 양극성이 정확히 그러한 패턴화된 대비다. 그것은 아름다우며, 아름다움을 산출하는 것이다. 그런데 자기향유와 관심의 경제를 윤리적이 아닌 미학적으로 읽는다는 것은 무엇을 의미하는가?

나에게 가능한 최선의 접근 방식은 화이트헤드와 에마뉘엘 레비나스를 비교하는 작업인 것 같다. 레비나스의 사상은 최근의 인문학적 연구에서 말하는 "윤리적 전환"에서 너무도 중요하기 때문이다. 레비나스의 주요 저작 『전체성과 무한』은 향유, 혹은 레비나스가 " ~ 에 의해서 사는 것"(1969, 110ff.)이라고 부르는 것에 관한 분석의 연장선으로서 윤리학에 관한 논의로 들어간다. 레비나스는 향유를 원초적인 감수성으로, 또 세계를 향한 개방성으로 보고 있다. 레비나스는 향유를 양식糧食의 처리로 묘사한다. "다름을 같음으로 바꾸는 것 … 다른 것의 에너지는 … 향유를 통해 나의 에너지가, 나의 힘이, 내가 된다"(111). 이 움직임을 통해, "향유는 자기에게 물러남, 일종의 후퇴이다"(118).

어휘와 수사가 매우 다름에도 불구하고, 이 분석은 사유화 과정에서 제기되는 자기향유에 관한 화이트헤드의 기술과 많은 공통점을 가지고 있다. 화이트헤드와 레비나스 모두 우리의 경험이 원초적으로 물리적이고 신체적이며, 체화된 것이라고 주장한다. 그들은 모두 양식이 일차적으로 다른 곳에서 유래하지만, 그 소모는 완전히 내재적이며 자기 주도적이라고 말한다. "활동이 자신의 활동성을 가지고 자기를 키운다"(Levinas 1969, 111). "외래적인 것으로 수용한 것이, 사적인 것으로 재창조된다"(PR, 213). 화이트헤드와 레비나스 양자 모두 살아있다는 순수한 사실에서 유래하는 만족satisfaction을 강조한다. "사랑받은 삶은 삶을 향유하는 것이며, 만족하는 것이다 … 완벽하게 무구한 향유는 원초적으로 긍정적이며, 무엇과도 대립하지 아니하고, 그런 의미에서 처음부터 자족적이다"(Levinas 1969, 145). 이 자족적이고 만족스러운 경험 속에서 화이트헤드와 레비나스 모두 선인지적, 선반성적, 심미적 양태의 주체성을 찾는다. 데카르트적인 코기토의 형태를 취하지 않는 "나"의 순수한 경험을 발굴하는 것이다.

그러나 레비나스가 자신에게 있어서 중요한 과제로 넘어가면서 모든 것이 바뀐다. 극단적인 외부성, 타자, 얼굴과 마주하면서 모든 게 바뀌게 되는 것이다. 타자의 출현은 "초월의 차원을 도입하며, 감각적인 의미로 규정되는 경험과는 전혀 다른 관계로 우리를 이끈다"(Levinas 1969, 193). 나와 부딪히는 타자의 얼굴은 "나에게 의문을 던진다"(195). 그것이 절대적으로 "소유되는 것을 거절하며, 나의 포착에 저항하기 때문이다"(197). 바로 이 타자성이야말로 내가 무구한 양식으로 받아들일 수 없는 것이다. 나는 타자를 또 하나의 나로, 또 하나의 같음으로 변환할 수 없다. "그 얼굴은 나에게 말을 걸고 그렇게 힘의 행사, 그 힘이 향유든 지식이든 간에, 그러한 힘에 어울릴 수 없는 관계로 나를 초대한다"(198). 이렇게 타자와의 조우는 나에게 윤리적 요구, 설령 내가 거절해도 나를 따라오는 요구를 강요한다. 이 조우는 일종의 원초적 트라우마이다. 그것은 "~에 의해서 사는 것"의 무구함을, 또 감수성, 향유, 그리고 만족의 경제 활동을 중지시키고 압도한다. 원초적 감수성의 소박한 자기현전은 해체되고 새로운 종류의 주체성으로 대체된다.

언제나-이미 직무 불이행 상태에 있는 것, "내 힘을 넘어서는" "무한의 관념"(196)에 대한 의무를 짊어지는 주체성으로 대체되는 것이다.

레비나스의 철학에서 타자의 부름은 그 자체로 권위를 가진다. 일단, 이 부름을 받고 나면 나는 그로부터 도망치거나 모르는 척 지나칠 수 없다. 이 부름을 거절하더라도 거꾸로 거절이라는 형태로 응하는 꼴이 된다. 이는 레비나스의 충격적인 발언을 떠올린다. "타자야말로 내가 죽여버리고 싶다고 바라는 유일한 존재이다"(Levinas 1969, 198). 이것이 레비나스에게 있어서 윤리가 존재론에 선행하며 미학보다 압도적으로 우월한 이유이다. 설령 내가 그러한 상태에 머무르기를 거부하고 의식하지 못한다고 해도, 나는 언제나-이미 타자에 대한 책임이 있으며 타자 앞에서 유죄이다. 이러한 압도적이고 일방적인 초월은 화이트헤드의 사상에서 찾아볼 수 없다. 레비나스에게 있어서 "퀘이커교적인 관심[배려]" 같은 것은 어디에도 환원될 수 없다. 나는 배려concern를 떨쳐버릴 수 없다. 그것은 분명 자기향유를 이기고 있다. 윤리적 초월에의 압도적 요구는 심미적 내재의 단순한 쾌락을 가로막고 능가하며, 중지시킨다. 향유에서 배려concern나 책임으로의 이행은 불가역적이다. 그리고 바로 그런 이유에서 배려는 패턴화된 대비로 기술될 수도, 미학화될 수도 없다.

이러한 초월적 움직임에 저항할 수 있는 것인가? 여기서 문제는 반박과 논쟁이 아니라 사고의 기본적인 방향성이다. 화이트헤드의 모든 것이 레비나스의 일방적인 비전의 추진력에 맞선다. 레비나스는 어떤 단일하고 거대한 이행을 마음에 품고 있다. 그것은 원래대로라면 일어나야 할 순간임에도 일어나지 않는, 그러한 새로운 종류의 시간을 결정하고 예시한다고 할 수 있다. 타자의 신격화는 마치 시계와도 같은 직선적이고 균질적인 시간을 파열시키고, 그 대신 "무한한" 또는 "메시아적" 시간을 갖다 놓는다. 예를 들어 "죽음과 부활"의 "불연속적"인 시간을 말이다(Levinas 1969, 284). 레비나스는 "존재의 연속성은 없다"(284)고 하는데, 이는 베르그손과 흥미로운 대조를 이룬다. 연속성이 거짓인 이유는 얼굴의 출현이 연속성을 일거에 파열시키기 때문이다. 이 출현은 극단적인 선재성을 가리킨다. 그것은 살아있는 지속의 연장된 현재 시간 속에 내포될 수 없는 선행하는 순간을 가리킨다.

화이트헤드 또한 베르그손의 연속성을 거부한다. 그러나 레비나스의 경우와는 매우 다른 방식과 이유에서 거부한다. "연속성의 생성은 있다," "그러나 생성의 연속성은 없다"(PR, 35). 즉, 연속성은 결코 미리 주어지는 것이 아니다. "궁극적인 형이상학적 진리는 원자론이다," 하지만 실재를 구성하는 기본적인 원자들이, "연속성을 창조하게 된다"(PR, 35). 공간의 연속성(화이트헤드가 연장적 연속체extensive continuum라 부르는 것〔PR, 61~82〕)과 시간의 연속성(베르그손의 지속)은 모두 "각각의 계기의 본질에 속하는 창조적인 활동성"(MT, 151)의 과정에서 능동적으로 구성되어야 한다. 즉, 선線적인 연속성은 일련의 불연속적이고 점點적인 "생성"과 "이행"을 통해 근사치까지 재현된다. 이행은 연속성의 기반이 되며, 이는 변환의 경험이 특수한 것이 아니라 보편적임을 뜻한다. 배려concern란 어떤 숭고한 출현의 결과가 아니다. 오히려 그것은 일상적인 경험에 가깝다. 화이트헤드에게는 심지어 죽음과 부활마저 일상적인 사건이다. 객체는 끊임없이 자신을 갱신함으로써 존속한다. 모든 것은 "영속적인 소멸"perpetual perishing이라는 시간의 규칙에 종속된다. "어떤 생각하는 사람도 두 번 생각하지 못한다. 좀 더 일반적으로 말하자면, 어떤 주체도 두 번 경험하지 못한다"(PR, 29). 만약 그렇다면 이행에는 레비나스가 요구하는 단일한, 특별히 특권을 받은 순간 같은 것은 없게 되며, 극단적인 타자성도 없게 된다. 시간은 불가역적이며 바로잡을 수 없지만, 거기에 나의 감수성이 뜯겨나가 버리고, 나의 원초적인 향유가 완전히 중단되는 트라우마적인 순간은 없다.

그러므로 화이트헤드는 자기향유에서 관심으로, 미학에서 윤리학으로 넘어가는, 그런 식의 어떠한 장대한 이야기도 거부한다. 모든 현실적 계기가 물리적 극과 정신적 (혹은 개념적) 극을 함께 가지고 있듯이, 모든 현실적 계기는 자기향유와 관심을 함께 예시한다. 사실, 바로 이것이 정확히 위의 항목들이 환원될 수 없는 윤리적 상충이 아니라 패턴화된 미적 대비를 이루는 이유이다. 화이트헤드는 관심과 자기향유 사이에서 선택하기를 거부한다. 모든 현실적인 "선택," 혹은 화이트헤드가 "결단"decision이라고 부르기를 선호하는 것(PR, 42~43)은 양자를 포함한다고 하는 편이 차라리 낫겠다. 만약 화이트헤드가 윤리학에 대하여 미학의 손을 들어주며, 초월에 대하여 내재의 손을 들어준다면, 그것은 화이트헤드가 윤리나 초월을 거부하기 때문이 아니다. 오히려 화이트헤드는 초월의 내재적 장소를, 윤리의 미적 장소를 찾는다. 화이트헤드는 모든 계기가 자신의 본성상 이미 "초월과 내재의 연접"(MT, 167)이라고 주장한다. 사실상, "모든 현실적 존재는 자신의 새로움 덕에, 신을 포함한 자신의 우주를 초월한다"(PR, 94). 그러나 이러한 초월은 내재적, 현실적 사실의 또 다른 측면일 뿐이다. 객체는 결단의 과정으로서, 혹은 "결정하는 능력"으로서 초월적이지만, 이미 실현된 사실로서 또는 다른 객체의 "실현된 결정자"로서 내재하여 있다(PR, 239).

화이트헤드는 윤리에 관해서도 마찬가지로 미학화된 설명을 제시한다. 화이트헤드는 도덕적 의무에 관한 칸트적인 정언명령을 결코 제공하지 않으며, 관습적인 도덕을 향한 니체적인 맹렬한 공격도 꿈꾸지 않는다. 대신 화이트헤드는 사실fact과 가치value가 깔끔하게 분리될 수 없음을 주장한다. 사실과 가치는 언제나 밀접하게 얽혀있다. 가치가 존재에 본질적이기 때문이다. "모든 것은 자신을 위해서, 타자를 위해서, 그리고 전체를 위해서 어떠한 가치를 가진다"(MT, 111). 재평가는 경험의 기본적인 특징이다. 모든 현실적 계기가 앞서 주어진 여러 요소를 새로이 "높게 평가하기"나 "낮게 평가하기"를 생성 과정에 포함하기 때문이다(PR, 241). 그러나 이 재평가는 지속적인 제약[의무를 함의한다. "우리에게는 우주의 본질 그 자체인 가치경험을 묵살시킬 권리가 없다"(MT, 111). 심지어 니체가 말하는 "모든 가치의 재평가" 속에서도 관심의 "초극"이라는 것은 있을 수 없으며, 있어서도 안 된다. 이런 의미에서 타자와의 윤리적 관계, 또는 타자로부터의 윤리적 요구가 언제나 있게 된다. 자기결정은 아무것도 없는 진공 상태에서 일어나지 않으며, "약탈"과 "파괴"로부터 자유롭지도 않다. 오히려 "삶은 약탈"이라는 바로 그 점 때문에, 살아있는 유기체에게 "도덕은 예민한 것이 된다. 약탈에는 정당화가 필요하다"(PR, 105).

그러므로 관심은 모든 현실적 계기에 내재하며, 특히 살아있는 것들의 경우 정당화가 요구된다. 그런데도 관심과 정당화는 레비나스가 요구하는 방식처럼 우월한 것일 수 없다. 관심은 여전히 "자율적인 가치평가"(PR, 248)에 속하며, 이러한 자율적인 가치평가는 마주하게 되는 어떤 것의 중요성에 대해서 그 계기occasion 자체가 근거 없이 내리는 미학적 판단이기 때문이다. 화이트헤드는 "타자를 향유하는 것과 미래로의 이행을 포함하는, 그러한 자신의 자기향유에 근거하여 중요한 무엇인가가 되는 현실태라는 개념"(MT, 118)을 집요하게 고집한다. 이러한 정식에 있어서 타자를 향한 주목은 그 자체로 일종의 향유이며, 전체로서의 자기향유에 반하기보다는 그 안에 포함된 것이다. 그렇게 가치평가는 타자의 자비 없는 요구에 대한 응답이 아니다. 그것은 차라리 무엇이 중요한지에 대한 자율적이고 자기-생성적인 결단에서 떠오르는 "중요성에 대한 감각"(MT, 118)이다. "'본질적 중요성'이라는 구절은 '그 자신을 위한 중요성'을 의미한다"(MT, 118). 그러므로 "각각의 단위 존재는 자신의 권리로 존재한다." 그것은 비록 "우주와 가치의 강도 intensity를 공유하지만," 일차적으로 "자신을 위해 가치의 강도를 유지하고 있다"(MT, 111).

레비나스에게서는 책임이 가치를 산출한다. 화이트헤드에게서는 가치평가 과정이 처음으로 책임에 대한 어떠한 감각을 발생시킨다. 레비나스에게 있어서 윤리는 자발적인 행동을 유보한다. 내가 타자의 얼굴과 대면했을 때, 내가 할 수 있는 것은 그에 응하는 것(책임을 지는 것)이다. 반대로 화이트헤드에게 윤리는 오직 자발적인 미적 결단의 결과일 뿐이다. 윤리는 가치의 근거나 기반이 아닌 가치의 결과이다. 오직 가치평가라는 현실적 과정에서, 혹은 중요성을 결정하는 과정에서, 애초에 "도덕이라는 개념이 발생할 수 있다"(MT, 111). 오직 스스로 행한 결단의 결과로서, "주체는 지금 그러한 자기 자신에게 책임이 있는 것이며," "자신의 존재에 뒤따르는 귀결들"에도 책임이 있는 것이다(PR, 222). 그리고 이러한 미적 가치평가와 결단의 과정은 보장도, 어떤 것에 종속됨도 없이, 모든 현실적 계기에 의해 이루어진다. 이에 관해 "민주주의의 기반은 가치경험이라는 공통 사실이다"(MT, 111)라고 하는 화이트헤드의 말은 너무도 멋지다. 그러한 "공통 사실"이 먼저 온다. 그것은 타자와의 조우에서 파생하는 것도 아니거니와 그에 종속되는 것도 아니다.

그렇다면 화이트헤드주의자의 관점에서 볼 때, 레비나스가 말하는 초월에 대한 내재의 종속, 그리고 관심에 대한 자기향유의 종속은, 마치 순수한 내재와 긍정의 철학이 그러한 것처럼 편향적이며 환원적이다. 윤리의 우선성에 관한 레비나스의 주장은 화이트헤드가 서양철학의 "주된 오류"라고 보았던 "과장 진술"의 또 다른 사례일 뿐이다. "일반화를 향하는 것은 건전하지만, 그 성공은 과대평가되었다"(PR, 7). 관심은 중요하다. 그러나 그것은 자기향유와 떨어질 수 있는 것이 아니며 자기향유를 웃도는 것도 아니다. 화이트헤드는 말한다. "우리의 현존 기저에 놓여있는 것은 '~할 가치가 있음worth'에 대한 감각이다…그 자신을 위한 것이며, 그 자신의 정당화이며, 그 자신의 특징이 되는 현존의 감각이 있다"(MT, 109). 이는 가치평가가 특이하고 자기긍정적이며, 무엇보다도 미적임을 뜻한다. 윤리학은 미학을 대체할 수 없다. "힘의 본질은 미적 가치 그 자체를 향해 몸부림치는 충동이다. 모든 힘은 가치 그 자체를 획득하려 하는 합성체라는 사실에서 유래한다. 그 외에 사실은 없다"(MT, 119).

2장

활화산

알프레드 노스 화이트헤드는 이렇게 말했다. "새로운 관념은 새로운 대안을 도입한다. 그리고 어떤 사상가가 폐기한 대안을 우리가 채용할 때, 우리는 그 사상가에게 빚을 진 것이다. 철학은 새로운 철학자에게 충격을 받고 나면, 결코 과거의 입장으로 되돌아갈 수 없다"(PR, 2). 최근 몇 년간, 사변적 실재론의 발흥은 그러한 "새로운 대안"과 "충격"을 제공했다. 사변적 실재론자들은 화이트헤드가 사변철학이라 부른 것을 새롭게 전개해 보고자 해왔다. "경험의 모든 요소를 해석할 수 있는 일반 관념의 정합적이고 논리적인, 그러면서 필연적인 체계를 구축하려는 노력" 말이다(PR, 3). 이 장에서는, 객체지향 존재론(이하 OOO)이라고 불리게 된 사변적 실재론의 한 형태를 심도 있게 살펴보겠다. 그레이엄 하먼은 최초의 OOO 주창자였다(Harman 2005 ; Harman 2011a). 좀 더 최근에는, 레비 브라이언트(2011), 이언 보고스트(2012), 그리고 티머시 모턴(2013)이 이 OOO에 가담했다. 나는 OOO를 화이트헤드의 "유기체 철학"과 비교하고 대비시켜 보고자 한다. 나는 어떻게 OOO가 화이트헤드를 새롭게 이해하는 데 도움이 되는지를 보여주며, 역으로 화이트헤드에게서 영감을 받아 하먼의 OOO에 대한 비판을 전개하는 것을 목표로 하고자 한다.

하먼은 그의 사변적 실재론자 동료들과 나란히 서서, 인간이 세계를 알 수 있는 능력이 있는지에 관한 우려를 모든 논의의 중심에서 제쳐둔 채로 실재를 생각한다는 것이 무엇을 의미하는지를 탐구한다. 하먼은 "물자체와 현상 사이의 코페르니쿠스적 균열"의 필연성을 거부하며, 대신에 어떠한 방식에서든 "우리가 이미 실재와 접촉하고 있음"을 주장한다는 의미에서 **실재론자이다**(Harman 2009b, 72). 그리고 하먼의 사고는 한편으로는 논리적 형식에 자신을 제한시키지 않고, 다른 한편으로는 경험론적인 탐구에 자신을 제한시키지 않으면서 전통적인 형이상학적 질문에 착수한다는 의미에서 **사변적이다**. 그렇게 하먼은 (브뤼노 라투르를 따라서) 과학적 실증주의와 과학을 파생적인 것으로 격하시키는 "사회구성주의" 양자를 모두 거부한다. 하먼은 "인간과 비인간 존재를 동등한 지평에서 취급할 수 있는 관점"에서 "세상 전체를 자유롭게 넘나들 수 있는" 철학을 전개하기 위해, 인식론적 반성이라는 고르디우스의 매듭을 끊는다(Harman 2005, 42). 하먼은 "인간이 어떠한 특권도 가지지 않으며," 그로 말미암아 "인간과 인간이 보는 것의 관계와 우박과 타르 사이의 관계를 같은 방식으로 말할 수 있게 되는"(Harman 2009b, 124) 비상관주의적이고 비인간중심주의적인 형이상학을 제시한다.

거기서 하먼은 사변적 실재론의 계보에서 화이트헤드에게 중요한 지위를 부여한다. 화이트헤드가 20세기에 드물게 "인간의 경계를 넘어서 모험을 감행하며"(Harman 2005, 190) 모든 존재를 동등한 지평에 위치시킨 대담한 사상가였기 때문이다. 화이트헤드는 "인간과 세계 사이의 간극이 여타 존재 사이의 간극보다 철학적으로 좀 더 중요하다는 칸트적인 발상"(Harman 2009b, 51)을 거부한다. 혹은 이를 화이트헤드 자신의 용어로 다시 진술해 보자면, 데카르트 이후의 서양철학은 "현시적 직접성"presentational immediacy, 또는 의식적으로 지각하는 주체의 정신이 표상하는 명석판명한 감각을 너무도 과도하게 강조했다(PR, 61~70).[1] 사실상 그러한 지각은 화이트헤드가 "인과적 효과성causal efficacy의 양태에서의 지각"이라 부르는 것, 그러한 존재 간에 영향을 주고받는 벡터적 전달 과정의 "모호한"(비표상적인) 지각과 비교해서 보편적이지 않으며 중요하지도 않다(PR, 120ff.). 현시적 직접성은 칸트가 부여하는 초월론적이고 구성적인 역할을 맡을 수 없다. 이 지각의 양태가 전체로서의 우주의 관점에서 보면 "상대적으로 드문" "높은 등급의 유기체"에만 국한되기 때문이다. 다른 한편, 인과적 효과성은 보

---

1. * 현시적 직접성이란 일반적으로 감각적 지각을 뜻한다. 예를 들어 우리는 저 기에 있는 색깔을 보고, 소리를 들으며, 냄새를 맡는다. 화이트헤드에 따르면, 현시적 직접성에 있어서 우리는 과거로부터 유입된 감각 여건(이는 정확히 과 거로부터 유입된 것이라고 할 수 있다. 우리가 '눈을 가지고' 보며, '귀를 가지고' 들을 것이기 때문이다)을 동시적 영역에 투사(project)하는데, 이 감각적 지각 자체는 지극히 한정된 정보만을 준다. 좀 더 정확히 말하자면, 현시적 직접성 의 양태에서 주는 정보는 참된 의미에서 정보가 아니다. 앞서 언급했듯, 그것 자체는 무엇에 대한 것도, 무엇에 관한 것도 아니다. 색깔은 색깔일 뿐이다. 이 현시적 직접성과 인과적 효과성이 상징과 의미의 관계를 맺으며 "상징적 참조" 를 이룰 때 흔한 일상적인 지각이 성립되는데, 이런 의미에서의 지각은 그 자체로 일종의 번역 활동이다. 이러한 지각 이론은 사실과 가치가 분리될 수 없 다는 화이트헤드의 사고를 함의하고 있다.

편적이다. 인과적 효과성은 우리의 경험에서 우리가 생각하는 것보다 중대한 역할을 맡으며, 그것은 "가장 낮은 등급의 유기체"(PR, 172)에도 적용될 수 있다.

인과적 효과성을 기준으로 볼 때, 우주 내 모든 현실적 존재는 동등한 존재론적 지평에 서 있다. 모든 "중요성의 등급과 기능의 다양성에도 불구하고, 현실태가 예시하는 원리들은 모두 같은 지평에 있으며," 신을 "아득하게 멀리 떨어진 텅 빈 공간에서 가장 하찮은 한 가닥의 현존"과 구별할 수 있는 특별한 존재론적 특권 같은 것은 없다(PR, 18). 신에 대해 말할 수 있는 것은, 정확히 인간 주체에도 적용될 것이다. 화이트헤드는 인간적 접근에 특권을 두길 거부하며, 하먼이 말하듯이 단순히 우리에게 지각당하는 것으로서가 아닌 "사물들이 참으로 서로를 지각하는 세계"를 마음속에 그린다(2005, 52). 인과적이며 지각적인 상호작용은 더는 인간중심적인 범주에 사로잡히지 않게 된다. 그러므로 화이트헤드와 하먼에게 존재자의 위계질서는 없어진다. 인간 주체를 포함한 어떠한 개별적 존재도 형이상학적 우월성을 주장할 수 없으며, 특별한 중재자 역할을 맡을 수 없다. 모든 존재는 크기나 규모가 어떻게 되었던 똑같은 정도의 실재성을 갖는다. 그들은 모두 같은 방식으로 서로와 상호작용하며, 모두 같은 유의 성질을 예시한다. 이는 화이트헤드의 형이상학에서 결정적인 측면이며, 하먼이 전례 없이 명확하게 보여준 측면이기도 하다.

바로 이렇게 프로젝트를 공유한다는 문맥 속에서, 나는 화이트헤드와 하먼 사이의 결정적 차이를 논하고 싶다. 양자 모두 상관주의를 거부하지만, 그것은 사실상 양립할 수 없는 완전히 별개의 근거에서 그렇다. 화이트헤드에게서 인간 지각과 인식이 특별하고 특권 있는 지위를 가지지 않는 것은 인간의 지각이 그저 현실적 존재가 다른 존재를 파악prehension하는 무수히 많은 방식 중 하나이기 때문이다.[2] 파악은 인과적 관계와 지각적 관계 양자를 포함하는데, 사실 이 둘 사이에는 근본적인 구별이 없다. 존재론적 평등은 상호 간의 접촉, 그리고 서로가 서로를 함의하는 데서 나온다. 모든 현실적 존재가 존재론적으로 평등한 것은, 그들이 모두 같은 유의 관계를 맺기 때문이다. 그들은 모두 다른 존재들을 파악하며 스스로 그러한 것이 되는 것이다. 화이트헤드의 핵심 용어인 파악은, 그것이 인과적이든 지각적이든 혹은 완전히 다른 부류의 것이든 간에 존재가 다른 존재를 움켜쥐며 그 현전을 새기고, 따라서 그에 반응하고 촉발되는 과정이라고 정의할 수 있다. 모든 현실적 계기는 다수의 파악을 통합하면서 자기 자신이 된다. 그들은 모두 "복잡하고 상호의존적인 경험의 방울들이다"(PR, 18). 신에서 "가장 하찮은 한 가닥의 현존"까지 아우르는 모든 종류

---

2. * "파악"(prehension)은 "포착"(apprehension)의 첫 음절 ap-을 떨어뜨린 용어다. 파악은 의식적 인지를 포함하지만, 의식적 인지를 초월하는 포괄적인 용어로 사용된다.

의 존재는, "그들의 상호연결과 개별적 성질들에 말미암아 우주가 구성되는, 그런 '진정으로 실재하는' 사물들"(MT, 150) 사이에서 동등하게 모습을 드러낸다. 관계성이 모든 곳으로 연장될 때, 그리고 그로 말미암아 "분리된 자기충족적인 국소적 존재는 없게" 되며 "환경이 개별적 사물의 본성에 속하게 될 때"(MT, 138), 모든 단일한 존재는 인간 존재와 심지어는 신을 포함해서 다른 존재에 대한 우월성을 주장할 수 없게 된다.

이와는 대조적으로 하먼에게 모든 객체가 존재론적으로 평등한 이유는 모든 객체가 평등하게 서로로부터 물러나 있기 때문이다. 하먼은 자율적이며, 그러면서도 깊이 숨어 있는 객체들의 이상한 세계를 상정한다. 그러한 객체는 "모든 관계로부터 후퇴하여 있으며, 언제나 지각과 순전한 인과관계로 적절하게 측정할 수 없는 현존을 가지고 있다 … 우주는 서로 간에 배타적인 진공으로 채워진, 포착하기 어려운 실체들로 가득 차 있다"(2005, 75~76). 하먼에게 있어서 즉자적이자 대자적으로 존재하는 객체들과 그들이 참여하는 외적 관계 사이에는 근본적인 간극이 존재한다. "세계의 기본적인 이원성은 영혼과 자연, 현상과 물자체에 위치하는 게 아니라, 사적인 실재로서의 사물과 다른 사물과 마주한 것으로서의 공적인 사물 사이의 간극에 있다"(74). 모든 객체는 다른 객체와의 접촉에서 소진되지 않으며 또 완전히 표현되지 않는, 그러한 존재자의 숨겨진 비축을 가지고 있다. 하먼이 말하기를, 이러한 객체는 정확하게 실체라고 부를 수 있다. 왜냐하면, "다른 존재와의 어떤(혹은 모든) 관계도 그들 자신과 동일시할 수 없기 때문이다"(85). 이렇게 정의하면, "실체는 모든 곳에 있다"(85). 그리고 실체의 가장 깊은 본질에 있어, 그것은 "모든 관계로부터 절대적으로 물러나 있다"(76).

이 입장들 사이의 대조는 명확할 것이다. 화이트헤드는 존재들 간의 광범위한 – 사실상 보편적으로 혼잡한 – 관계성에 대한 감각을 제시하며 상관주의에 반대한다. 그러나 하먼의 경우는 관계성 자체의 지위를 약화해서 상관주의에 반대한다. 대신 하먼은 어딘가 케케묵고 신빙성도 없어 보이는 실체에 관한 형이상학적 학설을 당당히 부활시킨다. 이는 화이트헤드라면 의심의 여지 없이 거부할 학설이다. 화이트헤드가 "실재론적 철학에 항상 붙어 따라다니는 공허한 현실태의 관념"(PR, 28~29)이라며 깎아내릴 때, 하먼은 "사물의 공허한 현실태"(2005, 82)를 기꺼이 수용한다. 화이트헤드는 "우주가 서로 간에 단절된 수많은 실체로 산산조각이 나며," 그렇게 "모든 실체적인 것을… 다른 실체적인 것들을 참조함이 없이 그 자체로 완전한 것으로 간주하는"(AI, 132~33) 그러한 어떠한 철학도 거부한다. 화이트헤드가 볼 때, 그런 철학은 "사물들의 상호연결을 설명에서 쫓아내며," 그렇게 "진정한 개별자들이 상호연결된 세계를 알 수 없는 것으로 만든다"(AI, 132~33). 화이트헤드의 결론은 "실체적인 사물은 다른 실체적인 사물을 불러들이지 못한다"(AI, 133)는 것이다. 독립적인 실체들을 분리하는 존재론적 공허 사이를 이어주는 다리란 결코 없을 것이다. 탐지할 수도, 도달할 수도 없는 내적 본질이라는 것도 마찬가지로 존재하지 않을지도 모른다. "실체적인 사물은 성질, 즉 신용은 얻을 수 있을지라도 진정한 사유지私有地를 얻을 일은 결코, 결코 없을 것이다"(AI, 133). 만약 존재가 "일차적인 개별적 속성을 가지고 우연적인 모험을 겪는, 그렇게 수동적으로 존속하는 공허한 물질적인 존재"(PR, 309)로 환원된다면 우주는 전적으로 척박하고 정적일 것이며, 그 무엇도 다른 무엇에게 영향을 끼치지 못할 것이다.

하먼은 이와는 정반대의 비판을 제공한다. 하먼은 화이트헤드(그 외에도 많은 사람이 있지만)가 지지하는 "모든 것은 다른 모든 것과 관계되어 있다"는 발상에 대해 분명하게 이의를 제기한다. 하먼에 따르면, 우선 화이트헤드의 "관계론적 이론은 지나치게 거울들의 집을 연상시킨다." 만약 사물을 자신이 가지는 관계들을 통해서만 이해한다면, 존재는 "다른 존재에 대한 지각에 불과할 것이다. 이 다른 존재들은 다시 다른 존재에 대한 지각으로 형성되었었다. 뜨거운 감자는 공정 과정에 따라 전해져 내려왔고, 우리는 감자에 대한 다양한 지각이 정착될 수 있는 어떤 실재에도 결코 도달하지 못한다"(Harman 2005, 82). 하먼에 의하면 이 무한한 퇴행은 진정한 사물의 현실태를 의미 없는 것으로 만들고 있다. 둘째로, 하먼은 "화이트헤드가 제공할 수 있을 만한 어떠한 관계론적 이론도 변화를 충분히 설명할 수 없다"고 주장한다. 만약 주어진 존재가 "우주 속 모든 존재와의 현재 관계를 넘어서는 어떤 비축이 없다면, 현재는 표현되지 않은 속성이 없다면, 어떻게 새로운 것이 출현할 수 있는지를 찾을 수 있는 근거가 없다"(2005, 82). 혹은 브라이언트가 유사하게 말하듯이, "구조를 구성하는 관계들이 그 자체로 모든 요소가 그것이 맺는 관계들에 의해 구성되는 내적 관계인 한, 그 구조를 변형시킬 수 있는 외적 요소를 끌어들일 지점은 없게 된다"(2011, 209).

이런 식으로, 하먼과 브라이언트는 화이트헤드가 중심적 가치로 삼았던 새로움을 화이트헤드에게 대항하기 위한 수단으로 삼는다. 그들에게 화이트헤드는 진정으로 새로움을 설명할 수 없다. 그러나 화이트헤드 스스로 이러한 반론을 잘 예상하고 있었다는 점을 지적해야겠다. 화이트헤드에 따르면, 우주를 구성하는 "현실적 존재들"은 "소멸할 뿐이며 변화하지 않는다. 그것은 스스로 그러한 것일 뿐이다It is what it is"(PR, 59). 이에 덧붙여서 좀 더 일반적으로 말하자면, "내적 관계 학설은, 어떤 현실적 존재에도 '변화'라는 속성을 귀속시킬 수 없게 만든다"(PR, 59). 왜냐하면, "모든 현실적 존재는 다른 현실적 존재들과의 내적 관계를 통해 결정된 자신의 한정적 지위를 가지고 우주 속에 존재하는 스스로 그러한 것일 뿐이며," 우리는 그러한 현실적 존재 자체로부터는 변화의 원천을 찾아낼 수 없기 때문이다(PR, 59). 만약 이게 전부였다면, 우리는 우리가 이미 가지고 있는 것에 영원히 갇혀있는 게 된다. 변화에 관한 화이트헤드 자신의 설명은 현실적 존재의 유한성에 근거한다. 현실적 존재는 사라질 뿐 존속하지 않는다. "현실적 사물들의 우주"는 언제나 "진화하고 있는 것"(PR, 59)이다. 결정된 사물이 언제나 새로운 사물로 대체되기 때문이다.

화이트헤드와 하먼 사이의 이러한 대치 상황에서, 또는 관계의 관념과 실체의 관념 사이에서, 우리는 사변적 실재론 사상의 근본적인 이율배반에 도달한 듯하다. 화이트헤드와 하먼, 이 둘은 정반대의 방식으로 세계에 관한 우리의 근본적인 직관을 말한다. 하먼은 사물의 사물성thingness, 즉 그것의 고체성, 유일성, 그리고 "그" 사물의 "그것성"thereness에 대한 우리의 감각을 다룬다. 모든 객체는 그 자체로 어떤 것이며, 따라서 객체는 자신의 부분이나 다른 사물과의 관계, 또는 다른 존재가 그 객체를 포착하는 방식의 합계로 환원될 수 없다는 하먼의 주장은 정당하다. 그런데 화이트헤드는 그와 동등하게 유효한 직관을 다룬다. 세계 속에서 우리는 혼자가 아니라는 것, 사물들이 우리와 서로에게 **중요하다**는 것, 삶이 만남과 모험으로 가득 차 있다는 우리의 감각을 다루는 것이다. 내게 무슨 일이 일어나든, 나는 "같은" 나일 것이라는 깊은 감각이 있다. 그러나 내 경험, "살아있는 계기의 역사적 경로"(PR, 119)를 통해 나는 돌이킬 수 없이 "달라진다는" 동등하게 깊은 감각이 있다. 이

두 가지 직관은 우주의 모든 존재를 관통한다. 그것은 지각하는 인간 주체를 관통하는 만큼 "이판암과 캔털루프"(Harman 2005, 83)와 "바위와 아스클레피아스"(Harman 2005, 242)를 관통한다.

　같은 대조를 다른 용어로 진술해볼 수 있다. 이사벨 스텡거는 화이트헤드를 독해하면서(Stengers 2011), 형이상학적 개념의 구성은 항상 특정한 상황에 필요한 것을 다룬다고 말했다. 어떤 철학자가 만들어내는 개념은 그 철학자가 응하고자 하는 문제에 의존한다. 모든 사상가는 그 사상가가 응하기를 요구하며 울부짖는 난문에 이끌린다. 그러므로 어떤 철학이 무엇인가는 그 철학이 무엇을 달성했는지에 의해 정의된다. 무엇을 개시開示할 수 있고 생산할 수 있으며, 그리고 성취할 수 있는가에 의해 스스로 규정되는 것이다. 하먼에게 있어서 철학의 시급한 과제는 서로 간에 고립된 두 존재가 어떻게 접촉할 수 있는지를 설명하는 것이다. 방화벽 뒤로 물러나 고독한 감옥에 갇혀있는 객체가 어떻게 더 넓은 세계로 뻗어 나갈 수 있는가? 하먼은 이 질문에 대한 해답을 주기 위해 오래된 기회원인론occasionalism을 부활시키며 "대리적 인과관계"vicarious causation(2007b)의 포괄적 이론을 전개한다. 그러므로 하먼에게 있어서 세계의 일반적인 상황은 각각 자신의 진공 속에 갇혀 고립된 객체들이다. 이런 상황 속에서 객체 사이의 어떠한 접촉이나 의사소통도 비범한 것이고, 연약하며 우발적인 성취이다.

그러나 나의 형이상학적 문제는 정확히 이 반대다. 내가
『접촉』(Shaviro 2003)에서 논했듯이, 우리의 근본적인 조건은
언제 어디에나 있으며 결코 도망칠 수 없는 접촉 중 하나로 보
인다. 우리는 끊임없이 관계에 시달리며, 관계에 억눌리고 질식
당한다. 마치 언제나 과도한 결정론에 협박을 당하는 듯하다.
오늘날 우리는 모든 곳에 만연한 자본의 흐름의 초부호화에
시달린다. 또, 우리가 마주하는 모든 존재가 우리에게 강요하
는 요구와 우리의 제한된 주목 속에 떠오른 존재들의 외침에
시달린다. 어떤 "방화벽"도 이 모든 가차 없는 함의와 관여로부
터 내 컴퓨터, 또는 내 자아를 보호하기에 충분히 견고하지가
않다.

그러므로 나는 기회원인론이나 대리적 인과관계를 형이상
학적 문제로 보기는커녕, 나를 끊임없이 괴롭히는 몇몇 인과관
계가 지나치게 효과적인 게 아니라 정말로 대리적이고 기회원
인적인 것이기를 바랄 뿐이다. 그렇다면 내게 중요한 형이상학
의 문제는 이러한 언제 어디에나 있는 관계들로부터 최소한 부
분적으로나마 벗어나는 것이다. 적어도 숨을 돌릴 수 있는 공
간을 마련하기 위해 여러 관계에서 벗어날 필요가 있다. 이러
한 과도하게 결정론적인 관계성에서 벗어나 결단을 내리기 위
한 공간을 찾아냄으로써만, 나는 모험이나 평화를 찾을 수 있
을지도 모른다(화이트헤드가 『관념의 모험』 최종 장에서 최상
의 가치로 인용한 것들을 언급하자면 말이다. [AI 274~96]). 내

가 보기에는 관계와 인과적 결정이 보편적인 조건이자 고질병이며, 자기창조나 독립은 배양하는 것이고 또 찬사받아 마땅한 것, 희귀하고 연약하며 비범한 성취이다.

이는 우리를 어디로 이끄는가? 화이트헤드가 시사하는 바와 같이 우리는 형이상학적 이론이, 심지어 우리가 배척하는 이론조차도 "우리의 경험이 지닌 어떤 근본적인 측면을 표현하지 않았다면 위대한 인물들의 믿음을 결코 사로잡을 수 없었을 것"(MT, 100)이라는 점을 항상 염두에 두어야 한다. 그러므로 나는 이 이중적 직관을 환원될 수 없는 "양립 불가능성"으로 보기보다는 패턴으로 조직될 수 있는 "대비"로 보고자 한다(PR, 95). 화이트헤드는 철학에서 최상의 임무란, 그 무엇도 교묘히 둘러대지 않고 비환원적인 방식으로 이율배반을 해결하는 것이라고 주장한다(PR, 17). 이야말로 "상충을 대비로 바꾸어 버리는 의미의 전환"(PR, 348)이다.

하먼 자신도 화이트헤드의 존재론이 가진 원자론적이고 분리적인 측면에 초점을 맞춘다는 의미에서 '의미의 전환'을 향한 길을 어느 정도 열어두고 있다. 화이트헤드는 언제나 세계가 기본적으로 "원자적인 피조물들"(PR, 35)로 구성되어 있다고 말한다. 그리고 하먼은 화이트헤드가 말하는 존재의 원자성을 구체적 현실태의 보장으로 삼는다. "같은 화산에 관해 각각의 관점을 가진 1만 개의 다른 존재가 있다고 상정해보자. 화이트헤드는 근본이 되는 화산이 없으며, 1만 개의 다른 지각

사이에 외적이고 가족적인 유사성만이 있다고 주장하는 유명론자들 중 하나가 아니다. 아니, 화이트헤드에게는 분명히 현실적 존재로서의 화산이 있으며, 그것은 화산이라는 자의적인 이름name으로 연결된 수많은 유사한 감각이 아니라, 오히려 무시할 수 없는 진정한 힘이라 여겨야 한다"(2005, 82).

하먼이 보기에, 이 점이 우리가 화산 자체의 현실태를 말할 수 없고 화산에 대한 접근의 문제나 우리의 이해와 식별을 통해 화산이 "구성되는" 방식의 문제만을 말할 수 있다는 포스트칸트주의적 상관주의자들과 화이트헤드를 구별한다. 그러나 동시에 하먼은 화이트헤드의 원자론을 사변적 실재론 철학자 이에인 해밀턴 그랜트와 대립시키고 있다. 그랜트에게 그러한 객체는 절대적으로나 원초적으로나 존재하지 않으며, "좀 더 근본적으로 통합된 힘의 '지체'retardation로서만 출현한다"(Harman 2009a). 그랜트에게는 아마도 그 이전의 셸링, 들뢰즈, 그리고 시몽동의 경우처럼 현실적 화산은 없을 것이며 단지 격렬하게 고조된 행위나 "무시할 수 없는 힘"이 있을 뿐이다.

흥미로운 점은 화이트헤드의 현실주의가 그를 하먼과 연결해 주듯이, 과정과 생성을 향한 그의 집착, 즉 관계에 대한 집착은 그를 들뢰즈, 그랜트와 연결해 준다는 것이다. 화이트헤드는 "우주를 구성하는 '진정으로 실재하는' 사물"을 "현실적 존재"나 "현실적 계기"라고 칭한다. 그것들은 사물thing이자 사건happening이다. 존재의 이러한 두 양태는 서로 다르지만, 그런데도 마치 근대 물리학에서 "물질이 에너지와 동일한 것으로 간주되어 왔듯이,"(MT, 137) 그 둘은 동일시될 수 있다. 하먼이 이 관계에 관한 화이트헤드의 주장을 거부할 때, 하먼은 화이트헤드의 존재론이 가진 이중적 측면에 주의를 기울이고 있지 않았다.

이는 다른 방식으로 말해볼 수 있다. 하먼은 객체가 가진 **사밀성**의 차원에 관한 화이트헤드의 설명을 생략하고 있다. 화이트헤드는 다음과 같이 말한다. "현실태의 분석에서 공개성과 사밀성 사이의 안티테제는 모든 단계에 개입한다. 문제로 삼고 있는 사실을 넘어서는 것을 참조하여야만 이해할 수 있는 요소들이 있다. 그리고 문제로 삼고 있는 사실의 직접적, 사적, 개인적, 개별적인 요소를 표현하는 요소들이 있다. 전자의 요소는 세계의 공개성을 표현한다. 후자의 요소는 개체의 사밀성을 표현한다"(PR, 289).

가장 중요한 점은 화이트헤드가 합생^{合生, concrescence}을, 혹은 모든 현실적 존재가 "만족"이라는 정점에 도달하는 과정을 정확히 "사적인 것으로서 직접적으로 느낀 미적인 평가의 통합"(PR, 212)이라고 정의한다는 것이다. 이런 식으로 화이트헤드는 하먼이 그렇게 집요하게 물고 늘어지는 사물의 숨겨진 내면적 삶에 실제로 주의를 기울이고 있다. 사밀성은 결코 폐기될 수 없다. 심미적 자기향유의 특이성은 결코 그늘에 가려질 수 있는 것이 아니다.

그러나 사밀성은 그저 반쪽짜리 진리일 뿐이다. 화산에는 분명 숨겨진 깊이가 있을 테지만, 화산은 터지기도 한다. 화산이 자신을 스스로 터뜨릴 때, 화산은 환하게 빛나는 공개성의 무대로 향하게 된다. 화이트헤드는 현실적 존재가 그저 "스스로 그러한 것"(PR, 35)이라는 자기향유의 사밀성을 인식하는 것과 동시에, 이행transition과 덧없음transience이라는 우주적 아이러니 역시 느끼고 있었다. 바로 이 후자를 하먼에게서는 찾을 수가 없다. 화이트헤드는 모든 존재가 반드시 소멸해야 하며, 그로 말미암아 어떤 새로운 것에 자리를 내주어야 한다고 주장한다.『과정과 실재』를 통틀어 화이트헤드는 언제나 "시간이 '영속적인 소멸'"임을 상기시킨다. "객체화objectification는 제거를 포함하기 때문이다. 현재의 사실이 과거의 사실을, 그 완전한 직접성에 있어서의 과거의 사실을 포섭할 일은 없다"(PR 340). 그렇게 화이트헤드는 존재가 다른 존재를 완전하게 파악할 수 없다고 하면서 하먼에게 전적으로 동의한다. 거기에는 언제나 이어받지 못한, 번역되지 않고 표현되지 않은 무언가가 있다. 그러나 그 이유는 존재가 관계를 초월해서 자신의 텅 빈 거품 안에 갇혀 존속하기 때문이 아니다. 오히려 어떤 존재도 그 완전한 현전이 재현되지 않는 것은 그 존재의 "공개성"과 "객체화"로 인해, 그것은 존속하지 않으며, 사실상 이미 죽은 것이기 때문이다. 화산은 폭발해버렸고, 남겨진 존재는 남아있는 조각들을 줍는다. 이렇게 존재가 단순한 "여건"이라는 지위로 환원되는 것은 화이트헤드가 독특한 위트를 가지고 "객체적 불멸성"objective immortality이라 부르는 것이다.

이 모든 것은 화이트헤드의 존재론이 가진 이중성, 존재가 과정 및 사건이기도 하다는 사실에 따르는 귀결이다. 그러나 하먼에게 현실적 존재는 오직 한 측면만 가진다. 현실적 존재는 그것의 현존이 아무리 단명하고 덧없는 것이라도 꽤 명확하고 한결같이 사물 및 실체이다(Harman 2005, 85). 이는 하먼이 존재 간의 관계성이 가지는 생생함과 편재성을 과소평가하듯이, 시간이 흐르면서 일어나는 변화의 중요성을 과소평가하는 경향이 있다는 것을 뜻한다. 하먼은 화이트헤드가 존재를 관계들의 무한한 퇴행으로 환원시킨다고 비판하지만, 하먼 자신은 대신 실체의 무한한 퇴행을 제시한다. "우리는 다른 모든 것을 설명하는 작은 요소들의 최종 층에 도달하지는 못하지만, 대신 부분과 전체의 무한한 퇴행에 진입한다"(85). 하먼은 모든 관계를 "대리적"이며 본질적이지 않다고 선언하고 "어떤 관계든" 그 자신의 권리로 "실체로 간주해야 한다"고 천명함으로써 관계에 관한 설명의 문제를 일제히 없애버린다(〔85〕, 하먼 스스로 인정하듯이 이러한 규정은 간단히 뒤집힐 수 있다). 그러나 이러한 조치는 관계성을 둘러싼 여러 모순을 해결해주지 않는다. 이러한 조치는 관계성의 문제를 그저 동등하게 불명료한 실체의 영역으로 이주시킬 뿐이다. 하먼은 이전까지 객체의 깊은 곳에 잠겨있던 성질들의 출현에 호소하여 변화를 설명하지만,

그는 애초에 그러한 객체가 어떻게 생겨났는지, 객체의 숨겨진 성질들이 애초에 어떻게 출현했는지는 설명하지 않는다.

이 비판은 다시 다른 방식으로 진술할 수 있다. 하먼은 화이트헤드가 "존재론적 원리"를 통해 표현하는 "현실주의"(Harman 2009b, 127~9)를 완전히 인정한다. 존재론적 원리에 있어서 "무無에서 세계로 떠오르는 것이란 있을 수 없다. 현실 세계에 있는 모든 것은 어떠한 현실적 존재에 참조될 수 있다"(PR, 244). 이런 관점에서 하먼은 "가능적인 것"the potential이나 "잠재적인 것"the virtual을 말하는 어떠한 철학도 거부한다. "가능태에 호소하는 것은 현실태를 미결정적인 것으로 놔두며 끝내는 흥미롭지 않은 것으로 만드는 편법이다. 그것은 현재에 현실적인 것을, 시간을 거쳐 창발하는 과정의 일시적인 장식으로 만들며 실제로 일어나는 일은 현실태 바깥에 둔다 … 구체적인 행위자 자체는 세계를 작동시키기에는 불충분한 것이 되며, 세계를 작동시키는 것은 숨겨진 상위 존재에게 맡겨지게 된다. 그 상위 존재가 가능태이든, 잠재성이든, 베일에 싸여 있든, 위상적이든, 유동적이든, 혹은 지금 실제로 여기 있는 그러한 것들에서 벗어나려고 하는 어떤 형용사든 간에 말이다"(2009b 129).

이 진술만 보면 이 주장은 정당하고 그럴싸하다. 하먼 자신의 숨겨진 성질에 대한 학설이 왜 똑같은 비판에 직면하지 않는지를 빼면 말이다. 어떻게 지금 여기에 있는 현실태의 나타나지 않은, 모든 관계로부터 물러나 있는, 그리고 단순한 현전으로 환원될 수 없는 성질을 주장할 수 있는가? 그러한 성질은 의심의 여지 없이 실재하지만, 엄밀히 말해서 현실적인 것은 아니다. 그러한 정식, "실재하지만, 그러면서 현실적이지는 않은"은 화이트헤드가 미래의 가능태를 정의하는 방법이며(PR, 214), 들뢰즈가 잠재성을 정의하는 방법이다(1994, 208). 하먼은 또다시 관계의 문제를 실체의 문제로 번역하고 있다. 그러한 번역 자체는 훌륭한 창조적 행위이다. "변형을 거치지 않고 무언가를 운반한다는 것은 있을 수 없다"(Harman 2009b, 76). 그러나 난점을 재배치하고 그것을 다르게 보도록 강요하는 것은 실제로 난점을 해결하는 것과는 다르다.

하먼은 "영속적으로 소멸하는" 계기들에 반대하여 존속하는 실체들에 집착하면서, 변화에 관한 화이트헤드의 설명을 과소평가했다. 화이트헤드에게 존재가 "다른 존재를 지감함"은 그저 이미 존재하는 "여건"을 단순히 반복하는 것이 아니며 전달하는 것도 아니다. 지각은 "구성적인 기능을 펼치는 경험 행위"(PR, 156)를 포함한다. 실제로 화이트헤드는 "지각" 대신 "파악"이라는 용어를 사용한다. 엄밀히 말해서 지각이 단순한 수동적 수용을 함의하는 경향이 있기 때문이다. 화이트헤드에게 경험은 결코 "여건에 대한 단순한 주체적 향유"(PR, 157)가 아니다. 경험은 언제나 화이트헤드가 "주체적 정향"subjective aim이나 "주체적 형식"subjective form이라 부르는 것을 포함한다. 이야말로 존재가 자신의 여건을 파악하는 **방법**이자 양식이다(PR, 23). 그리고 이 양식이라는 것이 모든 것을 바꾼다. 임의의 계기는 선행하는 계기로 인해(원인) 출현하는 것일지도 모르지만, 스텡거가 말하듯이 "어떤 원인도, 심지어는 원인으로서의 신 자신마저, 임의의 계기에 대해 **어떠한 원인이 될지**how it will cause 결정할 수 없다. 그 무엇도 자신이 타자에게 있어서 어떻게 기능하는지 결정할 힘을 가지지 못한다"(2009, 40. 샤비로의 강조). 파악은 언제나 의도적인 배제와 포함의 역사 전체를 포함할 것이며, 이는 언제나 가치의 재평가로 이끈다. "정향이라는 용어는 무궁무진한 대안적 가능태를 배제하고 일정한 새로움의 요인을 포섭함을 의미한다. 이 새로움의 요인은 통합 과정에 여건을 끌어들이는 특정한 향유 방식을 구성한다 … 그 향유하는 방식은 무궁무진한 대안 중에서 선택된 것이다"(MT, 152).

그렇다면 화이트헤드에게는 하먼과 마찬가지로, 사전에 존재했던 여건에 대한 모든 "전달"과 "재현"(PR, 238)은 변형적 재발명의 과정이기도 한 것이다.

그러므로 여건을 파악한다는 것 자체가 이미 여건을 다른 형식으로 "번역"하는 것이다. 하먼의 우려는 완전히 관계론적인 세계에서는 그러한 번역은 불가능하다는 것, 그리하여 우리는 같음을 무한히 반복하게 되는 운명에 처한다는 것이다. 그러나 화이트헤드의 관점에서 볼 때, 그러한 걱정은 잘못 놓인misplaced 것이다. 문제는 이미 표현된 성질들의 고루한 목록

속에서 어떻게 새롭고 다른 것을 얻을 것인지가 아니다. 오히려 문제는 이미 존재하는 "무궁무진한" 가능성의 영역을 어떻게 좁혀가며 초점을 창조하는가에 있다. 하먼은 원초적인 결핍을 상정하는 듯하다. 이 결핍은 "현재는 표현되지 않은 성질들"(Harman 2005, 82)의 숨겨진 비축을 가진 실체에 호소해서만 채워질 수 있어 보인다. 이에 비해 화이트헤드는 "여건"의 원초적인 무궁무진함을 상정한다. 이 무궁무진함은 제한되고 결정되어야 할 필요가 있는 일종의 과잉이다. 하먼이 객체들을 분리된 "무수한 작은 진공"으로 볼 때(Harman 2005, 82), 화이트헤드는 우주를 정교하게 연결된 총회plenum로 본다. 미분화되지 않은 존재의 마그마라는 것은 없다. 하나의 화산조차도 완전히 결정된 존재다. 그러나 그러한 존재들 간의 간극을 메꾸어야 할 필요는 없는데, "현실적 존재는 다른 현실적 존재 안에 존재하기 때문이다. 사실상 우리가 무시해도 좋을 만큼 작은 관련성을 포함한 관련성의 정도들을 고려한다면, 모든 현실적 존재는 다른 모든 현실적 존재 안에 존재한다고 할 수 있다"(PR, 50).

존재들이 끊임없이 상호 간에 침투함에도, 서로를 구분 짓는 것은 정확히 그들이 결단하고 선택하는 이질적인 양식, 혹은 특이한 양태라고 할 수 있다. 새로움이란 사전에 존재하는 어떤 비축에서가 아니라, 긍정적인 결단 행위로부터 떠오르는 것이다. 세계의 순수한 "소여성"givenness조차도, "'주어진 것'given

을 '주어지지 않은 것'not given과 분리하는 '결단'과 찢어서 상정할 수 없다 ··· 모든 설명적 사실은 현실적 사물의 결단과 효과성에서 나온다"(PR, 42~43, 46). 그러나 결단 행위는 자율적이며, 사전에 예측되거나 결정될 수 없다. 변형을 위한 소재는 이미 손안에 있으며, 어떤 숨겨진 성질들의 거대한 비축에 호소할 필요는 없는 것이다. 오히려 필요한 것은 "한계를 얻어내는 어떠한 활동성"이다. 화이트헤드는 결단決斷을 "그것의 어원적의미, '잘라내다'cutting off"(PR, 43)로 사용한다는 점을 강조한다. 그러므로 결단은 선택적 행위이다. 결단은 더하고 빼며, 관계를 맺고, 병치하고, 미조정하여 다시금 결합하는 과정이다. 결단이야말로 "무에서 세계로 떠오르는" 어떤 것에도 호소함이 없이 새로움을 설명하는 유일한 방법이다. 그 방법보다는 이 방법으로 일을 처리하거나, 그것을 제쳐두고 이것과 저것을 포함하는 결단이 내려질 때마다 무언가 새로운 것이 창조된다. 그러한 행위는 새로운 창조다. 이전에는 일어나지 않았던 무언가가일어난 것이다.

그렇게 화이트헤드는 결단을 내리는 존재들이 이루는 역동적인 세계를 마음에 그린다. 아니, 정확하게는 그들 스스로내리는 결단으로 스스로가 구성되는 존재들의 세계를 그린다. 그에 반해 하먼의 존재는 자율적으로 행위를 하는 것도, 결단을 내리는 것도 아니다. 그것은 그저 거기에 있는 것일 뿐이다. 하먼에게 존재의 성질들은 아무튼 사전에 이미 존재하는 것이다. 화이트헤드에게 이러한 성질들은 재빠르게 생성된다. 이미 보았듯이 하먼은 관계를 본질적이지 않은 것으로 격하시킨다. 하먼의 존재론은 관계에 의미를 부여하기에는 너무도 정적이다. 이에 반해 결단과 선택을 향한 화이트헤드의 끈질김은 철학을 향한 윌리엄 제임스의 부름에 응할 수 있게 해준다. 관계의 모든 "위대한 개화와 소란스러운 혼돈"(1890/1983, 462)을 포함해서 "연접적 관계를 온전히 정당하게 다루는 것이다"(1912/1996, 44). 오직 그러한 철학만이 우리가 세계 여러 존재 사이에서 발견하는 "통합unity과 단절disconnection 양자 모두에게 공평"할 수 있다(James 1912/1996, 47). 하먼처럼 관계성을 환원주의적 결정론으로 풍자하기에는 관계란 너무도 다양하며 "다양한 친밀성의 정도"(James 1912/1996, 44)를 가지고 끼어든다.

화이트헤드는 "동료 피조물들의 민주주의 속에서, 우리가 소란스러운 세계 속에서 살고 있다는 것을 발견한다"(PR, 50)고 말하며 제임스에 동조한다. 그런 세계는 더는 인간을 중심에 두지 않는다. 바로 이 점이 화이트헤드를 하먼과 연결하는 것이며, 다른 사변적 실재론자들과 연결하는 것이다. 또한 이러한 세계는 개별적이고 구별되는 존재들의 세계다. 그리고 그러한 존재들은 "결정될 수 있는 모든 구성요소는 내적으로 결정된"(PR, 47) 한에서 자기창조적이며 자기유지적인 존재들이다. 이 점이 다른 형태의 사변적 실재론에 반해서 화이트헤드를 하먼의 객체지향적 접근과 연결한다. 그러나 화이트헤드가 마음에 그리는 세계는 "영속적으로 소멸"하는 세계이며, 그 근본에 있어서 열린 미래를 약속하는 세계이다. 바로 이 점이 화이트헤드를 하먼과 분리한다. 화이트헤드가 내적인 결단과 외적인 관계 모두를 놓지 않을 때, 하먼에게는 이 양자 어느 쪽을 위한 공간도 없다. 그리고 화이트헤드가 덧없음과 미래성 (그가 "창조적 전진"이라 부르는 것)을 모두 고려할 때, 하먼은 어느 쪽에도 별로 관심을 가지지 않는다. 하먼이 가장 화이트헤드적인 순간에 있어서 하먼은 "두 개의 객체가 진정한 관계를 맺을 경우," "그들의 단순한 관계를 통해 그들은 이전에 존재하지 않았던 어떤 것을 창조하게 되며, 그 어떤 것은 참된 의미에서 하나"(2005, 85)임을 인정한다. 그러나 하먼이 이 새로운 관계를 또 하나의 진공으로 밀폐된 객체라고 기술하고, 따라서 객체가 다른 객체의 "녹아내린 내부"(189) 안에서만 상호작용을 할 수 있다고 결론지을 때, 하먼은 바로 앞에서 인정한 점을 철회하는 것처럼 보인다. "객체의 내부, 그것의 녹아내린 핵만이 철학의 문제가 된다"(254). 하지만 이는 화산의 현실태를 긍정하기 위해 화산을 세계에서 고립시키고 화산의 역동성을 척박한 표현으로 환원시키는 것이다. 화산은 다른 어떤 존재에도 직접적인 영향을 끼치지 못한 채, 단순히 그러한 것이 된다. 화이트헤드에게 모든 것은, 그게 안이 되었든 밖이 되었든 이미 녹아내린 핵이다. 활화산인 것이다.

요약하자면, 하먼이 화이트헤드의 사상에서, 좀 더 일반적으로는 관계주의적 사고에서 발견하는 모든 문제는 하먼 자신의 실체 기반 철학에도 마찬가지로 도사리고 있는 것 같다. 만약 객체의 현실적 본성과 세계가 변화하는 방법에 관한 화이트헤드의 설명이 실패였다면, 하먼의 설명 또한 실패일 것이다. 그러나 이는 비관적이기보다는 낙관적으로 볼 수 있다. 하먼이 화이트헤드와 다른 점, 그리고 사변철학을 향한 하먼의 창조적 공헌은 본질과 변화라는 뿌리 깊은 문제를 한 영역(관계)에서 다른 영역(실체)으로 "번역"하는 데에 있다. 기묘하게도 이두 영역은 적어도 전반적으로 반상관주의적 체계로서 상호교류가 가능해 보인다. "변형을 거치지 않고 운반한다는 것은 있을 수 없다면," 남은 문제는 하먼의 존재론적 변형이 어떤 부류의 차이를 가져오는가이다. 나는 하먼과 화이트헤드 사이의 대비는 기본적으로 표현법style의 차이, 혹은 미학의 차이라고 생각한다. 이는 내가 두 사상가 중 한 사상가의 접근법을 다른 사상가보다 선호하며 향유하는 것이 궁극적으로 취향의 문제이며 개념적 진위판단의 문제가 아님을 뜻한다. 이는 정당하다. 두 사상가 모두 윤리와 인식론에 대한 미학의 우선성을 말하기 때문이다. "아름다움은 진리보다 넓으며 좀 더 근본적인 관념"이며, 심지어는 "우주의 목적론은 아름다움의 산출을 겨냥하고 있다"라는 화이트헤드의 주장은 악명이 높다(AI, 265). 하먼은 하먼대로, 모든 관계로부터 물러난 실체들의 세계에서

"미학이야말로 제1의 철학이 된다"는 수수께끼 같은 주장을 한다(2007b, 205).

화이트헤드와 하먼 사이의 차이는 아름다움의 미학과 숭고의 미학 사이의 차이로 이해하는 것이 최선이라고 보인다. 화이트헤드는 아름다움을 "강렬한 경험"(AI, 263)을 만들기 위해 차이 나는 요소들이 서로 조화되고 적응되어 "패턴화된 대비로 짜인 것"(AI, 263)으로 정의한다. 하먼은 숭고의 관념에 호소한다. 물론 하먼 자신은 숭고라는 용어를 사용한 적이 없지만, 대신 하먼은 그가 매혹[allure]이라 부르는 것(2005, 141~44), 또는 자신의 깊숙한 곳으로 물러난 어떤 것의 매력을 말한다. 객체는 그것이 개별적 성질을 드러낼 때뿐만 아니라 더 깊은 어떤 것, 숨겨져 있고 접근할 수 없는 것, 실제로 표현될 수 없는 어떤 것의 현존을 암시할 때 매혹한다. 매혹을 숭고한 경험이라 하는 것은 적절하다. 매혹은 관찰자를 힘의 한계에 도달시키고 어떠한 포착도 빠져나가는 경계까지 뻗어 나가기 때문이다. 매혹된다고 함은 결코 도달할 수 없는 영역으로 부르는 손짓에 이끌리는 것이다.

아름다움은 관계의 세계에서 아름답고 숭고함은 실체의 세계에서 숭고할 것이다. 관계의 세계에서 존재들이 끊임없이 서로를 촉발하고 만지며 관통한다면, 실체의 세계에서 존재들은 머나먼 거리에 걸쳐 서로를 부르고 오직 대리적으로만 상호작용한다. 또한, 이렇게 생각할 때 아름다운 것과 숭고한 것 양자는 모든 존재와 모든 조우에 관련해서 보편적으로 작용하는 상호 간에 대체적인 미학적 입장이라는 점에 유의해야 한다. 그들은 "동물 지각에 관한 특수한 형이상학"에 국한되지 않고 "무기적인 흙덩어리를 포함한 모든 실재적 객체 간의 관계"에 적용된다(Harman 2007b, 205). 게다가 어떤 객체는 아름답기만 하고 어떤 객체는 숭고하기만 한 것도 아니다. 하먼은 자신의 매혹이라는 개념 안에 비극만큼 희극을, 장엄함만큼 귀여움과 매력을 포함시키고 있다(Harman 2005, 142). 희극과 비극 사이의 리듬은 화이트헤드에게서도 마찬가지이다. 화이트헤드에게 있어서 아름다움의 관념은 "조화"만큼 "부조화"를 포함하며, 그가 "미적 파괴"(AI, 256)라고 부르는 것은 핵심적인 역할을 맡는다. 따라서 화이트헤드는 모든 혁신이 "문화 파괴 행위를 수반한다"(Peckham 1979, 275)는 모스 페컴의 논증을 통찰하고 있었다.

이쯤에서 우리는 한 손에는 관계와 아름다움의 미학을, 다른 한 손으로는 실체와 숭고의 미학을 움켜쥐며 최종적인 이율배반에 도달한 것 같다. 이에 대해 나 자신은 명확히 결단을 내렸다. 화이트헤드의 형이상학과 나란히 하먼의 형이상학을 인정하며 상충을 대비로 전환하는 것, 그러한 결단을 내릴 때 나는 이미 화이트헤드에 쏠려있는 것이다. 나는 실체가 아닌 관계를, 숭고가 아닌 아름다움을 택했다. 이러한 움직임에는 당연히 의문을 품을 수 있고, 또 그렇게 해야만 한다. 칸트가 말하듯 우리는 취향에 관해서 언쟁을 벌일 수는 있지만 반박할 수는 없다. 사변철학에는 결코 환원될 수 없는 미학적 차원이 있다. 그 미학적 차원이란, 사변철학에는 평온한 해결보다는 새롭고 대담한 발명이 필요하다는 것이다.

하지만 나는 미학에 관해서 한 가지만 추가로 논하고 이 장을 마무리 짓고 싶다. 20세기 미학은 압도적으로 숭고를 선호하는 경향이 있었으며, 아름다움은 기껏해야 부수적이거나 고풍적인 것으로서, 최악의 경우에는 회유적 보수주의로 간주하며 깎아내리는 경향이 두드러지게 있었다. 독특하게도 화이트헤드는 아름다움에 찬사를 보내며 자기 시대의 흐름을 정면으로 거스른다. 반면에 하먼이 말하는 매혹의 미학은 오늘날까지 연장된 모더니즘 전통에 매우 잘 들어맞는다. 그러나 나는 오늘날, 21세기는 주요 미학적 학설을 재평가하는 출발점에 서 있는 게 아닌가 하고 생각한다. 모든 문화적 표현 방법이 디지털 부호화 사이를 가로질러 전자적으로 보급되는 세계, 유전적 물질이 자유자재로 재조합되는 세계, 물질을 원자 및 아원자적 규모에서 직접 조작할 수 있게 된 세계, 우리는 그런 세계에서 살고 있다. 무엇도 비밀스러울 게 없으며, 더는 숨겨진 깊이라고 말할 것도 아니다. 사물들의 우주는 우리가 접근할 수 있느냐가 아닌 피할 수 있느냐는 차원의 이야기다. 지금 여기에 화산은 현실로 있다. 우리는 결코 화산의 분화로부터 도망칠 수 없다. 우리에게 지배적인 심미적 절차는 샘플링하기, 합성하기, 리믹스하기, 잘라내기, 그리고 붙이기를 포함한다. 그런 세계에서 우리가 직면하는 미학의 문제는 하먼의 것이기보다는 화이트헤드의 것이다. 숭고와 매혹보다는 아름다움과 패턴화된 대비의 문제인 것이다. 어떻게 창의성과 습관성 사이의 순환적 문제를 새로움의 문제로 바꾸어낼 것인가? 이미 존재하는 소재들의 무궁무진한 축적 속에서, 어떠한 선택과 결단의 과정을 통해 새로운 것을 만들 수 있는가? 내일은 다를지도 모르나 적어도 오늘, 미래는 화이트헤드적인 것이다.

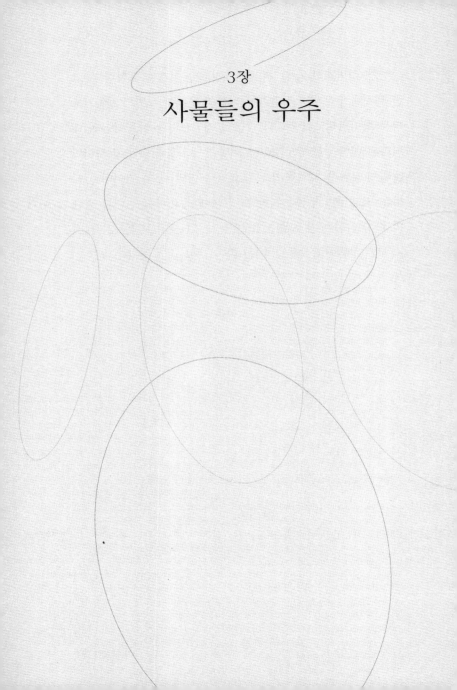

3장

사물들의 우주

영국의 작가 귀네스 존스가 저술한 단편 과학소설 「사물들의 우주」(2011, 48~61)는 인류와 외계인의 조우를 다룬다. 이 이야기는 존스의 "알루티안" 연대기의 일부이다. 이 연대기는 근미래에 인간형 외계인 종족이 지구를 방문하여 지구를 식민지화하고, 궁극적으로 버리는 내용의 시리즈물 소설이다. 알루티안이라고 불리는 외계인들은 인류보다 월등한 기술력을 가지고 있다. 또한 알루티안의 성별은 정해져 있지 않으며, 이는 인류를 당황하게 만든다. 사실 알루티안은 "남성적"이기보다는 왜인지 모르게 "여성적"인 것 같지만, 인간은 보통 "그것"이라는 대명사로 알루티안을 부른다. 이 두 가지 이유로 지구에서 알루티안들의 존재는 인류에게 트라우마를 불러일으키고 굴욕을 느끼게 만든다. 알루티안들이 딱히 비열하거나 불쾌한 짓을 하는 것은 아니지만, 그들의 존재는 어쩐지 인간 존재를 압도한다. 우리는 비참하게 의존적인 처지에 놓이게 된다. 심지어 가장 부유한 백인 남성들도 이제는 자신을 피식민의 대열에 포함해야 한다.

지구에서 알루티안의 존재는 고질적인 인간중심주의를 그 기반에서 무너뜨린다. "인간"은 이제 만물의 척도가 아니다. 더는 우리 자신을 특별한 존재라고 생각할 수 없으며, 더 나아가서 우리 자신을 창조의 정점으로 여길 수도 없다. 근대는 종종 인간에 대한 기나긴 하극상과 인간 탈중심화의 역사로 보인다. 예를 들어 코페르니쿠스, 다윈, 프로이트, 좀 더 나아가서는 딥

블루(IBM이 개발한 체스 전용 컴퓨터) 앞에서 패배의 고배를 마신 가리 카스파로프를 생각해보라. 이 모든 것은 존스가 말하는 알루티안이 너무도 쉽게 손에 넣은 우월성에서 절정에 도달한다. 알루티안은 우리를 허무하게 만들고 상실감에 빠지게 만든다. 그리고 이것은 단지 과학소설의 서사에서 너무도 자주 신화적인 것으로 만드는 첫 접촉의 문제가 아니다. 존스가 말하는 외계인은 몇 세기나 지구에 머문다. 그것이 존재한다는 사실이 부여하는 불쾌한 당혹감은, 설령 일상적인 습관과 가정 속에 직조되어 들어가더라도 전혀 잠잠해지지 않는다. 이런 식으로 알루티안 연대기는 포스트휴먼 시대로 접어들면서 우리가 적응하도록 강요하는 것들에 관해 이야기한다.

존스의 알루티안 연대기를 전체적으로 보았을 때, 「사물들의 우주」는 외계인과 인류 사이의 가장 두드러진 차이점 중 하나에 초점을 맞추고 있다. 외계인의 기술이 우리의 것과 달리 본질적으로 살아있다는 사실이다. 알루티안들의 도구는 그들 자신의 생물학적 배출물이다. "그들은 살금살금 기어 다니는 도구, 미끄러지듯 나아가는 도구, 날아다니는 도구를 가지고 있었지만, 그 도구들을 형성하고 있는 것은 그들 자신이었다 ⋯ 알루티안들은 박테리아로 사물을 만든다 ⋯ 외계인 자신의 장내에서 유래한 박테리아가 모든 것을 감염시킨다"(Jones 2011, 52). 사실상 알루티안은 모든 미디어가 우리 자신의 인공적 의수의 연장선일 뿐이라는 마셜 매클루언의 이론을 문자 그대로 실현하고 있다. 알루티안들은 그들을 둘러싼 환경의 모든 측면에 자신들을 외재화시킨다. 알루티안들의 네트워크는 자신들의 육체와 가장 가까운 직접적인 환경을 훨씬 넘어서 연장된다. 알루티안들은 심지어 느낌과 기억마저 공유할 수 있는데, 이는 그들이 서로 내뿜으며 교환하는 점액에 기억과 느낌이 화학적으로 부호화되어 있기 때문이다. 그리하여 "외계인들은 자신이 **부분**이라는 경험을 갖지 못한다. 그들이 이루는 연속체에는 부분이라는 게 없었다. 간격도, 가장자리도 없다"(57). 그들은 완전히 "살아있는 세계"의 한가운데 살고 있다.

알루티안의 살아있는 세계는 데카르트의 암울한 유산에 갇혀있는 우리와는 날카롭고도 씁쓸한 대비를 이루고 있다. 우리는 점점 더 많고 다양한 기계론적 기술을 사용하면서도 우리 자신의 기계론적 기술을 두려워하는 경향이 있다. 죽어있는, 혹은 단순히 수동적인 물질의 세계에 갇혀 우리 자신의 삶 속에서 우리 자신이 고독하다는 감각, 특히 서구 문화에 만연한 이러한 감각에서 우리는 도무지 벗어날 수가 없다. 존스가 말하기를, 우리의 기계는 "장래성은 있었지만 결국 해내지 못했다. 기계는 사물인 채였고, 사람들은 고독한 채였다"(2011, 56). 존스의 이야기에 나오는 몇몇 인물의 관점에서 볼 때, 이런 상황과는 대조적으로 "외계인은 인간의 고립 상태에 해결책을 가져왔다. 말하는 세계, 눈을 가지고 보는 세계, 신이 꿈꾸었던 동료애라는 해결책을 가져온 것이다"(56~57).

「사물들의 우주」는 한 외계인이 자신의 자동차 수리를 맡기기 위해 고용한 한 인간 정비사의 이야기를 다룬다. 대부분의 인간이 그러하듯 정비사는 외계인에 대해 경이로움을 느끼는 동시에 조금 두려워하기도 한다. 외계인이 자동차 수리를 그에게 맡길 때면 그는 영광스러워하며 겸허하게 응하지만, 동시에 극도의 불안에 휩싸이기도 한다. 정비사는 왜 자신이 이 일에 선택되었는지 모르며, 애초에 왜 외계인이 알루티안 자신의 살아있는 이동 수단을 고수하기는커녕 열등한 (그리고 생태적으로 해로운) 지구의 기술을 사용하는지도 모른다. 상황이 어떻든 정비사는 자신의 혼란스러운 감각을 차를 고치는 데 집중시킨다. 인간으로서의 일말의 자존심, "장인정신의 신비"(Jones 2011, 48)를 유지하고 싶었던 정비사는 평소 자신의 가게에서 수리 작업을 맡던 기계의 전원을 모두 끄고 손수 외계인의 차를 수리한다.

한밤중 수리 일을 하던 정비사는 어떤 신비한 깨달음, 환각을 경험하게 된다. 정비사는 섬광적 찰나에 외계인의 "살아있는 세계"가 참으로 어떤 것인지 경험한다. 그가 손에 쥔 도구들이 살아 숨 쉬는 것처럼 보인다. 그 경험은 조금의 과장도 없이 말 그대로 당황스럽다. "정비사는 금속 막대기가 휘광을 잃을 때까지 손에 든 스패너를 응시했다. 살갗이 살금살금 그 위를 지나가고, 조절 가능한 소켓이 컵 모양 근육이 되어 항문처럼 삐걱거리고, 부풀어 오른 막대를 비트니 촉촉한 입술이 오므

라든다"(Jones 2011, 58). 살아있는 세계는 음란하고 포르노그 래피적이다. 존재한다는 것은 숨이 막혀 견딜 수가 없다. 모든 것은 "살아있는 점액 … 자아self, 즉 인간적 실체로 가득 차 있지만, 그런데도 어딘가 다른 것으로 만들어져 있다"(58). "외계인의 마음속으로 들어가 외계인의 눈으로 세상을 보는 데 성공했을 때" 이런 일이 일어난다. "어떻게 그런 경험이 즐겁기를 기대할 수 있겠는가?"(58). 정비사는 겁에 질려 구역질했다. 정비사가 오로지 원하는 것은 익숙한 인간 세계의 안전한 고독으로 돌아가는 것이다. 객체가 "죽어있어서 안전한"(58), 그렇기에 우리와 적당한 거리를 두는 세계로 말이다.

「사물들의 우주」는 객체들의 생생함과 객체들이 우리와 관계하는 방식에 관해 생각하도록 유도한다. 이 이야기는 우리가 사물을 도구로 만들어 우리 자신의 목적에 종속되도록 제약했을 때에도 사물은 여전히 자신의 독립된 삶을 살고 있음을 암시한다. 즉 도구(일반적으로 사물)는 정확히 우리 자신과 마찬가지로 브뤼노 라투르가 말하는 행위소actant이다. 사물은 자신의 힘과 타고난 경향을 가진다. 우리가 사물을 도구로 사용할 때, 우리는 정말로 사물과 **동맹** 관계를 맺는 것이다(Harman 2009b, 19). 그러나 동맹은 의존성을 의미하기도 한다. 우리는 도구의 도움을 받지 않고는 아무것도 못 한다는 것을 발견하게 된다. 따라서 이 이야기는 제인 베넷이 말하는 **생기론적 유물론**과 유사한 생각을 제시한다. "생기vitality는 **모든** 사물이 공유하며 우리 자신에게만 적용되는 것이 아니다"(2010, 89).

그러나 이야기는 이를 암시하면서도 사물의 생생함을 향한 우리의 공포를 극적으로 표현하기도 한다. 정비사의 경험은 경이에서 공포로 전도된다. 모든 것이 "인간적 실체"로 가득 차 있다는 감각은 외계인의 생명력이 위험하다는 피해망상적인 시각으로 뒤집힌다. 생동감이 넘치던 신비로운 세계는 크툴루적인 악몽이 된다. 물질의 생동감은 우리를 위협하고 있다. 우리는 사물들의 과도한 근접성으로부터 도망쳐야만 한다. 비록 그 생동감이 궁극적으로 우리로 인한 것일지라도, 우리는 객체가 자율적인 삶을 갖는다는 생각을 받아들일 수 없다. 우리는 사물이 무슨 일이 있어도 결국 수동적이고 관성적일 것이라고 다짐하며 자신을 재차 안심시키고자 필사적이다.

존스의 이야기는 "사물" 일반에 관한 것이 아니라, 특히 도구에 관한 것이다. 왜냐하면, 도구는 아마도 우리가 비인간 행위소, 생기적 물질, 독립된 객체와 맞닥뜨릴 때 생기는 역설들과 가장 완벽하게 맞아떨어지는 객체이기 때문이다. 도구는 우리 자신을 확장하는 것이며, 우리의 필요를 채우기 위해 형성된 것이다. 도구는 우리의 의지에 종속되어야 할 터였다. 게다가 우리는 대부분의 시간 동안 우리가 사용하는 도구에 관해 생각하지 않는다. 그것은 그저 거기에 있는 것이다. 하이데거가 논하듯이 ― 적어도 가장 일반적인 하이데거 해석에서 ― 도구는 손안에 있으며ready-to-hand 사용할 수 있도록 준비되어 있다. 그런데 바로 도구의 이 사용 가능성 때문에 도구에는 이상한 자율성과 생기가 부여된다. 우리는 단순히 도구를 사용하는 것이 아니다. 우리는 도구를 무시하며 사용하는 것이 아니라 도구와 함께 일하는 법을 배워야 한다. 우리는 우리의 본성과 요구와 마찬가지로 도구의 본성과 요구를 수용해야 한다.

내가 하이데거의 손안에 있음Zuhandenheit을 언급한 것은 단순한 우연이 아니다. 나는 그레이엄 하먼이 하이데거의 개념을 확장해서 도구–존재tool-being를 말하게 되는 것에 대한 우화로서 「사물들의 우주」를 읽을 수 있다고 생각한다(Harman 2002). 하먼은 '손안에 있음'을 흔히 실용주의적인 문맥에서 읽어내는 방식, 바로 조금 전 내가 그 개념을 사용했던 방식을 노골적으로 비판한다. 하먼에 따르면, 손안에 있음은 사물에 관해 명료하게 이론화하는 것에 반대하며 실천적으로 사물을 다루는 것을 의미하지 않는다(2002, 125~26). 오히려 손안에 있음의 범주가 적용되는 범위는 훨씬 넓다. 손안에 있음은 그저 "인간의 장치로만 구성된 것이 아니다 … 우리는 나방의 사체와 머나먼 태양의 미세한 떨림에 대해서도 손안에 있음을 말할 수 있다. 그러한 것들은 '쓸모없는' 것일 수도 있지만, 그것들은 여전히 존재들의 총체적 체계 안에서 자신의 실재성을 발휘하고 있다"(152). 사물들은 우리에게 있어서의 현전을 측정하는 그 어떠한 척도도 넘어서서 활발하게 상호작용한다. 도구–존재는 단지 인간이 사용하는 것으로서의 사물의 측면에만 적용되는 것이 아니다. 그것은 훨씬 더 근본적인 존재론적 범주다. 존스의 이야기는 사용하기 위한 객체로서의 도구라는 익숙한 감각으로 시작하지만, "사물들의 우주"에는 더 깊숙한 실재가 있다는 정비사의 발견에서 절정에 이른다.

도구–존재에 관한 하먼의 분석에서 결정적인 점은, 도구존재가 단순한 현전으로부터 극단적으로 물러나 있으며 그러므로 어떠한 이론의 가능성도 회피하고 있다는 것이다. 하먼은 하이데거의 철학 전체에 걸쳐 "피해야 할 한 가지 오류는 존재자를 손안에 있는 존재로 간주하고, 그 존재자들의 있는 그대로의 현실태로 인지하기보다는 묘사할 수 있는 성질들을 통해 표상 가능한 것으로 보는 사고의 뿌리 깊은 습관에 있다"(2002, 27)고 말한다. 이러한 환원에 저항해서 하이데거는 언제나 "인간적 문맥의 밖에 존재하는 것은 손안에 있음의 존재 양태를 가지지 못한다"(126)고 강조한다. 사물을 손안에 있는 것, 즉 묘사 가능한 성질들의 종합으로 환원시키는 것은 해당 사물을 그 사물을 지각하는 의식의 상관항으로 보는 것을 뜻할 뿐이다(Meillassoux 2008). 그러나 사물은 언제나 자신의 성질들 이상을 뜻한다. 사물은 우리가 그 사물을 포착하고 이해하는 특수한 방식을 언제나 능가하여 독립적으로 존재하며 활동한다. 바로 이 점을 통해 하먼은 하이데거가 상관주의로부터 벗어나 객체지향 존재론으로 향하는 길을 터준다고 생각한다.

하먼은 모든 존재가 도구–존재라고 주장한다. 그중 어떤 것도 단순히 손안에 있음이나 성질들의 목록으로 환원할 수 없다. 그러나 도구-존재 자체는 이중적이다. 그것은 "두 가지 다른 의미를 가진다. 그것은 잠들어가는 숨겨진 힘의 수행이지만, 분명히 마주쳤던 실재를 불러일으키는 작용을 하는 힘이기도 하다"(Harman 2002, 26). 하먼에 따르면 한편으로 "도구-존재는… 의식하지 못한 배경으로 물러나 작용한다… 일반적인 장비로서의 효과로 녹아내린 존재는 고유한 참조 체계로 사라지며 자신의 특이성을 상실한다"(44~45). 이 점 때문에 우리는 우리의 도구를 너무도 당연한 것으로 받아들인다. 대부분의 경우, 우리는 그것을 객체로서 의식하지조차 못한다. 우리는 도구의 장비 효과에 의지하며, 이 효과성 자체가 연계, 매개, 전달로 이루어진 방대한 네트워크의 결과라는 사실을 망각한다. 「사물들의 우주」에 등장하는 정비사가 초반에 상정한 안일한 전제가 바로 이것이었다.

그러나 동시에, 또 다른 한편으로 도구-존재는 반작용을 일으킨다. 거기에는 역전이 있다. 하이데거는 이 점을 "망가진 도구"라는 형식으로 완벽하게 보여준다. 도구, 또는 사물이 예상한 대로 기능하지 못할 때, 그 존재의 과잉이 갑자기 우리에게 드러난다. 하이데거를 극단적으로 밀고 가면서 하먼은 이를 기발하게 기술한다. "온갖 요소가 반란을 일으킨다… 광물과 전투 깃발, 열대 고양이가 생명의 장으로 밀려든다. 각 객체는 일정한 품격을 가지고 특수한 방식으로 우리를 매료시키며,

그 조그마한 중성자별처럼 에너지를 퍼부어댄다"(2002, 47). 이것이 일어날 때 도구는 자신의 현전 이상의 것이 된다. 도구는 손안에 있는 것으로 여기기에는 너무도 활동적이고 공격적으로 보인다. 소설에서 정비사가 찰나에 경험하는 것처럼 도구, 즉 사물이 살아나게 되는 것이다. 그리고 이 반기, 혹은 탈은폐는 객체지향 존재론의 기초가 되며, 하먼은 객체지향 존재론이 "이러한 특정 객체에 특유한 힘, 존재의 제국에서 폭발하는 개성의 분출을 정당하게 다루기" 위한 노력이라고 기술한다(47).

나는 하먼의 첫 저서인 『도구-존재』의 서두부터 나오는 이러한 분석을 근본적인 것으로 삼겠다. 하먼 자신은 이를 거부하지만 말이다. 하먼은 하이데거의 도구와 망가진 도구에 대한 이해에서 논의를 시작하지만, 빠르게 다른 주제로 이동한다. 『도구-존재』 1부에서는 이중적인 움직임을 기술한다. 장비가 보편적 참조성으로 후퇴, 또는 "개별적 존재자의 시야에서 물러나 개별적 존재성을 소실하게 되는 억압적인 총체성"(Harman 2002, 47)으로 물러나는 움직임과, "의미의 맥락에서 운명적으로 찢어지는 무시할 수 없는 개별적 힘의 탄생"(47)이라는 절대적 특이성의 분출, 각 객체가 창발하게 되는 움직임을 기술하고 있다. 그러나 『도구-존재』가 진행됨에 따라, 하먼은 이 이분법을 무너뜨린다. 대신 하먼은 객체가 현전으로부터 물러남은 참조성referentiality으로부터 물러나는 것과 같다고 주장한다. 이는 "사물의 도구-존재는 진공으로 밀폐된 고립 속에 존재하며, 그 존재를 만질지도 모르는 모든 관계를 능가한다"(287)는 것을 의미한다. 한편에는 참조성의 과잉과 다른 한편에는 특이성의 과잉 사이에서 흔들리는 대신, 각 객체는 자신의 접근 불가능한 진공 속으로 사라지고 또 그 진공 속에서 모습을 드러낸다. 이렇게 재차 정리하고 나면 하면은 "하이데거와 화이트헤드 모두 정면에서 내 이론의 상대가 된다"(228)고 조심스레 지적한다.

2장에서 나는 하면에 대해서 화이트헤드의 손을, 그리고 나 자신도 놀랄 정도로 하이데거의 손을 들어주었다. 여기서는 그 논의를 이어가지 않을 것이다. 그 대신 나는 하면이 하이데거의 도구와 망가진 도구에서 발견하는 이중적 움직임에 담긴 긍정적인 함의를 더 심도 있게 탐구하겠다. 사실 이 이중성이야말로 존스의 소설에서 결정적이다. 「사물들의 우주」는 객체가 단순한 현전으로 환원될 수 없다는 바로 그러한 방향으로 나아간다. 「사물들의 우주」는 앞서 논한 "과잉"에 두 가지 상호 보충적인 측면이 있음을 제시한다. "사물들의 우주"는 한편으로는 체계적이고 자기-참조적인 것이다. 편재적인 매개로서, 또는 우리 자신의 확장으로서, 사물들의 우주는 직접적으로 나타나는 것이나 현전하는 것을 넘어서서 뻗어 나간다. "인간적 실체"가 어디에나 있는 것이 될 때, 그러한 실체는 인식을 초월해서 뻗어 나가고 흩어진다는 아이러니에 직면하게 된다. 이것은 매클루언이 미디어를 "인간의 연장"(1964/1994)이라고 묘사할 때 도달하는 귀결과 동일한 과정이다. 미디어는 모든 곳으로 퍼져 나가고, 일단 우리가 그것에 착수하고 나면, 그것은 우리의 통제에서 벗어나 떠돌아다니고 다시 우리에게로 되돌아와 우리를 새로운 관계로 끌어들인다. 매클루언은 "모든 미디어는 우리를 완전히 지배한다"면서 "그것은 만져지지 않은 채로, 바뀌지 않은 채로 순진하게 불변하는 부분을 남기지 않는다"고 말한다(McLuhan and Fiore 1967).

다른 한편에서 "사물들의 우주"는 생생하고 특이한 개별적 객체의 음란한 분출을 통해 자신을 드러낸다. "모든 도구가 … 격렬하게 작동하자" 정비사는 "기계가 살가죽으로 덮여 있다는 환각적인 느낌"에 사로잡힌다(Jones 2011, 58~59). 정비사는 이러한 기계들 각자 속에서 한 방울의 자아[self], 살아있는 의지를 찾아낸다. 이러한 전망에 대해서 정비사가 느끼는 두려움은, 새로운 미디어의 등장이 "중추신경계가 견뎌내기에는 너무도 폭력적이고 과하게 자극적인 사회 경험"(1964/1994, 43)이라는 매클루언의 관찰을 예시하고 있다. 사물들이 이루는 우주와의 접촉이 이 정도로 강화되는 것은 트라우마적이다. 자동차 정비사는 메스꺼움을 느끼고 패닉 상태에 빠진다. 정비사는 도구-존재가 가진 양 측면의 최악을 경험한 것이다. 정비사는 그의 도구들이 "장비로서의 효과"를 위해 물러나는 "억압적인 총체성"에 숨이 턱 막힌다. 그러나 이와 동등할 정도로, 정비사는 "온갖 요소"로서 그의 도구들이 일으키는 반란에 위협받는다. 도구들이 자율성을 과시하며 정비사의 주목을 요구했다.

　도구-존재의 이중적 움직임(후퇴와 분출)은 두 가지 대안을 가리키지만, 사물들이 영속적으로 우리의 포착을 벗어나게 되는 방식으로서 공존한다. 후퇴와 분출의 공통점은 그것들이 주체와 객체, 혹은 지각자로서의 인간과 지각 대상으로서의 세계 사이의 상관관계로 환원될 수 없다는 것이다. 그 둘은 모두 현전으로부터 그리고 인간중심주의적 문맥으로부터 도망치는 방식이다. 만약 내가 사물을 통제하거나 도구로 사용할 수 없다면, 그 완전한 파급력을 가늠할 수 없는 거대한 연장된 참조 네트워크로 사물이 나를 끌어들이기 때문이고, 동시에 그 사물에서 터져 나오는 특이성이 내가 그 사물에 관해 말할 수 있는 어떠한 설명도 능가하며 나의 지성을 망연자실하게 만들기 때문이다. 사물의 후퇴와 분출은 모두 우리가 사물에 관해 알기 위해 수집하는 것 이상의 것을 입증한다. 어떤 사물에 관한 특징들이나 성질들의 목록을 아무리 확장해도 그 목록은 그 사물을 결코 완전히 정의할 수 없다. 그 목록을 넘어서서 사물은 자신의 자율적인 힘을 가지고 있기 때문이다. 베넷이 말하듯, "이러한 신체의 능력은 수동적인 '완강함'intractability에 국한되는 것이 아니라, 무언가를 일으키고 여러 결과를 산출하는 능력을 포함한다 … 모든 신체는 그것의 힘이 저항과 변화를 불러들일수록 더욱 선명하게 모습을 드러내며, 단순한 객체 이상의 것이 된다"(2010, 5와 13).

그러므로 도구-존재가 그것의 현전으로 환원될 수 없다는 것과 똑같은 방식으로, 그리고 똑같은 이유에서 도구-존재는 그것의 사용성으로 환원될 수 없다. 그리고 이것에는 추가적인, 아마도 놀라운 귀결이 따른다. 객체들이 서로 조우할 때, 그들이 가지는 관계의 기본적인 양태는 이론적인 것이 아니며 실천적인 것도 아니고, 인식론적인 것이 아니며 윤리적인 것도 아니다. 오히려 그러한 관계들로 규정되기 이전에, 객체 간의 모든 관계는 미적인 것이다. 하먼이 말하듯 이렇게 "미학은 제1의 철학이 된다"(2007b, 205). 미학은 사물들의 특이성singularity과 그들 간의 상보성supplementarity에 관한 것이다. 사물들이 인식되거나 개념에 종속될 수 없는 한에 있어서, 그리고 사물들이 사용되는 것도, 규범적으로 규제되는 것도, 그리고 규칙에 따라 정의되는 것도 아닌 한에 있어서 사물은 미학에 관한 것이다. 내가 얼마나 사물을 깊이 이해하고 있든, 그리고 내가 얼마나 사물을 실용적이고 도구적으로 사용하고 있든, 사물은 내 범주화를 빠져나간다. 내가 사물을 완전히 말살하거나 소모할 때에도, 거기에는 내가 통합시키지 못한 무언가가 남게 된다. 내가 포섭하지 못한 어떠한 힘이 거기에서 꿈틀거리는 것이다. 미학은 이해하거나 사용할 수 있는 측면을 넘어서는 객체 그 자체에 대한 느낌을 포함한다. 객체는 자신의 네트워크 안으로 물러나서 나를 그림자 속으로 유혹하고, 눈이 부시도록 화려하게 터져 눈을 멀게 한다. 어떤 경우에도, 지성은 좌절되고 의지는 자신의 힘이 미칠 수 있는 한계에 도달하게 된다. 지성과 의지를 지나서 오직 미적으로만, 나는 스스로 그러한 것으로 있는 사물의 현실태를, 하먼이 "존재의 순수한 진실성"(2005, 135)이라 부르는 것을 파악할 수 있다.

터져 나오는 사물의 휘광이야말로 하먼이 매혹이라 부르는 것이다. 그것은 객체의 성질과는 별개의, 또 그 이상의 현존에 대한 감각이다(2005, 142~44). 매혹은 엄밀히 말하면 접근할 수 없는 현존을 보여주는 데에 있다. 매혹은 "우리를 다른 차원의 실재로 초대한다"(179). 매혹이 일어날 때, 나는 모든 정의와 상관관계를 초월하는 사물의 존재 그 자체와 마주한다. 나는 나와 완전히 떨어진 사물의 진실성을 인정하도록 강요당한다. 그러한 조우는 세계의 척도를 바꾸며, "의미의 문맥"을 찢어버리고 모든 동의를 파열시킨다. 그러한 순간을 화이트헤드라면 새로움이라 부를 것이다. 어떠한 새로운 존재, 이미 말해진 것에는 속하지 않으며 이전에 합의된 경계 속에 자리 잡지 않은 존재가 등장하는 것이다. 그러므로 하먼에게 매혹은 "세계에서 변화를 일으키는 엔진이 된다"(179).

그러나 사물이 우리의 포착을 뛰어넘어 "의식하지 못한 배경 속에서 일어나는 작용"으로 물러나는 것과 관련되는 일종의 미적 사건이 있다. 이는 우리가 매혹과 대조해서 변태變態, metamorphosis라고 부르곤 하는 것이다. 변태란 일종의 다루기 힘든 매력, 물러남과 대체의 움직임, 계속되는 생성 게임을 말한다. 변태에서 나를 끌리게 하는 것은 자신의 성질 이상으로서의 사물 자체가 아니다. 오히려 나를 앞으로 끌어당기는 것은 그 사물의 불안정성이다. 불안정성은 물결치며 움직이는 일종의 변화무쌍한 흔들림이다. 사물의 모든 성질이 불안정해지며, 사물은 성질들의 밑으로 미끄러져 들어가 배경 속으로 가라앉고, 그 배경 속에서 나의 이해 능력을 초월해서 관계 맺고 참조한다. 그러므로 변태는 화이트헤드가 말하는 "모든 현실적 존재가 다른 모든 현실적 존재 안에서 존재"(PR, 50)하는 방식을 반영한다. 매혹의 움직임에서는 사물이 자신의 문맥에서 폭력적으로 출현하면서 의미들의 연결망을 파열시킨다. 그러나 변태의 움직임에서는 사물이 나[我]를 잃고 조각난 자신의 흔적들이 네트워크를 이루어 무한히 전파된다. 거기서 의미들의 연결망은 증폭되고 연장되며, 메아리치고 왜곡된다. 「사물들의 우주」에서 이 이중적 움직임은 일거에 정비사를 압도한다.

매혹과 변태는 모두 화이트헤드가 "느낌을 위한 유혹"(PR, 25, 184 외 여러 곳)이라 부르는 것의 사례다. 화이트헤드의 표현 중 가장 기묘한 표현이지만, 나는 이 표현이 심미적 매력과 혐오의 기초를 아주 제대로 묘사하고 있다고 생각한다. 유혹 lure이라는 것은 어떠한 방식으로 나의 주목을 사로잡도록 작용한다. 그것은 나를 유인하거나 선동할 수 있다. 혹은 꾀어내거나 부추길 수 있고, 강요하거나 심지어는 나를 위협하며 괴롭힐 수도 있다. 경우가 어떻든 그것은 나를 저 너머에서 부르는 것이다. 유혹은 화이트헤드가 명제proposition라고 부르는 것이다. 화이트헤드는 명제를 "어떤 개별적 현실태에 관해 말해질 수도 있는 이야기"(PR, 256)라고 정의하며, 여기서 논리적 명제는 특수한 경우일 뿐이다. 다른 말로 하자면, 명제는 내게 일종의 가능태를 제시한다. 그것은 어떠한 차이를 가져오는 전망을 내미는 것이다. 그리고 이러한 가능태나 차이는 항상 어떤, 현실적 사물 속이든 사물들의 집합 속이든 간에, "개별적 현실태"에 묶여 있다.

그렇게 화이트헤드는 후설, 하이데거, 하먼에 동의한다. 나는 사물과 마주할 때 단지 감각 여건의 묶음이나 손안에 있는 존재의 성질들을 조우하는 게 아니다. 오히려, 우리는 사물이 명제를 통해 말을 걸거나, (아름다움에 관한 스탕달의 유명한 묘사를 인용하자면) 특정한 "행복의 약속"을 제시한다고 말해야겠다. 사물의 성질들, 더 정확히 말하면 화이트헤드가 그 사물이 구현한 "영원한 객체" 또는 가능태라고 부르는 것은, 단지 그 사물이 나를 그쪽으로 끌어들이기 위해 내게 내미는 미끼일 뿐이다. 그것은 어떤 개별적 사물이 깊은 곳에서 떠오르며 눈이 부시게 하는 것일 수도 있고, 아니면 끝없는 미궁 속으로 물러나며 나를 흥미롭게 하고 그렇게 생각에 잠기게 하는 것일 수도 있다. 그러나 어떤 경우든 간에 유혹은 "느낌을 위해 제안되었고, 느끼게끔 허용되었을 때 그것은 무엇을 느꼈는가를 구성한다"(PR, 187). 내가 유혹에 반응할 때 ― 설령 그것을 거부함으로써 부정적으로 반응하더라도 – 나는 가능성을 마음에 품게, 또는 "명제를 향유"(PR, 188)하게 되며, 그렇게 그 유혹이 아니었다면 느끼지 못했을 어떤 것을 느끼게 된다.

　내가 보기에 느낌이야말로 중심적인 논점인 것 같다. 존재는 일반적으로 다른 존재에 대해 "앎"을 가지지 못한다. 하먼이 사물의 실재성이 "그 사물에 대한 지각으로 환원될 수 없으며"(2005, 187), 객체가 다른 객체를 만났을 때 그들은 "서로의 실재성을 소진exhaust하지 못한다"(188)고 말할 때, 하먼은 전적으로 옳다. 그러나 이런 인식론적이고 실용적인 실패는 이야기의 끝이 아니다. 화이트헤드는 존재들이 서로 "느낌"을 통해 교감한다고 말한다. 설령 지식과 조작 가능성이 부재하더라도 느낌은 언제나 거기에 있다. 사물들은 서로 미적으로 조우하는 것이지 단순히 인식적이고 실용적으로 조우하는 것이 아니다. 나는 언제나 내가 실제로 "아는" 이상으로 "느끼며," 지식과는 다른 방식으로 느끼는 것이다. "앎"은 "느낌"의 특수한 양태일 뿐이다. 나는 어떤 객체를 아는 만큼 사용할 수 있고, 그 객체의 성질들을 열거할 수 있으며, 그것을 구성하는 부분들로 분해할 수 있고, 그리고 그 객체를 지금의 그 객체로 있게 한 원인을 추적할 수 있다. 그러나 어떤 객체를 느낀다는 것은 그 외여타의 것을 포함한다. 어떤 사물이 나에게 영향을 끼치고 나를 바꾼다. 그리고 나에게 영향을 끼칠 때, 영향을 끼치는 것은 단순히 사물의 일정한 성질들이 아니며 그것의 전체적인 환원될 수 없는 현존이다.

화이트헤드의 용어로 말하자면, 사물에 대한 우리의 언제나 불완전한 지식은 "현시적 직접성"의 "잘 식별된 친숙한 감각여건들"(PR, 176)이라는 형태로 등장한다. 이는 경험론자가 말하는 관념이나 인상이며, 객체에 관해서 말할 수 있는 성질들이다. 현시적 직접성은 데카르트가 말하는 "명석하고 판명한" 관념의 영역이다. 그것은 거칠게 말해서 하이데거가 단순히 손안에 있는 것이라 깎아내리는 것에 해당한다. 하지만 사물은 그러한 명석한 성질들의 현시에 선행해서, 화이트헤드가 "인과적 효과성"이라 부르는 양태에서 이미 서로에게 영향을 끼친다. 인과적 효과성에 있어서의 지각에서는 "우리를 둘러싼 자연으로부터 유입되는 느낌들이 우리를 압도한다. 비몽사몽한 흐릿한 의식 속에서 감각의 현시는 사라져버리고, 우리를 둘러싼 모호한 여러 사물로부터 받는 영향들에 대한 모호한 여러 느낌만이 남게 된다"(PR, 176).

불가피하게 한계 및 실패와 부딪히는 현시적 직접성의 영역에서만, 우리는 "실재적인" 것과 구별해야 하는 "감각적 객체"라는 하먼의 역설과 마주하며(Harman 2007b, 176~81), "기회원인론"이나 "대리적 인과관계"와 마주하게 된다(Harman 2005, 169~234). 인과적 효과성의 영역에서 우리는 오히려 일종의 총체적 접촉, 객체들 사이의 난잡한 교류와 관련이 있다. 이러한 조우는 완전하게 인식될 수 없다. 그것은 명석판명하지 않은 것이다. 그것은 항상 우리를, 덮쳐오는 "영향에 대한 모호한 느낌의 포로"(PR, 176)로 만든다. 그러나 그러한 경험이 개념적으로 모호하다고 해서, 그 모호성이 그 경험의 힘을 하찮게 만들지는 않는다. 오히려 그 반대다. 느낌은 언제나 느끼는 자에게 변화를 불러일으킨다. 화이트헤드에게는 경험이 곧 존재이며, 존재가 무엇을 느끼느냐가 그 존재가 무엇인지를 결정한다. 이는 유혹을 "향유"한 결과로서 정도가 어찌 되었든 내가 변하였음을 뜻한다. 나는 "대안들의 반음영적인 혼란"(PR, 187) 속에서 하나의 한정적인 결과를 선택했다. 그 귀결로서 나는 이 사건이 일어나기 전의 나와는 ─ 정도가 어찌 되었건 ─ 다른 존재가 되었다. 이 특수한 "새로움의 섬광"(PR, 184)에 의해 움직여지지 않은 나는 더는 내가 아닌 것이다.

화이트헤드의 인과적 효과성에는 낭만주의적 암시 이상의 것이 있다. 하이데거에게 있어서 "하나의 거대한 참조 체계"(Harman 2007a, 62)를 형성하는 장비의 세계와 비슷하다. 사물들이 자신의 흔적들이 이루는, 그러한 끊임없이 조각나는 네트워크로 물러나는 것은 19세기 초의 자연에 대한 낭만주의적 관념과 많은 공통점을 가지고 있다. 물론 오늘날 우리는 그러한 자연을 오히려 미디어의 영역이나 세계 금융망, 특히 브루스 스털링이 "사물들의 인터넷"(2005, 92~94)이라고 절묘하게 부른 것으로 발전한 월드 와이드 웹World Wide Web과 연관시켜야 하겠지만 말이다. 화이트헤드는 낭만주의와의 연결고리를 분명히 한다. "저항할 수 없는 자연의 인과적 효과성이 우리를 압박한다. 곤충들이 윙윙 낮게 울어대고 있는 8월의 삼림지 속 모호함 속에서, 우리를 둘러싼 자연에서 유입되는 느낌들이 우리를 압도한다"(PR, 176). 총체적인 "둘러쌈"에 대한 모호한 감각은 인간 존재에 독점적인 것이 아니다. 그러한 감각은 자연계 전체를 관통하며, 동물과 식물 또한 이러한 감각을 가진다(PR, 176). 실제로 화이트헤드는 무기물조차도, 최소한 에너지의 흐름이라는 형태로 "느낌의 유입"과 같은 것을 경험한다고 주장한다. 화이트헤드에게 "모든 근본적인 물리적 성질은 스칼라가 아니라 벡터"(PR, 177)이기 때문이다.

『과학과 근대세계』에서 화이트헤드는 자연에 대한 낭만주의적 관념을 상세하게 고찰한다. 화이트헤드는 영국의 낭만주의 작품들을 논하는 "낭만주의적 반동"(SMW, 75~94)에서 이를 실천한다(여기서 화이트헤드는 철학의 텍스트가 아닌 문학의 텍스트를 인용하는데, 이는 화이트헤드에게 있어선 매우 드문 사례 중 하나이다). 화이트헤드가 예로 드는 작품 중 하나는 퍼시 비시 셸리의 시 「몽블랑」이다. 이 텍스트는 존스의 단편 소설 제목이 되어 있다. 셸리의 시는 어떻게

영속하는 사물들의 우주 맘속 파고들어

가는지를 묘사하기 시작하며 다음을 시사한다.

나만의, 나의 인간 정신은 수동적으로

휘몰아치는 영향들 지금 번역하고 받아들이니,

끈질기게 교류하네

나를 둘러싼 청명한 사물들의 우주와 함께

화이트헤드에 따르면 이 시는 "어떠한 형태의 관념론을 명백히 참조"하고 있음에도 불구하고, 셸리는 "자연의 존재 그 자체를 구성하는 파악적 통합의 유력한 증인이 되고 있다"(SMW, 86). 이 주해는 풀어볼 가치가 있다. **관념론**이라는 언급에서, 오늘날의 우리는 상관주의를 읽어낼 수 있을지도 모른다. 이 시가 명백하게 지각하는 주체로서의 인간 정신과 지각된 것으로서의 외부 세계 사이의 상응을 고찰하고 있기 때문이다. 화이트헤드는 셸리의 관념론이 "칸트적인지 버클리적인지 플라톤적인지"(SMW, 86)는 열린 질문으로 남긴다. 후대의 연구들에 따르면 셸리가 오히려 회의적 관념론으로 전환된 일종의 경험론이라고 한다. 이는 지금은 거의 잊힌 흄의 제자 윌리엄 드러먼드에게서 유래했다(Pulos 1954). 어찌 되었든, 이 시는 주체-객체 이원론을 향한 압도적인 관심을 보여주고 있다.

그러나 화이트헤드는 「몽블랑」의 수사가 겉으로 드러나는 경험론과 관념론을 근간에서부터 흔든다고 말한다. 왜냐하면, 이 시는 관념이나 인상의 형태로 표현되는 것이 아니라 실제로 "사물들의 우주" 그 자체가 마음속을 파고든다고 말하고 있기 때문이다. 실제로 존재하는 사물들의 우주에 대한 셸리의 집착은 시의 나머지 부분에 도사린 주관주의와 감각주의, 좀 더 일반적으로는 영국의 경험주의를 배반한다(화이트헤드는 주관주의를 "경험의 행위에서 여건이 오로지 보편자를 통해서 적합하게 분석될 수 있다"는 개념으로, 감각주의는 "경험의 행위에서 일차적인 활동은, 수용에 대한 어떠한 주체적 형식도 없이 여건을 단순히 주체적으로 향유하는 것"이라는 개념으로 정의한다.〔PR, 157〕). 시가 "사물들의 우주"를 구상하는 한에 있어서, 그것은 우리가 객체들 그 자체를 지각하고 반응한다는 것, 즉 스스로 그러한 것으로서의 그들의 현실태에 대해 반응함을 시사한다. 우리는 사물을 그저 원자적 "관념들"을 덧붙이고 연관시키며 보편자를 통해서만 분석하는 것이 아니다. 예를 들어 "이 돌은 회색이다"라는 나의 감각은 경험의 원초적인 여건이 아니라 "파생적 추상화"(PR, 160)일 뿐이다. 셸리에게서는 암묵적으로, 화이트헤드에게서는 명시적으로, 우리의 모든 정신적 인상은 이미 존재하는 것들을 가리키고 있다. "마음의 작용은 개별적 존재자에 '결정된' 관념들로부터 떠오른다"(PR, 138). 우리는 단순히 고립된 일련의 감각 여건을 수동적으로 수용하는 것이 아니라 몽블랑을 둘러싼 빙하와 숲, 그리고 폭포와 실제로 마주한다. 자연에 대한 낭만적인 경험은 "다수의 현실적 존재자들이 존재하며, 어떤 의미에서 하나의 현실적 존재자가 다른 현실적 존재자 속에서 자신을 반복한다"(PR, 139)라는 화이트헤드의 주장으로 우리를 이끈다.

「몽블랑」은 다른 방식으로 자신의 명시적인 주제를 전복시킨다. 「몽블랑」에는 분명히 감각주의적이고 상관주의적인 차원이 있다. 그것은 "나를 둘러싼 청명한 사물들의 우주"로부터 수동적으로 여러 인상을 기록하는 "나만의, 나의 인간 정신"을 통해 주체-객체의 이원론을 주제로 삼고 있다. 그러나 동시에 이 시는 "나의 인간 정신"뿐만 아니라 예외 없이 모든 존재가 "휘몰아치는 영향들"을 번역하고 받아들이며 "끈질기게 교류"한다는 것을 암시한다. 이것이 화이트헤드가 셸리에게 자연이 "본질상 수많은 유기체로 된 자연"(SMW, 85)이며, 그들은 각자 다른 모든 유기체를 따로따로 지각해, 상호작용하며, 다른 모든 것에 대한 느낌들을 통합한다고 말하게 되는 이유이다. 좀 더 일반적으로 말하자면, 화이트헤드는 "셸리와 워즈워스 둘 다 자연이 자신의 미적 가치들과 분리될 수 없다는 것, 그리고 그러한 가치들은 어떤 의미에서 전체가 자신의 다양한 부분들을 부드럽게 보듬어온 축적에서 떠오른다는 것을 유력하게 목격하고 있다"(SMW, 86~88)고 주장한다. 이러한 "미적 가치"는 매혹과 변태 양자를 포함한다. 몽블랑은 "높은 곳에서 어슴푸레 빛나며" 우리를 매혹하고, "그 초연함 / 접근할 수 없고 외진 고요함에서 우러나오는" 힘을 드러낸다. 그러나 이 고독하고 진공으로 밀폐된 힘은 상호 간에 연결된 거대한 그물망 속의 행위자이기도 하다. 그것은 사물들의 우주를 통해 "그 끊임없는 흐름이 흘러가게 놔두며," "삶과 죽음의 경계"를 넘어 미처 깨닫지 못한 무대의 뒤편에서 "거짓되고 비통한 거대한 법전을 폐지하기" 위해 활동하는 변태 속에서 꿈틀거리는 힘인 것이다. 존재들의 구별과 그들의 "축적" 또는 상호 관통은 동전의 양면이다. 그들은 모두 주관주의, 감각주의, 그리고 단순한 현전으로 환원될 수 없다.

자연 속에서 사물들의 상호 관통과 "축적"은 화이트헤드가 말하듯 우리가 어째서 인과적 효과성을 종종 "모호한 공포"(PR, 176)라는 형태로 경험하는지를 설명한다. 우리는 영문도 모른 채 "귀신처럼 떠도는 자연의 현전"(SMW, 83)을 느낄 때 불안해하게 되어있다. 사물을 조작할 수 있고 이해할 수 있는 것, 손안에 있는 것으로 여기기에는 사물은 숨이 턱 막힐 정도로 우리에게 가깝다. 사물의 친밀성은 항상 당황스럽고 기묘하다. 그것은 존스의 정비사가 그랬던 것처럼 너무도 쉽게 음란하게, 혹은 눈앞의 위협으로 보일 수 있다. 매클루언은 네트워크화된 구술 문화에 관한 그의 설명에서, "모든 것이 상시로 모든 것에 영향을 미치는" 상황에서 "공포란 평범한 상태"라고 유사하게 시사한다(1962, 32). 화이트헤드에게 있어, 사물들은 자신을 서로로부터 절대적으로 차이화하고, 그러면서도 끊임없이 서로에게 연관한다. 상호연결에 대한 공포는, 마치 사진에서의 네거티브처럼 "만족"에 대한 일종의 역행, 존재가 만족을 통해 "완전히 결정된 사실"(PR, 212)로 독특하게 자신을 구성해 가는 방향에 대한 역행이다.

따라서 화이트헤드는 "개별적 존재자"의 진실성과 "전체가 자신의 다양한 부분들을 부드럽게 보듬어온" 자연 중 어느 것도 버리려 하지 않는다. 이 이중적인 주장은 모든 존재가 매혹하는 동시에 변태하며, 터져 나오는가 하면 뒤로 **빠져나가고**, 그들의 절대적 특이성을 드러내는가 하면 참조와 변형의 미궁 속으로 후퇴하는 이중적인 움직임과 상응한다. 각각의 존재는 즉자적으로나 대자적으로나 "완전히 결정"(PR, 26)되어 있지만, 그런데도 그들은 모두 "**공통 세계**"(SMW, 88~89)에 속한다. 화이트헤드는 "우리의 감각을 통해 지각되는 현실적인 요소들은 그것들 자체로 공통 세계의 요소"이며 "이 세계는 분명 우리의 여러 인식 행위를 포함하지만, 그런데도 인식 행위를 초월한 여러 사물로 이루어진 복합체"라고 말한다(SMW, 88). 우리는 언제나-이미 "돌과 나무, 그리고 인간의 신체 같은 존속하는 객체와 시공간을 통해서 결합하는 색깔과 소리, 그리고 다른 감각적 객체들의 세계 속에서" 우리 자신을 발견한다. "우리는 우리 자신이 지각하는 다른 사물들과 정확히 같은 의미에서 이 세상의 구성 요소인 것처럼 보인다"(SMW, 89). 사물들은 서로 구별되지만, 그런데도 여전히 그들은 모두 같은 공통 세계를 이루는 "같은 의미에서의 … 요소"이다. 바로 이 점이 화이트헤드와 들뢰즈를 연결한다. 들뢰즈는 존재들이 서로 간에 차이를 유지하고 있음에도 불구하고, 모든 존재는 "단일하고 같은 의미로 말해진다"라고 주장한다(1994, 42). 물러남과 소속됨의 이중적 움직임은 레비 브라이언트가 아름답게 표현한 "객체들의 민주주의"를 가능하게 만든다(2011). 또는 화이트헤드가 『과정과 실재』에서 윌리엄 제임스를 재참조하고 확장하는 구절에서 "우리는 동료 피조물들의 민주주의 속에서, 우리가 소란스러운 세계에서 살고 있다는 것을 발견한다"(PR, 50).

나는 이 장을 동료 피조물들의 민주주의, 그 사물들의 우주에 관한 세 가지 요점을 논하며 마무리하고 싶다. 첫 번째 요점은 의인관anthropomorphism과, 두 번째 요점은 생기론vitalism과, 세 번째 요점은 범심론panpsychism과 관련이 있다. 먼저 나는 지각과 지식, 그리고 느낌을 다루며 미학의 우위성을 논했고 3장을 통틀어 무차별적으로 일인칭을 사용하였다. 이것은 결국 내가 인간중심주의와 상관주의를 향한 거부에도 불구하고 인간을 모델로 가정한다는 것을 의미하지 않는가? 그러나 화이트헤드에게 있어서, 그리고 객체지향 존재론에서 지각, 느낌, 미학은 특별히 인간에게 독점된 것이 아니라 보편적인 구조이다. 이는 또한 사물 간의 접촉 양태로서 미학이 "동물지각에 대한 특수한 형이상학이 아니라 존재론 전체에 속한다"(Harman 2007b, 205)는 것을 의미한다. 만일 모든 존재가 "같은 의미에서" 세계에 속하고 있다면, 그렇다면 우리는 이 귀속성을 모두 같은 방식으로 기술해야 한다.

그러나 내가 인간 주체를 구상하는 것과 같은 방식으로 다른 존재를 구상한다면, 나의 유일한 선택지는 제거주의냐 의인관이냐가 된다. 나는 언제나 제거주의를 따를 수 있다. 인간 경험에 관한 모든 설명을 잘못된 "통속심리학"으로 치부하고, 물의 상전이를 기술하기 위해 과학자들이 사용하는 용법을 따라 인간의 행동을 똑같은 환원적 물리학의 언어로 기술할 수 있는 것이다. 그러나 화이트헤드와 함께 "교묘하게 둘러대는 데 몰두하는 훌륭한 재주"(PR, 17)를 거부한다면, 나는 나 자신을 기술하기 위해 사용하는 범주가 다른 존재들에게도 유효하다는 것을 받아들여야 한다.

이것은 세상의 모든 존재가 정확히 내가 그런 것처럼 자신의 관점을 가지고 있고, 그들 각자가 정확히 내가 그런 것처럼, 접촉하는 다른 존재들을 어떤 방식으로든 느끼고 있다는 것을 의미한다.[1] 앞에서 이미 지적했듯이, 화이트헤드는 "현실 세계를 통틀어 '느낌'을 귀속시킨다"(PR, 177). 물론 돌의 느낌이 인간의 느낌이 그러하듯 의식을 포함한다는 뜻은 아니다. 요컨대 인간중심주의를 피하기 위해서는 특정한 방식으로 신중하게 의인화할 필요가 있다. 내가 돌에 대해서 느낌을 말하는 것은 치명적으로 해로운 이원론을 피하기 위함이다. 여기서 이원론이란 최악에 있어서 인간 존재만이, 혹은 차악에 있어서 인

---

[1] * 하나의 현실적 존재는 어떤 의미에서 하나의 관점이라고 할 수 있다. 그리고 관점은 언제나 가치론적 요소를 포함한다. 가치론적 요소를 결여한 순수한 사실이란 공허한 것이다.

간 존재와 더불어 몇몇 동물만이 느낌을 가지며 여타의 사물은 그렇지 않다는 원리이다. 제인 베넷이 말한 대로, "아마도 의인관은 그에 관련된 위험(미신, 자연의 신격화, 낭만주의)을 무릅쓰고서라도 채용할 가치가 있어 보인다. 의인관이 기묘하게도 인간중심주의에 대항해서 작동하기 때문이다. 인간과 사물 사이에 화음이 울리고, 나我는 이제 비인간적인 환경 위나 바깥에 위치하지 않아도 된다. 의인관을 향한 철학의 거부는 너무도 자주, 인간과 신만이 창조적 작인作因의 흔적을 드러낼 수 있다는 오만한 요구와 결부되어 있다"(2010, 120).

두 번째로 만일 모든 존재가 느끼고 작인으로서 힘을 행사한다면, 이는 만물이 최소한 어느 정도 생기적이고 활동적이며 창조적임을 뜻한다. 이러한 발언은 우리의 가장 근본적인 편견을 거스른다. 캐런 바라드에 따르면, "살아있음과 살아있지 않음 사이의 구별은 아마도 서양철학과 그 비판에서 가장 끈질기게 들러붙는 이원론 중 하나일 것이다. 심지어 자연과 문화 사이의 이분법에 대한 가장 혹독한 비판들조차도 살아있음과 살아있지 않음 사이의 구별은 그대로 남겨두고 있다. 어떻게 '죽은 물질'조차도 생생함을 가졌는지를 이해하기 위해선, 작인에 관한 근본적인 재고가 필요하다"(2007, 419). 유기체와 무기물 구별을 없애는 것은 베넷의 말처럼 "생기론도 기계론도 아닌"(2010, 62~81) 사상을 받아들여야 한다는 것을 의미한다. 예를 들어 19세기의 생기론은 "활력이 담긴 생명과 무기적 물질 사이의 질적 차이"(73)를 주장했다. 전자는 능동적이고 목표 지향적이라면 후자는 수동적이고 기계적으로 여겨졌다. 그러나 20세기와 21세기의 과학은 이러한 구별을 유지할 수 없는 것으로 만들었다. 한편으로 DNA 구조 발견 이후의 생화학은 생명 활동이 다른 물리적, 화학적 과정과 함께 지속한다는 것을 보여주었다. 반면에 복잡성 이론과 체계 이론(양자 역학은 말할 것도 없고)은 전통적인 기계론적, 결정론적 용어로는 무기적인 물리적 과정을 적합하게 구상할 수 없다는 것을 보여주었다. 근대의 과학은 전통적인 생기론을 실추시켰지만, 그렇다고 전통적인 기계론적 유물론을 좀 더 나은 입장으로 남겨두지도 않았다.

물론 오늘날의 과학철학자들은 케케묵은 의미로 "기계론적"이지는 않은 환원주의적 이론들을 구축하였다. 그러나 우리가 사물의 존재론적 존엄성을 받아들이고 그것을 단지 양자장의 환상적인 효과로 환원하지 않으려면, 베넷이 말하는 **생기적 유물론**, 즉 "모든 것은 엔텔레케이아, 생명적이고 생기적"(2010, 89)이라는 관념을 받아들일 필요가 있다고 생각한다. 화이트헤드는 비슷하게 "'살아있는' 사회와 '살아있지 않은' 사회 사이에는 절대적인 간극이 없다"(PR, 102)고 시사한다. 게다가, "우리는 무기적인 사회라는 보조적인 장치를 가지지 않는 어떠한 살아있는 사회도 알지 못한다"(PR, 103). 따라서 "생명"이란 정도의 문제다. 좀 더 살아있거나 좀 더 죽어있는 것이다. 생명은 상대적으로 그리고 상황적으로만 식별할 수 있다. 바이러스나 컴퓨터 기반의 "인공 생명"을 생각해보라. 생명과 비생명 사이에는 중간적인 모호한 사례가 많다. 가장 단순한 물리적 과정조차도 우리가 흔히 생각하는 것보다 더 생생하며, 가장 명석판명하게 살아있는 과정조차도 항상 상대적으로 생생하지 않은 과정과 불가분적 관계에 얽혀 있으며 또 그 속에 내장되어 있다. 생기는 불균등하게 분포되어 있지만, 그런데도 그것은 어디에서나 작용하고 있다. 이것이 "객체들의 민주주의"가 "동료 피조물들의 민주주의"이기도 한 이유이다.

마지막으로 가장 논란의 여지가 있는 요지로서, 나는 생기적 유물론과 객체지향 존재론 둘 다 일종의 범경험주의panexperientialism 또는 범심론을 수반한다고 생각한다. 분명히 해두지만, 이는 가볍게 받아들여서는 안 된다. 이러한 발언은 쉽게 별종의 낙인이 찍힐 수 있다. 오늘날 대부분의 형이상학자는, 그게 분석철학이든 대륙철학이든, 혹은 과학 지향적이든 아니든 간에 범심론을 논외의 것으로 거부하는 경향이 있다. 나 또한 화이트헤드에 관한 나 자신의 최근 저서, 『기준 없이 : 칸트, 화이트헤드, 들뢰즈, 그리고 미학』에서 화이트헤드의 사상에 도사린 범심론적 함의를 재빨리 부정했다(Shaviro 2009, 28). 그러나 지금에 와서 보니 나는 이 부정이 틀렸다고 생각한다. 우선 데이비드 스커비나(Skrbina 2005)가 장대하고 설득력 있게 주장해 온 것처럼, 범심론은 서양철학 속에서 기나긴 역사를 가지고 있으며 깊이 스며들어 있다. 다른 한편, 범심론은 최근에 게일런 스트로슨(Strawson 2006)과 어느 정도까지 데이비드 찰머스(Chalmers 1997)와 같은 분석철학자들을 포함한 다양한 사상가들의 관심을 받으며 다양한 설득력을 발휘해왔다.

내가 앞에서 사용한 용어로 진술해 보자면 미적 경험은 언제나 비대칭적이다. 이는 주체에 상정되는 것처럼 객체에도 상정되어야 한다. 객체들의 세계는 참으로 경험하는 세계다. 화이트헤드가 주장하듯, "주체의 경험을 떠나서는 아무것도, 아무것도, 아무것도 없다. 그저 무가 있을 뿐이다"(PR, 167). 화이트헤드에게 있어서 "각각의 현실태는 본질적으로 양극적, 물리적이며 정신적이다"(PR, 108). 모든 현실적 존재는 최소한 태아적인 형태로 "정신적 극"을 가지고 있다. 한편으로, "주체는 세계에 속하지 않으며, 오히려 그것은 세계의 한 한계다"(Wittgenstein 1922/2001, sec. 5.632)라는 상관주의적 견해와, 다른 한편으로, 주체는 문자 그대로 "아무도 아닌 자"(Metziger 2004)라는 제거주의적 견해를 거부하고자 한다면, 우리는 주체성, 또는 적어도 어떠한 양태의 "경험함"에 대한 내재적 의미를 발견해야 한다. 그리고 "무에서 세계로 떠오르는 것은 없다"(PR, 244)는 화이트헤드의 존재론적 원리를 받아들이고, 극단적 창발radical emergence에 반대하는 스트로슨의 주장(2006, 12~21)을 받아들인다면, 적어도 모든 현실적 존재에는 "경험함"이 이미 내재하여 있다는 통찰을 긍정적으로 보아야 한다.

이 명제는 적어도 사고를 위한 유혹lure for thought으로 기능할
수 있을 것이고, 사물들의 우주 속에서 우리 자신을 발견한다
는 사실로부터 기인하는 귀결일 것이다.

4장

범심론 그리고/혹은 제거주의

사변적 실재론은 복수형으로 가장 잘 설명할 수 있다. 사변적 실재론은 하나만 있는 게 아니며, 거기에는 다수의 형태가 있다. 2007년 런던대학 골드스미스에서 열린 최초의 사변적 실재론 회의(Brassier, Grant, Harman, and Meillassoux 2007)에서 발표한 하먼, 브라시에, 그랜트, 메이야수 등 네 명의 사상가는 사실 어마어마하게 다른 입장과 프로그램을 가지고 있다. 그리고 그 이후에도 다양한 형태의 사변적 실재론이 생겨났다. 이러한 다양하고 새로운 사고의 양태를 뭉치게 만드는 것은 그들이 같은 출발지를 가졌다는 점이다. 퀑탱 메이야수, 레이 브라시에, 그레이엄 하먼, 이에인 해밀턴 그랜드, 이 네 명의 원조 사변적 실재론자는 모두 메이야수가 상관주의라고 부르는 것을 거부한다. 4장에서는 상관주의를 향한 이러한 거부가 어떠한 긍정적 입장을 약속하는가를 고찰하겠다.

상관주의는 화이트헤드가 "자연의 이분화"라고 고발한 것과는 다르다(CN, 30). 상관주의 비판과 자연의 이분화 비판은 아주 다른 필요와 관심에서 유래한다. 그러나 양자는 서로에게 무관한 것이 아니다. 우리의 경험이 두 개로 찢겨 왔기 때문에 그 두 개를 다시 붙이기 위해 상관주의 구조가 필요했다고 생각해볼 수 있다. 데카르트에게서 시작해 로크를 거쳐 흄에 도달할 때까지, 서양의 근대 사상은 세계를 일차 성질과 이차 성질로, 그리고 객관적으로 연장된 객체와 단순히 주관적인 "심적 부가물"(CN, 29)로 분할시켰다. 이 흐름은 흄의 회의론적 위협에서 절정에 달했고, 칸트는 "저 바깥의" 알려지지 않은 실재는 우리의 정신이 부여한 여러 조건과 합치하는 식으로 구성되어야 한다고 주장하며 이 위기를 극복하고자 하였다. 이렇게 우리는 상관주의적 렌즈를 통해 세계를 바라보게 된 것이다.

상식의 일상적 관점에서 볼 때 상관주의는 이상하게 보일 수 있다. 만일 혹자가 대부분 사람에게 물어본다면, 그들은 한 치의 망설임도 없이 자신의 외부에 사물이 실재한다고 말하리라. 하나의 돌을 걷어차고, 그 발길질을 통해 조지 버클리를 반박했던 새뮤얼 존슨을 기억하라. 그런데도, 세계가 반드시 그것을 형성하고 처리하는 우리의 방식(인식)에 의존하고 있다는 발상은 하먼의 말처럼 칸트 이래 2세기 이상 서구의 "표준적 형이상학"이었다(2009b, 25). 상관주의적 동의를 거부하는 것은 "소박한 실재론"이라고 비난당할 위험을 짊어지는 것과 같다. 사실, 어떠한 형태의 사변적 실재론도 실제로 우리가 단순히 "밖에 있는," 우리와 떨어져 있는 실재에 아무튼 직접적으로, 그리고 무매개적으로 접근할 수 있다는 "소박한" 테제를 주장하지 못한다. 그러나 나는 하먼에게 동의한다. 어떤 것을 "소박" 하다며 낮잡는 논증은 정확히 그 점 때문에 수상쩍은 것이다. 그러한 비난은 어딘가 정직하지 못한 비겁한 면모가 있다. 보통 "소박한 실재론"을 비판하는 논객이라는 자들은 좀 더 견고하고 세련된 종류의 실재론을 대안으로 제시하지 않는다. 오히려 그들은 모든 실재론을 싸잡아서 불가피하게 소박하다는 수

사적인 장난질을 치고 있을 뿐이다(Harman 2011C, 171). 이 비판적인 재주는 우직하게 자기에게만 몰두하는 사고의 훌륭한 유아론적唯我論的 성격을 강화하는 데는 참으로 탁월하다. 그것은 메이야수가 말하는 "거대한 외부, 영원한 즉자성, 그 존재가 사고되었는지 아닌지에 무관심한 그 즉자성의 존재"(2008, 63)를 향한 어떠한 움직임도 거부하고 부인하는 방법이다.

어쨌든 사변적 실재론의 기본 테제는 사물 그 자체에 직접 접촉할 수 있다는 "소박한" 주장과는 정반대에 있다. 요점은 오히려, 그 자체로 우리와 떨어져 존재하는 세계가, 우리가 어떻게 그것에 접근할 수 있느냐는 문제에 포함되거나 그 문제로 제한될 수 없다는 것이다. "인간"은 만물의 척도가 아니다. 우리는 습관적으로 우리가 사전에 우리에게 부여한 개념들을 통해 세상을 이해한다. 세계 속 사물의 기묘함, 즉 우리에게 "상정" 되지 않고 "주어지지 않으면서," 우리에 의해 "드러나는 것이 아닌" 존재를 느끼기 위해 이러한 습관을 깨부술 필요가 있다. 심지어 우리 자신의 손으로 만들어낸 것들도 그들 자신의 기묘하고 독립적인 현존을 소유한다. 만약 화이트헤드가 말하듯 철학이 경이로 시작해서 경이로 끝난다면(MT, 168), 철학의 목적은 인지적인 규범들, 지성의 개념들을 연역하고 부여하는 데에 있는 것이 아니라, 어떻게 실재가 그러한 규범들을 빠져나가고 좌절시키는지를 좀 더 온전히 보여주는 데 있다.

이것이 바로, 지난 몇 세기 동안 "사변"이 좋지 못한 평판을 받아왔다는 사실에도 불구하고, 모든 진정한 실재론은 사변적이어야 하는 이유이다. 실재와 마주할 때 우리는 사변하도록 강요받는다. 정확히 칸트가 할 수 없으며 해서도 안 된다고 말하는 것을 실천하도록 강요받는 것이다. 칸트에게는 유감이지만 우리는 우리 자신의 사고에서 벗어나 생각해야 하며, 사물에 대한 우리 자신의 개념 밖에서 사물의 존재를 긍정적으로 구상해야 한다. 유진 태커가 말하는 대로, 단순히 세계-그-자체world-in-itself(객관적)가 우리에게-있어서의-세계world-for-us(주관적)와 다른 점을 생각하는 것으로는 충분하지 않다. 우리는 태커가 우리-없는-세계world-without-us라고 부르는 것을 적극적으로 탐구해야 한다. 우리 자신의 관심과 타협할 수 없고, 그 관심으로부터 제외된 한에서의 세계를 고찰해야 한다(2011, 5~6). 우리는 내관introspection을 통해 우리에게 있어서의 세계를 배우며, 과학적 실험을 통해 그 자체로서의 세계를 배운다. 그러나 우리는 사변의 역설적인 움직임을 통해 우리-없는-세계를 불투명하게 조우할 수 있을 뿐이다.

그러므로 사변적 실재론은 "소박"하고 무반성적인 사고와 마찬가지로, 포스트칸트주의적인 "비판적" 사고와도 거리를 둘 필요가 있다. 사변적 실재론은 대륙의 반실재주의의 "표준적 형이상학"을 거부하며(Braver 2007), 존 코그번이 말하는 "신칸트학파의 '잔여 실재론,' 실재는 표현되지 않았고 표현될 수도 없는 덩어리라는 관점"(2011)을 (아마도 더 중요하게) 거부한다.

예를 들어 슬라보예 지젝은 인간의 주체성이 존재의 구조에 유일무이한 파열을 표시한다고 말한다. 이렇게 인간을 예외로 보는 관점이 지속되는 한 실재계는 오직 부정적인 것으로만 여겨질 수 있다. 그것은 원초적 분열의 트라우마적인 잔여에 지나지 않는다. 실재계는 우리가 그것과 분리되면서 남겨진 것이다. 지젝에 의하면 실재계는 우리의 모든 상징화에 저항하기 때문에 전혀 특징지을 수 없다(1993). 그렇다면 지젝이나 칸트에게 있어 명석한 표현이나 결정은 인간적 접근 쪽에서밖에 찾을 수 없다. 칸트는 비인간적 실재계가 존재한다는 점은 결국 부정하지 않는다. 칸트는 물자체가 정말로 존재해야만 한다는 주장은 유지한다. 칸트는 그저, 그러한 물자체에 관해서 어떠한 것도 긍정적으로 알 수 없으며, 물자체에 대해 어떠한 유의미한 진술도 불가능하다고 주장할 뿐이다(메이야수가 강조하듯이 말이다.〔2008, 31〕).

이를 재정립해보자. 철학자들은 다양한 방식으로 상관주의적 순환을 기술해온 것에 지나지 않는다. 그러나 요점은 그 순환의 밖으로 나가는 데에 있다. 메이야수가 말하듯이 사변적 실재론의 목적은 이 순환의 고리로부터 해방되는 것이다. 스피노자와 라이프니츠 같은 초기의 근대 철학자들은 오늘에 와서는 거의 상상도 할 수 없을 정도로 자유분방하고 대담했으며, 배짱이 있었다. 좀 더 정확히 말하자면, 사변의 문제란 메이야수가 말하듯이 어떻게 전-비판적 또는 전-칸트적 형이상학의 "독단주의"로 되돌아가지 않고 이 "전-비판적" 자유를 실현할 수 있느냐이다. 메이야수는 묻는다. 어떻게 우리가 "지난 2세기 동안 근대철학이 우리에게 말해온 불가능 그 자체, 즉 우리 스스로에게서 벗어나서 즉자성을 파악하는 것, 관찰자가 있든 없든 그것이 무엇인지를 알 수 있는가?"(2008, 27).

칸트의 불가지론적 주장, 혹은 오늘날 철학의 실망스러운 "잔여 실재론"을 극복하기 위해서는 일종의 긍정적이고 사변적인 테제를 부정적인 (반상관주의적) 테제와 함께 제시할 필요가 있다. 정확히는, 사변적 실재론이라면 어떠한 형태라도 긍정적인 존재론적 테제와 긍정적인 인식론적 테제를 함께 유지할 필요가 있다. 존재론적 테제란, 실재는 우리 없이, 그리고 그것에 대한 우리의 개념화와는 별개로 존재할 뿐만 아니라, 참으로 우리의 개입 없이 그 자신의 권리로 어떤 방식으로든 **구성되**거나 표현된다는 것이다. 인식론적 테제란, 우리 자신의 개념적 도식으로 환원하지 않고 우리가 우리 없이 구성된 이 세계를 가리키고 말하는 것이 어떤 식으로든 가능하다는 것이다.

사변적 실재론들을 서로로부터 구분 짓는 것은 그것들이 각자 상관주의적 순환을 벗어나는 다른 방식을 제시하기 때문이다. 이 모든 접근방식이 가지는 유일한 공통점은 그들이 모두 상관주의의 출발점("원색 장면")으로 돌아간다는 것이다. 메이야수가 말하는 "칸트적 대재앙"(2008, 124)으로 돌아가는 것이다. 칸트의 천재성은 자기 시대의 형이상학적 갈등을 협상시키는 그 능력에 있다. 칸트는 독단주의와 회의주의의 위험성을 모두 막으면서 합리주의와 경험주의 양자가 요구하는 것을 화해시키는 합의점을 제공했다. 그리고 상관주의는 칸트가 이 합의점에 도달하기 위해 기꺼이 치러야 했던 대가였다.

사변적 실재론은 칸트의 합의를 재개시키고 그것의 조건들을 달리 분배하는 방식으로 재협상을 추구한다. 그렇게 이 재분배는 새로운 사변의 장을 열어준다. 메이야수 스스로 그러한 전략을 따르고 있다. 메이야수는 사고와 존재의 칸트적 상관관계 자체가 필연적이기보다는 우연적(혹은 "사실적")이라는 것을 입증하며 상관주의를 그 내부에서 교란한다. 나도 이 전략을 사용할 수 있지만, 반드시 그럴 필요는 없다. "상관관계의 사실성" 그 자체를 긍정할 때, 우리는 "사고의 무능함으로 착각한 것을 사물 그 자체에 **돌려놓는다**"(Meillassoux 2008, 52~53). 이는 메이야수 자신의 책략인 것 이상으로 칸트적인 책략이다. 칸트는 그의 "순수이성의 오류추리"에서 몇 가지 근본적인 형이상학적 명제는 결정할 수 없는 것임을 입증하는 반면에, 메이야수는 이러한 결정 불가능성을 추적하며 보다 근본적인 우연성으로 거슬러 올라간다. 그리고 이 우연성은 자신의 권리상 필연적인 것이 된다. 메이야수에게 있어서 절대적으로 필연적인 한 가지가 되는 것이다. 오류추리 분석에서, 칸트는 특수한 것으로 한정된 경험적 상황에서 작동하는 종류의 논리는, 하나의 전체로서 구상되는 세계에 적용될 경우 더는 유효하지 않다고 주장한다. 메이야수는 이 논증에 근접하게 동일한 노선을 따르며, "우주 내부에 있는 여러 객체"에 적용될 때 유효할 확률론적 추론은 "그러한 우주 그 자체"에 적용될 수 없다는 것을 보여준다(Meillassoux 2008, 97). 물론 차이점은 있다. 메이야수는 게오르크 칸토어의 초한수 이론(이는 분명히 칸트는 모르는 것이었다)에 주목해서 어떠한 종류의 총체화도 선험적으로 불가능하다는 것을 보여준다. 이렇게 칸트 자신의 논증을 극단적으로 밀고 나가면 새로운 종류의 절대적인 지식, 즉 절대적 지성에 저항하는 칸트의 구속에서 벗어나는 길이 열린다.

이와 비슷하게 이에인 해밀턴 그랜트는 칸트적인 결정의 순간으로 돌아가서 칸트와는 다른 방향으로 나아간다. 그랜트는 F. W. J. 셸링의 칸트 비판을 재구성하고 새로운 활력을 부여한다. 칸트의 초월론적 논증은 선험적인 필연성이 아닌 발생과 생산의 원리가 된다. 결과적으로, 사고는 현상의 본성을 상정하거나 규정하지 않으며, 그렇게 할 수도 없다. 오히려 사고 자체가 자신에 선행하면서도 영원히 자신의 포착을 넘어서는 과정을 통해서 생성된다. 그랜트가 말하기를, "선행성이 되찾을 수 없는 것"임은 "필연적인 진리"이다(Bryant, Srnicek, and Harman 2010, 83에서 재인용). 어딘가 메이야수의 선조성ancestrality과 유사한 그랜트의 선행성은 어떠한 상관관계에 의해서도 회복될 수 없다. 그러나 무한히 생산적인 자연의 "비–사고성"은 (헤겔과 지젝과는 달리) 순전히 부정적이지 않다. 오히려 자연은 힘이나 권력의 활동적인 구성이다.

하먼은 자기 나름대로 내가 (바타유를 논하는 데리다를 반영해서) "거침없는 칸트주의"라고 부르기를 선호하는 것을 제시한다. 이 거침없는 칸트주의는 현상과 물자체 사이의 간극을 모든 존재의 경험으로 확장한다. 더는 인간 존재(혹은 이성적인 존재 일반)에 특별한 특권을 부여할 수 없다. 모든 객체는 다른 객체를 단지 "감각적 객체"로서, 객체 자체에는 도달하지 못한 채로 오직 현상적으로만 마주하기 때문이다. 누메나, 즉 "실재적 객체"로서의 객체와 마주하지 못하는 것이다. 어떤 객체도 다른 객체에 관한 완전한 앎(포착 및 이해)을 가지지 못하며, 객체 자신도 자신에 관해서 완전한 "앎"을 가지지 못한다. 그러나 하먼은 우리가 다른 객체를 암시allude할 수 있고, 그리고 실제로 그렇게 한다고 지적한다. "정신이 부재한 흙덩어리를 포함해서 모든 실재적 객체 사이의 관계는 오직 어떠한 형태의 암시를 통해서만 일어날 수 있다"(2007b, 205). 실제로 우리는 거의 모든 순간 다른 객체를 암시하거나 암시 당한다. 우리는 은유적이고 간접적인 방식을 통해서 우리가 알지 못하는 객체를 가리킨다. 이런 식으로 우리가 객체들을 모르거나 인지하지 않을 때(그리고 못 할 때)도, 객체들은 우리를 심미적으로 움직이게 하거나 인과적으로 촉발한다. 그러한 대리적 인과관계, 혹은 내가 대리적 정동이라고 부르는 것은 존재들 간의 접촉에 있어서 결정적인 양태다. 그렇기에 하먼에게 "미학은 제1의 철학이 되며"(2007b, 205), 이는 화이트헤드에게서도 마찬가지이다.

브라시에가 말하는 현상과 물자체 사이의 칸트적 구별에 대한 물리주의자의 수정은 하먼이 말하는 미학자의 수정과 대비될 수 있겠다. 브라시에는 "개념과 객체 사이의 초-개념적 extra-conceptual 차이에 대한 초월론적 전제"(Bryant et al. 2010, 56 에서 재인용)를 주장하며 칸트의 "초월론적 관념론"(들뢰즈의 "초월론적 경험론"처럼)을 "초월론적 실재론"으로 전환한다. 즉, 실재 그 자체는 비-개념적이며, 그러한 실재에 대한 우리의 개 념들과의 차이 자체가 개념화될 수 없다는 것이다. 우리의 개 념은 그 개념을 통해 가리키고자 하는 객체에는 언제나 적합 하지 못하다. 그 객체를 개념으로 제한시키고자 하는 노력은 참으로 헛된 것이다. 물리학은 개념과 그것이 참조하는 것 사 이의 간극을 탐구하는 방법이다. 설령 물리학이 결코 그 둘 사 이를 이어주는 다리를 짓지 못하더라도 말이다. 브라시에에게 물리학은, 자신의 범주들을 실재에 부여하는 사고와 다르게, "객체의 실재성이 자신에게서 우러나오는 개념화의 의미를 결 정하며, 그 실재성과 그것이 개념적으로 제한되는 방식 사이의 불일치를 측정할 수 있게 되어 있다"(55). 따라서 과학의 객관 성에 대한 칸트 자신의 방어는 칸트 자신이 제공할 수 있었거 나 제공하고자 했던 것보다 훨씬 강건하게 실재론적인 형태로 변형된다. 물리학은 상관관계의 필연성보다는 사고와 세계 사 이의 어떠한 상관관계도 필연적으로 좌절된다는 데 근거를 두고 있다. 비-개념적인 잔여는 칸트와 지젝에게서 그러했던 것과는 달리, 더는 말하지 못하는 침묵이 아니다. 과학적 실험이 그러한 잔여가 말할 수 있도록, 혹은 말하도록 밀어붙인다.

다른 형태의 동시대의 실재론 또한 이러한 종류의 수정에 달려든다. 로이 바스카의『비판적 실재론』은 칸트의 초월론적 주장에 담긴 논리를 역전시키면서 작동한다. 바스카(1975)는 세계가 지금 그러한 방식으로 나타나기 위해서 우리의 정신이 어떠한 것이어야 하는지를 묻지 않는다. 바스카는 오히려 세계가 지금 그러한 방식으로 우리의 의식 속에 나타나기 위해서 세계가 어떠한 것이어야 하는지를 묻는다. 마누엘 데란다는 "인간 정신으로부터 온전한 자율성을 가진 실재를 인정"(2002, 3)하는 "실재론적 존재론"을 발견하기 위해 들뢰즈의 철학을 "재구성"한다. 이를 달성하기 위해 데란다는 들뢰즈 자신이 칸트의 초월론적 관념론을 초월론적 경험론으로 전환하는 과정으로 되돌아간다. 인간 정신이 부여하는 사고의 초월론적 조건들 대신 우리는 객관적이고 정신으로부터 독립적이며, 현실적이지 않지만 그런데도 실재하는 잠재성의 영역을 갖게 된다 (Delanda 2002, 33, Deleuze 1994, 208을 인용).

사변적 실재론의 사상가들이 종종 자신들이 하는 일을 매우 다른 방식으로 기술하고 있음에도, 지금까지 나는 사변적 실재론이라는 프로젝트에 담긴 칸트적인 배경을 주장해 왔다. 내가 그렇게 한 이유는, 철학사에서 칸트의 코페르니쿠스적 전환, 혹은 메이야수가 역설적으로 주장하는 칸트의 "프톨레마이오스적 반전"(2008, 117~18)이 그 자체로 자신의 비판적 자기 반성성에 기반하여 상관주의와 인간중심주의를 확립시키기 때문이다. 이를 이해하려면, 상식의 일상적인 관점에서 볼 때 기묘하기 그지없는 칸트적인 사고가 사실 얼마나 그럴싸한 것인지 일단 이입해볼 필요가 있다. 그것의 그럴싸함을 이해하지 못한다면 사변적 실재론의 위험도 건조하게만 느껴질 것이다. 칸트에 따르면 사고는 세계를 향해 나아가더라도 그 세계와 합치할 수 없다. 오히려 사고가 자기 자신을 반성해볼 때, 자신의 힘과 한계에 대해 비판적으로 바라볼 때, 갑자기 존재와 상관관계에 빠지게 된다. 다른 모든 것을 배제하고 오직 자기 자신을 되돌아보아야만, 사고는 자신의 바깥에 있으며 자신을 뛰어넘는 어떤 것과 상응하게 된다. 사변적 실재론이 풀어보려고 투쟁하는 것은 바로 이 사고와 존재 사이의 이상한 매듭, 사고에 투영되는 내부로 향하는 자기반성성과 외부로 향하는 지향성 사이의 예정 조화이다.

사고와 존재 사이의 매듭을 풀기 위해서는 어떠한 방식으로든 사고의 자기반성성을 몰아낼 필요가 있다. 사고는 자신을 정화하는 자기비판을 통해 자신을 근거 짓고 정당화하는 것이 아니라, 외부에서 극단적으로 문제화될 필요가 있다. 하먼이 정당하게 반박 가능하다고 여기는 "표준적 형이상학"의 인간중심주의는, 인간이 유일하게 이성적이고 유일하게 주체성과 내면성을 담지하며, 유일하게 사고 그리고/혹은 언어를 구사할 수 있다는 의심스러운 전제에 전적으로 의존한다. 그러한 입장은 다윈에 의해 근본적으로 붕괴하였다. 그리고 화이트헤드는 모든 현실적 존재에 동등하게 적용되는 "파악"을 분석하며 그러한 입장을 불필요한 것으로 만들었다. 실제로 인간예외주의는 오늘날 훨씬 더 지지하기 힘든 게 되어 있다. 우리는 침팬지와 앵무새뿐만 아니라 초파리, 나무, 점균, 그리고 박테리아조차 의사소통하고 계산하며, 자발적인 결단을 내린다는 사실을 알고 있다(Shaviro 2011).

그런데 조금 더 가까이 보면, 상관주의는 휴머니즘으로 환원될 수 없으며, 심지어는 주체성의 개념으로도 환원될 수 있는 부류가 아니다. 메이야수가 말하듯 "사고와 존재 사이의 상관관계는 주체와 객체 사이의 상관관계로 환원될 수 없다는 점을 강조해야겠다"(2008, 7). 심지어 주체성과 표상으로부터 사고를 해방하는 것도 상관주의의 매듭을 풀기에 충분치 않다. 메이야수는 데카르트와 칸트의 주관주의를 거부하면서도 여전히 "인간과 존재의 공속관계Zusammengehörigkeit"(Meillassoux 2008, 8)를 주장하는 하이데거를 예시로 든다. 더 나아가서는 휴머니즘적 주체의 해체와 탈구축조차도 우리를 인간중심주의로부터 참으로 해방시키지 못한다. 기껏해야 인간중심주의를 비인격적 누스중심주의noocentrism나 로고스중심주의logocentrism로 대체하는 것에 불과하다.

상관주의적 순환에서 벗어나기 위해 메이야수는 우리가 사고(그리고 언어)를 완전히 제쳐두어야 한다고 주장한다. 메이야수는 "무기물의 영역에는 생명이나 의지가 없을 수도 있다는 가능성을 진지하게 받아들이는 입장을 취해야 한다"(Meillassoux 2008, 38)고 말한다. "세계의 소여성"이라는 현상학적 개념을 거부하려면 "우리나 다른 지각자에게 주어지지 않고 존속할 수 있는 세계, 우리가 존재하든 말든 존재할 수 있는 세계"(28)의 존재를 인정해야 한다. 메이야수에게 실재는 "완전히 선–주체적ᵃ⁻ˢᵘᵇʲᵉᶜᵗⁱᵛᵉ"(38)이다. "사고가 없어도 되는 세계, 누가 생각하든 안 하든 근본적으로 영향을 받지 아니하는 세계를 생각해야 한다"(116, 샤비로의 강조).

나는 존재로부터 사고를 극단적으로 정화할 필요성을 진지하게 받아들일 필요가 있다고 생각한다. 적어도 메이야수의 정식이 시사하고 브라시에가 훨씬 더 강렬하고 직설적으로 주장하듯이, 반상관주의는 설득력 있는 방식으로 극단적인 제거주의에 다다를 수 있다. 그러한 설명에서는, 사고의 영향을 받지 않기 위해 물질은 생명, 진취성 혹은 활동적 힘이 결여되어 있는 순전히 무감각적인 것이어야만 한다. 그리고 감각과 지각을 깎아내리고 심지어 폐기할 필요가 있다. 감각과 지각은 (감각적인 모든 것이 그러하듯) 관찰자와 관찰되는 것 사이의 상호작용을 함의하기 때문이다.

사고로부터 존재의 독립성을 보장하려는 메이야수의 추구

에서, 메이야수는 일차 성질과 이차 성질의 깔끔한 구분을 철학에 다시 도입하기에 이른다(2008, 1~3). 메이야수는 지각과 감각을 대가로 수학적인 형식주의에 특권을 부여해준다. 메이야수에게 이것이 "관찰자를 제거하며," 객체가 즉자적이고 대자적으로 가지고 있는 성질들만을 남겨두는 유일한 방법이다(1). "수학적 용어로 정식화될 수 있는 객체의 모든 측면," 덧붙이자면 그러한 측면들만이 "객체 그 자체의 속성들로서 유의미하게 구상될 수 있다"(3)고 메이야수는 말한다. 수학이 곧 존재론이라는 바디우의 말을 극단적으로 밀고 나가며 메이야수는 물리학이 "우리가 부재해도 무엇이 있을 수 있는지 알 수 있게" 해주는 것은 전적으로 "자연의 수학화"를 통해서라고 주장한다(115). 결과적으로 메이야수는 자연의 이분화에서 그 이원성의 주체적인 면을 과격하게 절단함으로써 자연의 분열을 해결한다.

브라시에의 주장은 메이야수와 비슷하지만, 훨씬 멀리 간다. 일단 객체와 그 객체에 대한 우리의 개념 사이의 괴리가 그 자체로 비-개념적이고 사고에 의해 포섭되지 않는다는 것을 받아들이게 되면, 우리는 어떤 방식으로든 "알 수 있도록 설계되지 않고 원초적으로 의미가 스며들지 않은 세계"를 받아들일 수밖에 없게 된다(Bryant et al. 2010, 47에서 재인용). 이것은 우리를 "멸종의 진리," 즉 우주의 미래 과정에서 모든 사고가 불가피하게 근절된다는 진리로 무자비하게 이끈다(Brassier 2007, 205~39). 메이야수가 사고가 발생하기 이전의 시간대를 가리키며 선조적(2008, 10) 이라 부를 때, 브라시에는 머나먼 미래를 말한다. 이 미래에서 "우주의 가속적인 팽창이 물질 자체의 구성을 분해하여 체화의 가능성을 근절시킨다"(2007, 228).

브라시에는 사고가 부재한 시간을 온전히 인식하기 위해서는 현재에서의 사고를 메이야수에게서보다 더 강하게 극단적으로 평가절하해야 하며, 심지어 이 인식 자체를 평가절하해야 한다고 본다. 우리가 어떤 기묘한 형태의 극단적 관념론(존재 없는 사고?)을 포용하지 않는다면, 상관주의에 대한 거부는 우리를 사고 없는 존재의 영역으로 내몰리게 하는 것처럼 보인다. 이 경우에 사고와 존재의 칸트적인 결합을 푸는 것은, 사고가 부수현상적이며, 환상적이고 전적으로 효과성이 없다는 결론을 도출한다. 전통적으로 서양의 과학은 단순한 물질을 수동적이고 관성적인 것으로 보아왔지만, 만약 어디에도 그 정당성을 찾아볼 수 없는 인간중심주의와 나르시시즘을 일단 치워버리고 나면, 인간 존재 또한 같은 방식으로 보아야 할 것이라고 브라시에는 주장한다.

브라시에는 이 암울한 논리를 절벽까지 밀어붙이며, "멸종의 이해 가능성을 열어주는 의미의 소멸"을 선언한다. 무의미성과 무목적성은 단순히 결핍을 나타내는 것이 아니다. 그것은 이해 가능성의 성취를 나타낸다(2007, 238). 비록 나는 그것을 최종적인 결론으로 삼을 생각은 없지만 이런 공격적인 허무주의에는 일종의 인상적인 통쾌함이 있다. 그렇다면 반상관주의적 주장을 받아들이고 난 후 다른 선택지가 있는가? 의미와 목적의 극단적 근절만이 우리와 우리의 상관관계, 그리고 감각의 현시를 벗어나 실재를 있는 그대로 이해하기 위해 지불해야 하는 대가여야 하는가?

브라시에와 대조적으로 메이야수는 우주의 역사에서 어떤 시점을 기준으로, 먼저 생명이 등장하고 그다음에 사고가 등장하게 되는 부조리하고 극단적인 무無로부터의 창발emergence ex nihilo을 주장하며 제거주의의 극단적인 결론을 회피한다. 메이야수의 미출판 원고 「신의 비존재」The Divine Inexistence에 관한 하먼의 최근 설명과 부분적인 번역이 명백하게 밝히듯이(Harman 2011b), 메이야수는 모든 근대 생물학에 반대해서 생명은 단순한 물질로부터 극단적이고 불연속적으로 창발하며, 사고는 단순한 생명으로부터 극단적이고 불연속적으로 창발한다고 주장한다. 따라서 메이야수는 물질이나 연장이 수동적이고 관성적이라는 데카르트의 유산을 유지하면서, 먼저 생명이 등장하고 그다음에 사고가 등장하는 그러한 절대적으로 우연적이고 예측불허한 존재의-도래를 제공하며, 그 둘이 물질로 환원될 수 없다고 주장한다. 이것은 인간이 예외라는 사고방식을 극적으로 부활시킨다. 메이야수적 전도의 폭발적인 대담함은 결국 다시 한번 칸트를 부활시킨다. 정확히 칸트가 자신의 첫 번째 비판『순수이성비판』에서 신에 대한 존재론적 주장을 파괴하며 신을 추방하고, 자신의 두 번째 비판『실천이성비판』에서 신을 뒷문으로 다시 끌어들이는 것처럼, 메이야수 또한 『유한성 이후』에서 생명과 사고를 충족이유율과 함께 추방하고 「신의 비존재」에서 생명과 사고를 다시 복구시킨다.

나 자신은 메이야수와 사상적 여정을 함께할 생각이 없다. 메이야수는 상관관계가 우연적이고 초한적인 총체화가 불가능하다는 것을 입증하지만, 그런데도 나는 충족이유율을 저버릴 어떠한 정당성도 찾을 수 없다. 하면은 메이야수가 충족이유율에 대해 두 가지 반론을 가지고 있다고 본다. 첫 번째 반론은 그것이 원인의 무한 퇴행을 함의한다는 것이다. 우리가 이 무한 퇴행에 끝을 내려주기 위해서는 자의적으로 "제일 원인"이나 "부동의 동자"를 끌어들여야 한다. 두 번째는 충족이유율이 결과를 원인으로 환원시킬 수 있음을 함의하며, 만약 그렇다면 새로움은 불가능하리라는 것이다. 그러나 하면은 무한 퇴행이 전혀 이상할 게 없으며, 메이야수 같은 방향을 취하지 않더라도 결과는 원인과 완전히 동떨어지지 않으면서도 원인을 능가할 수 있다고 대답한다(2011b, 152~58).

하면의 이중적 지적은 충족이유율을 수정하고 재정립한 화이트헤드의 존재론적 원리와 맞아떨어진다. 이 원리에 따르면 존재하는 모든 것, 즉 모든 현실적 존재가 지금 그러한 데에는 하나의 이유(또는 하나 이상의 이유)가 있으며, 이러한 이유들 또한 현실적 존재이다. "현실적 존재만이 이유가 된다. 이유를 찾는다는 것은 하나 이상의 현실적 존재를 찾는 것이다"(PR,

24). 임의의 현실적 존재 스스로 여타의 (선행하는) 현실적 존재와 나란히 그 임의의 현실적 존재에 대한 이유 중 하나가 될 수 있다. 그러므로 모든 것은 스스로가 어느 정도 스스로에 대한 원인이 되는 것이다(화이트헤드는 특히 자기원인causa sui이라는 스피노자의 실체 정의를 참조하고 있다.〔PR, 88〕). 그러나 이러한 과정과 독립해있는 초월적인 제일 원인은 없다. 화이트헤드에게 있어서 신조차도 하나의 개별적인 현실적 존재이며, 그 존재의 이유가 적어도 부분적으로 다른 현실적 존재에 있는 것이다. "모든 현실적 존재는 자기원인이라는 특성을 신과 공유한다"(PR, 222). 그러나 반대로 신은 "피할 수 없는 완강한 사실"(PR, 43)로서의 현실태로 인해 제한되고 부분적으로 결정된다는 조건을 다른 현실적 존재와 공유한다.

화이트헤드는 이러한 방식으로 충족이유율을 유지하는 동시에 무엇도 자신의 원인에 의해 전적으로 결정되지는 않는다고 주장한다. 현실적 존재는 자신에게 영향을 주입하는 원인을 회피할 수 없지만, 이러한 원인을 수용하고 반응하는 방식은 자신의 결단에 달려있다. 더 정확히 말하면, 주어진 여건을 파악하는 주어진 주체의 경우, "주체가 그 여건을 어떻게 파악할지"(PR, 23)는 언제나 일정한 정도 그 주체의 재량에 따른다. 그리고 모든 결단은 그게 쥐꼬리만 한 것이라도 필연적으로 새로움을 우주에 도입한다. 그런데 존재론적 원리는 어떤 존재도 그것을 선행하는 이유들로부터 완전히 자유로울 수 없다고도 말한다.

"무로부터 세계로 떠오르는 것은 아무것도 없다"(PR, 244).

이 모든 것을 제쳐놓고 메이야수와 브라시에의 설명이 품는 진짜 문제는 둘 다 물질 그 자체가 상관관계 밖에 존재하는 것으로서 단순히 수동적이고 관성적이어야 하며, 의미나 가치가 완전히 빠져 있어야만 한다고 가정하고 있다는 데에 있다. 그러나 이 가정 자체가 자연의 이분화에 따른 귀결이 아닐까? 우리 없는 사물이 자체적으로 생생하고 활동적일 수 없으며 어떠한 마음가짐이 없다고 생각하는 것이야말로 인간중심주의적 편견이었다. 어째서 우리는 가치와 의미가 우리만 가지고 있는 성질이며 단지 우리 밖에 있는 "사물들의 우주"에 투사한다고 생각해야 할까? 제거주의의 논증은 인간이 예외라는 전제, 심지어 이 예외성을 폄하하고 모욕하고자 하는 명시적인 목적을 가질 때조차도, 바로 그 전제에서 시작한다. 만약 가치와 의미가 인간이 주관적으로 부여하는 것에 불과함을 당연하게 여긴다면, 가치와 의미가 인간뿐만 아니라 여타의 존재에게도 궁극적으로 환상에 불과하다는 결론을 내리기는 어렵지 않다. 그렇다면 유일하게 그럴싸한 결론은 초기 비트겐슈타인의 결론이다. "세계의 의미는 세계 밖에 놓여 있어야 한다. 세계에 속한 모든 것은 그것이 지금 그러한 것으로 있다. 그리고 모든 것은 지금 일어나는 대로 일어난다. 세계 속에는 아무런 가치도 존재하지 않는다. ― 존재한다 한들, 그것은 가치를 가지지 않을 것이다."(1922/2001, sec. 6.41).

이러한 무가치함에 대한 극단적인 대안은 화이트헤드의 비전이다. "각각의 현실태의 맥박을 구성하는 불가결한 본성은 가치경험이라는 공통적 사실이다 … 존재는 자신의 본성상 가치의 강도를 떠받치는 것이다"(MT, 111). 이는 가치와 의미가 모든 존재에 본질적이고, 따라서 현실로 존재하는 것으로서 세계에 내재하여 있다는 것을 의미한다. 세계 그 자체는 초월적인 목적인telos이나 가치를 가지지 않는다. "세계"가 단일한 존재가 아니기 때문이다. "세계는 완전한 통합을 추구하는 유한한 것들, 현실태들의 다수성이다"(PR, 348~49). 그런데 그러한 "완전한 통합"이란 도무지 이뤄지지 않는 것이다. "세계"는 결코 "정적인 완성에 다다르지 못한다"(PR, 349). 세계 속 개별적 존재들은 정향과 가치를 예시한다. 이 점이 화이트헤드에게 "창조성"이야말로 존재의 "궁극적 원리"(PR, 21)라는, 그렇게 극단적이면서도 또 싱거울 정도로 일반적인 진술을 가능하게 만든다. 그리고 그 점이 마찬가지로 가능하게 만드는 "우주의 목적론은 아름다움의 산출을 겨냥하고 있다"(AI, 265)라는 진술에서, 이 후자의 "목적론"은 초월적인 것도 아니고 총체화시키는 것도 아닌 유적인 것이며 그 자체로는 자신의 특징을 결여한 것이다. 화이트헤드에게 "아름다움"의 정의는, "경험의 다양한 항목들이 서로에 대해 내적으로 순응하는 것"(AI, 265)일 뿐이며 그 이상이 아니다. 그렇다면 화이트헤드에게 있어서 "아름다움"이란 모든 것을 아우르는 가치가 아니라, 다양한 존재의 다양한 가치가 자신을 최대화하며 강도를 올리면서도, 서로를 도태시킴이 없이 함께하기 위해 투쟁하는 방식들에 대한 요약적인 문구일 뿐이다.[1] 다양한 사례의 "존재"가 "가치의 강도를 떠받치는 것"을 포함한다는 것이 핵심적인 요지이며, 그렇기에 흄이 말하는 것처럼 가치로부터 사실을 분리할 수 없는 것이다. 그렇게 사실-가치 이분법이 없다면, 가치평가를 "세계 밖에" 두거나 실천 이성의 물자체적 주체로 좌천시키는 칸트와 비트겐슈타인의 해결은 필요하지 않다.

---

1. * 화이트헤드는 경험의 강도, 경험의 강렬함이 증가하게 되는 생성의 과정을 하찮음, 모호성, 협소성, 광범성을 통해 기술한다(PR, 111~112). 여기서 "하찮음"과 "모호성"은 대비(contrast)보다는 대립(contrary)과 관련이 있다. 반면 "협소성"과 "광범성"은 대비를 통해 경험의 강도가 증가하게 되는 결정적인 요인으로 자리 잡고 있다. 그러나 "협소성"은 "하찮음"과, "광범성"은 "모호성"과 각각 짝을 이루고 있다. 강도는 일차적으로 "협소성의 보상이다"(PR, 112). 환경으로부터 유입되는 영향의 무궁무진함은 모호하며 그 자체로는 개별적 요소들 사이의 구별이 결여되어 있다. 어떠한 부류의 명석판명한 식별이 필요하다. 그러나 무언가를 식별한다는 것은 영향의 무궁무진함을 좁히며 한정하는 것이다. 무언가에 집중하며 파고들지 않고는 깊이를 얻을 수 없다. 그러므로 의식은 긍정에 대한 부정의 승리다. "의식은 부정의 느낌이다"(PR, 161). 그러나 깊이는 때때로 편협함을 뜻하기도 한다. 그것의 명석판명함은 선택받지 못한 환경의 요소들을 관계없는 것으로 배제한다. 협소성이 어떤 경계에 도달했을 때 경험의 강도를 편협함에서 구출해내는 것은 광범성이다. 그것은 무관한 것으로 배제했던 환경의 모호한 요소들을 다시금 경험 속으로 끌어들인다. 광범성을 통해 경험은 자신의 안에 다양성을 증진하게 되며, 더욱 고등한 대비가 출현하게 된다.

경험의 강렬함에 관한 이러한 형이상학적 진술은 그 후의 저작을 통틀어 꾸준히 그 흔적을 드러내고 있다. 때로는 "질서"와 "혼돈"으로, 때로는 "학문"과 "사변"으로, 때로는 "체계"와 "수집"으로 그 모습을 탈바꿈하고 있다.

자연의 분열을 극복하고, 가치와 의미를 치워버리기replace 보다는 내재적인 경험 속에 다시 배치하기re-place 위해 필요한 것은, 사고와 존재의 칸트적인 매듭을 푸는 대안적 방법을 찾는 것이다. 그리고 윌리엄 제임스를 따라 화이트헤드는 이 대안을 제시한다. 사고 같은 것을 물리적 우주로부터 잔혹하게 추방하는 그러한, 부조리한 만큼 궁극적으로 불가능한 기획을 제시하기보다는, 제임스와 화이트헤드는 사고의 공통성과 일상성을 인식하도록 촉구한다. 그들은 제거주의자들이 그러하듯 사고 자체에 이의를 제기하는 것이 아니다. 그들은 오직 사고의 자기반성성으로 인한 자기 특권화, 사고의 특별함과 탁월함에 이의를 제기할 뿐이다. 이사벨 스텐거스는 제임스가 "주체와 객체의 명확한 구분을 허용하는 통상적인 의미에서 의식적이고 지향적인 경험을 '탈-심리학화'하는 신중한 프로젝트에" 착수했다고 본다. 이런 식으로 제임스는 "반성적이고 자신이 불변하는 것인 것처럼 서 있는 의식이 중심적인 위치를 점할 수 있게 하는 특권을 부여해주지 않았다"(Stengers 2011, 202. 번역은 샤비로가 수정한 것). 또는 제임스 자신이 표현하듯이, 의식이라 알려진 구상된 존재는 "허구적인 것이지만, 구체적인 것으로서의 사고는 완전히 실재적이다. 그런데 구체적인 것으로서의 사고는 사물들과 정확히 같은 소재로 만들어져 있다"(1912/1996, 37).

제임스의 테제는 일원론적(모든 것이 같은 소재로 이루어져 있다)이면서도 다원론적(다양한 사고와 다양한 사물이 있어 하나로 정리될 수 없다)이다. 그러나 그것은 반이원론적이며, 사실-가치의 분열과 자연의 분열 양자를 모두 반대한다. 실제로 제임스는 자신의 테제를 "주체도 객체도 아닌 객체+주체가 현실로 있을 수 있는 최소한의 것"이라는 소위 "신칸트학파적" 교의에 노골적으로 반대하는 것으로서 위치시킨다(1912/1996, 5). 이렇게 제임스는 반상관주의에서 선구자 같은 인물이라 할 수 있다.

스텡거에 의하면, 제임스의 경험은 화이트헤드의 "현실적 계기"를 위한 "프로토타입"을 제공했다(Stengers 2011, 202). 현실적 계기는 언제나 "물리적" 극과 "정신적" 극이 결합한 "양극적"인 것이다(PR, 108). 이는 사고가 존재 자체와 존재하는 개별적 존재의 내재적 속성, 혹은 힘이라는 것을 의미한다. 존재가 부재한 곳에서 존재에 접근하여 그것에 적합하도록 투쟁(성공적이든 아니든)하는 포스트칸트주의적(혹은 상관주의적) 의미로서의 사고와는 완전히 다르다. 화이트헤드에게 모든 존재는 내재적으로 무언가를 경험한다. 아니 좀 더 정확히는, 모든 존재가 곧 경험이다.

그러나 이것은 모든 존재가 의식적임을 뜻하지 않는다. 화이트헤드는 말한다. "의식이 경험을 전제하는 것이지, 경험이 의식을 전제하는 것이 아니다"(PR, 53). "일반적으로," 화이트헤드가 말하기를, "의식은 무시 가능하며,"(PR, 308) 인간 같은 존재에 있어서도 의식은 정신적 활동의 "후기의 파생적 위상에서 떠오를 뿐이다"(PR, 162). 티머시 모턴은 유사하지만 좀 더 구체적으로 이를 표현한다. "연필이 테이블에 놓여 있을 때 하는 일과 내 마음이 하는 일은 별반 다를 게 없다. 연필이 마음을 가지는 게 아니다. 마음이 연필과 같은 것이다"(2011). 모턴은 "의식이〔인지과학 연구자들에게〕통상 그러한 것으로 여겨지는 것보다 훨씬 더 '저차원적인' 것으로" 의심하고 있다. 요점은 사고 ― 인간적 의미에서 "의식"이건 아니건 ― 가 드물고 탁월하기보다는 평범하고 진부하다는 것이다.

비의식적 경험은 모순어법이 아니다. 그것은 단지 알려진 것보다 더 많은 것이 느껴졌음을 의미할 뿐이다. 화이트헤드가 말하기를 "경험의 원초적 형태는 정서적, 맹목적인 정서이다"(PR, 162). 이 정서가 이후에 자기의식적 인식으로 정교해지는 것은 극히 드문 경우다. 화이트헤드는 정서적인 느낌이 항상 "저 너머에 있는 세계와의 관련성을 느끼지만," "느낌은 맹목적이고 관련성은 모호하다"고 말한다(PR, 163). 원초적인 "벡터 느낌" 즉, 물리적인 운동이나 하나에서 다른 하나로의 "전달"은 의심할 여지없이 상관주의의 모든 드라마가 구성되게 되는 원재료다. 그러나 비인지적이고 선인지적이며, 맹목적이고 모호한 것으로서 화이트헤드가 말하는 사고는 어떠한 인식론적 보장도 없이 발생하며 지나가는 것이다. 사고가 자신의 외부에 있는 세계와 상관된다는 것은 의미가 없다. 왜냐하면, 사고는 이미 세계를 구성하는 하나의 구성원 ― 이 구성원을 일종의 향료라고 생각할 수도 있다 ― 이기 때문이다. 사고 자체가 그 세계에 "관해서"about 존재하고 그 안의 객체를 "지향하는"intend 바로 그 세계의 구성원으로서 있는 것이다.

여기서 우리는 이른바 **물리적 지향성**의 존재에 대한 조지 몰나르의 주장을 떠올릴지도 모른다. 궁극적으로 브렌타노에게서 유래한, 널리 퍼져있는 이 이론이 주장하는 것은 지향성이 정신적인 것 또는 심리적인 것의 독점적인 표식이라는 것이다. 실제로 지향성은 일반적으로 "심리적인 것과 물리적인 것 사이의 경계선"(Molnar 2007, 61)을 제공하는 결정적인 원리로 여겨진다. 그러나 이에 대항해서 몰나르는 "지향성과 아주 유사한 것이" 물리적 세계에 만연하며 제거할 수 없는 특징이라고 주장하고 있다(61). 이를 지적하면서 몰나르는 인간 예외주의에 대항하는 하먼의 논증을 예리하게 예상하였다. 하먼은 비록 "거의 모든 사람이 지향성을 인간의 특성으로 협소하게 간주하지만," 사실 "지향성은 인간의 전매특허가 전혀 아니며 객체 일반의 존재론적 특징"(2007b, 189)이라고 말한다. 이는 명백하게 정신적 성질과 물리적 성질 간의 경계를 흐릿하게 만든다.

몰나르는 물리적인 힘, 혹은 분석철학자들이 말하는 "성향"disposition에 관해 철저하게 실재론적인 입장을 취한다. 몰나르는 "용해성이나 전하와 같은 물리적 힘"(Molnar 2007, 63)이 사물의 고유한 속성으로서 실제로 존재한다고 주장한다. 오늘날 대부분의 분석철학자는 250년 전의 흄과 마찬가지로 그러한 귀속을 거부한다. 그들이 보기에 힘을 말한다는 것은, 예를 들어 만약 소금을 물에 넣으면 소금이 녹는다는 조건적 진술과 떨어져서는 아무런 의미도 없다. 그런데 몰나르는 이러한 둘러대기식 설명을 거부한다. 몰나르에게는 사물의 고유한 성질로서의 힘이, 설령 드러나거나 행사되지 않았을 때도 실제로 존재하는 것이다.

그렇게 몰나르에게 있어 실제로 존재하는 물리적인 힘은 "전형적인 심리적 속성, 즉, 자신을 벗어나는 무언가로 향하는 방향성"(Molnar 2007, 63) 또한 가지게 된다. 물리적인 힘은 일종의 지향적 구조를 가진다. 단순히 외부로 향하는 것이 아닌 개별적 존재자로 방향성이 "결정된" 것이다(몰나르가 아마 인지하지 못했을 화이트헤드적인 용어를 사용하자면 말이다.〔PR, 198〕). 물론 몰나르가 기술하듯이 물리적 지향성은 의식적이지는 않은 듯하다. 그것은 의미론적이고 또 표상적인 내용을 가지지 않는 것이다. 그런데 몰나르는 정신적 지향 상태 또한 반드시 의미론적이거나 표상적일 필요는 없다고 지적한다. 고통은 "그것의 지향적 객체(고통이 느껴진 장소)로 향하지만," "지향적 객체를 표상하지는(상징화하지는) 않는다"(78). 몰나르 자신은 이런 식으로 논하진 않았지만, 그의 논증은 지향성을 탈-초월론화detranscendentalize하는 것으로 이끈다. 그렇다면 지향성은 상관관계의 기저에 있는 원리나 구조이기보다는, 세계 속에서 생성을 향한 암묵적인 투쟁, 생성을 위한 가능태가 된다. 이 과정에서 지향성은 또한 전보다 훨씬 약하고 모호한 개념이 된다.

몰나르는 지향성의 관념을 확장하고 약화하는 것은 "범심론의 위협"(2007, 70)으로 이끌 수 있다는 점을 인정한다. 몰나르는 지향성을 정신과 물질을 구분하는 "다른 기준의 경계선"으로 대체함으로써 이 위협을 떨쳐버린다(71). 정신이라 할 수 있는 유일한 기준은 정확히 "의식을 위한 능력"밖에 없게 되며, 몰나르는 자신의 "그러한 입장은 또 다른 명백한 난점을 끌어들임"을 인정하면서도 수용한다(71). 만일 우리가 사고(혹은 느낌이나 경험)가 의식적일 필요가 없음을 받아들인다면, 정신과 물질 간의 경계선을 폐지하는 데까지 다다르게 될 것이다.

비록 몰나르 자신은 범심론을 받아들이려 하지 않지만, 나는 몰나르의 논점이 의식과 현상적 지향성에 얽힌 문제 덩어리를 피하는 좋은 방법을 제공한다고 생각한다. 몰나르의 논점을 사용한다면, 범심론은 "위협"이기보다는 어떠한 약속이 될 수 있다. 상관관계의 순환에서 벗어나면서도 제거주의에 빠지지 않는 비밀이란, 이 광활한 코스모스 속에서 사고의 편재성을 인식하는 것이다. 경계선을 어디에 그을지 그 기준을 찾아헤맬 필요가 없다. 애초에 선을 그을 곳이 어디에도 없는 것이다. 일단 칸트에게 있어서 거창했던 "사고"를 벗어나 화이트헤드를 통해 허세 부리지 않는 "사고"를 이해하게 되면, 우리는 그것이 어디에도 있지 아니한 게 아니라 어디에나 있다는 것을 발견하게 된다.

여기서 메이야수를 전도시킴으로써 뜻밖에도 메이야수에게서 단서를 찾을 수 있다. 만일 무로부터 사고가 극단적으로 창발한다고 말하는 메이야수의 테제를 거부한다면, 그렇다면 사고가 언제나 "거기에" 있었다는 결론을 내려야 한다. 메이야수가 "살아있거나 자발적인 것은 없다"고 주장하는 바로 거기에 말이다. 이것이 게일런 스트로슨의 기본적인 입장인데, 다음 장에서 자세히 다루겠다. 스트로슨은 극단적이고 "맹목적인 창발"은 불가능하다고 말한다(2006, 12~24). 사물이 아무런 이유도 없이 발생할 수 있고 발생한다는 메이야수의 주장을 받아들이지 않는 한, "경험적인 현상은 전혀 경험적이지 않은 현상으로부터 창발할 수 없다"(Strawson 2006, 24). 스트로슨은 제거주의가 부조리하다고 여긴다. "경험 자체가 근본적으로 주어진 자연적 사실이기 때문이다 … 경험의 존재보다 확실한 건 있을 수 없다"(4). 정확히 경험이 무로부터 세계로 떠오르지 않기 때문에, 유일한 대안은 모든 실재가 이미 철저하게 경험적임을 받아들이는 것이다.

그렇다면 범심론은 제거주의에 지지 않을 정도로 사고와 존재의 칸트적 매듭을 푼다. 사고가 존재에 내재한다는 주장은 사고가 존재와 상관관계에 있어야 한다는 주장과는 아주 다른 것이다. 전자의 경우, 반성 작용은 떨어져 나가고 지향성은 탈-초월론화, 심지어는 물리화된다. 정확히 범심론이 사고가 항상 어디에나 있다고 주장하기 때문에, 범심론은 사고의 토대가 되는 어떤 특별한 특권을 허락하지 않는다. 정신이 존재에 타고난 것이라면, 정신이 무엇과 상관관계를 맺는지를 떠나 정신은 즉자적이자 대자적으로 존재한다. 범심론에서 모든 것은 정신적이거나 정신을 가지고 있지만, 이는 반드시 모든 것이 정신에 "주어졌거나 드러났음"을 의미하지는 않는다. 7장에서 이에 대해 심도 있게 다루겠다.

일단 이 장을 마치기 위해서 사변적 실재론의 최초의 사상가들에게 되돌아가야겠다. 하먼도 그랜트도 철저한 범심론자는 아니지만, 그런데도 둘 다 범심론 쪽으로 강하게 기울어져 있다. 이는 오늘날의 범심론적 사상을 문집으로 엮은 데이비드 스커비나의 『머무르는 마음』*Mind That Abides*(2009)에 실린 그들의 글에서 분명하게 나타난다. 그랜트는 실제로 "예외를 만들지 않는 철저한 범심론"(2009, 299)을 주장하지만, 그렇게 함으로써 창발의 문제를 복잡하게 만든다. 모든 것은 어떤 의미에서 정신을 지녔으며 정신적이지만, 이러한 정신성이 처음부터 거기에 있는 것은 아니라고 그랜트는 말한다. 오히려 그것은 선행하는 자연의 생산적 힘들로부터 필연적으로, 하지만 뒤늦게 생겨나는 것이다. 하먼은 그 나름대로 정신 및 경험을 사물 간의 모든 관계나 상호작용의 필연적인 구성 요소로 본다. 그러나 객체가 모든 관계로부터 "물러나서" 존재한다는 자신의 주장 때문에 정신이나 경험을 이러한 사물들 그 자체에 귀속시키지는 않는다. 하먼에 따르면 그 어떠한 것과도 관계하지 않고 "휴면"인 채로 남아있는 객체가 의심의 여지가 없이 존재한다(Harman 2011a, 122~23). 그러므로 하먼에게는 설령 "경험이 모든 존재에 들어간다고 하더라도, 모든 존재가 경험을 가지는 것은 아니다"(2008c, 282).

이러한 조건에도 불구하고, 나는 분명한 대안이 남아있다고 생각한다. 만일 우리가 상관주의를 거부하고 사고와 존재의 칸트적 매듭을 풀고자 한다면, 중도를 걸어서는 안 된다. 우리는 (하먼과 그랜트 쪽에 나란히 서서) 모든 존재는 자신의 권리로 최소한 어느 정도 감수성(활동성, 지향성, 생기, 그리고 힘에 사로잡힘)을 가지고 있거나, (메이야수와 브라시에 쪽에 나란히 서서) 존재가 사고로부터 극단적으로 분리되어 있다고 말해야 하며, 이 경우 사물 및 객체는 이른바 그것의 의인관적 성질들을 완전히 잃게 된다. 우리가 상관주의적 순환로부터 한 발 벗어나면, 범심론과 제거주의 중 하나를 선택하게 되는 순간에 직면하는 것이다.

이 선택은 이것 아니면 저것을 함의할 필요는 없다. 아무리 모순적으로 보일지라도, 좀 더 최근의 일부 사변적 실재론은 범심론과 제거주의 양자의 가장 극단적인 경향을 연접시킨 것처럼 보인다. 여기서 내가 염두에 두는 것은 벤 우다드의 "어둠의 생기론"(2012), 레자 네가레스타니의 "어둠의 유물론"(2008),

그리고 유진 태커의 "철학의 호러"(2011)를 예로 들 수 있겠다. 이러한 사상가들에게 우리-없는-세계는 인간의 삶과 사고에는 생경한 것이며 노골적으로 적대적이다. 세세한 차이는 제쳐두고 이러한 프로젝트들은, 화이트헤드를 고독한 예외로 남겨둔 채 사변적 노력이 의심과 조롱을 사던 세기를 지나, 우리가 다시 사변적이고 우주론적으로 생각하기 시작했다는 징후일 것이다.

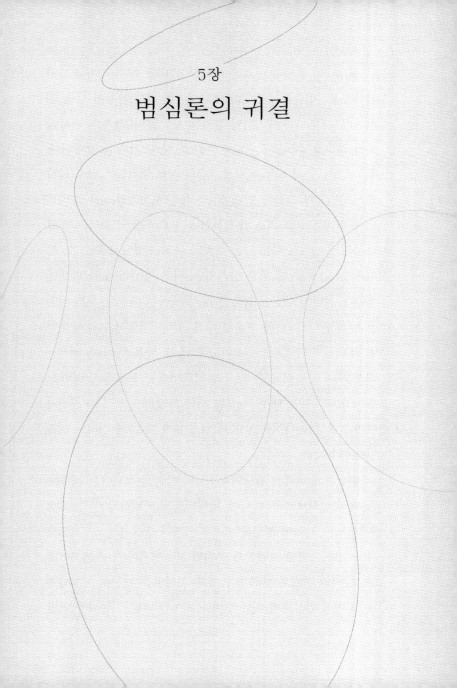

5장

범심론의 귀결

돌덩어리가 된다는 것은 어떠한 것일까? 루디 러커의 단편 과학소설 「범심론 증명되다」(2007)는 한 가지 가능한 답을 제시한다. 애플사의 엔지니어 셜리는 사람들이 "상대의 생각을 직접 경험할 수 있는" 새로운 "마인드링크" 기술을 발명한다. 두 사람이 "불과 몇 마이크로그램의 서로 얽혀있는 탄소 원자짝"을 삼킬 때, 그들은 텔레파시를 통한 직접적인 접촉을 하게 된다. 셜리는 동료 릭을 유혹하기 위해 마음을 결합하고자 한다. 유감스럽게도 릭은 다른 생각을 품고 있었다. 셜리는 한 쌍의 탄소 입자를 한 회분 삼키지만, 릭은 자신의 몫을 바위에 버린다. 셜리는 자신이 접촉한 게 릭이 아닌 다른 부류의 것임을 알게 된다. "그녀와 연결된 마음은 비인간적이었다. 자욱하며 과묵한, 명경지수^{明鏡止水}와도 같은 그 마음은 아름다웠다." 섹스 그리고 좀더 깊은 인간적 접촉이라는 목표를 달성하는 데는 실패하지만, 대신 "친절한 회색 화강암 덩어리"와 친해지며 위안을 얻는다. "돌덩어리의 마음을 안다는 게 이리도 멋진 일이라니!"(248).

범심론의 테제는 돌덩어리조차도 마음을 지닌다는 것이다. 좀 더 형식적으로 말하자면, 데이비드 스커비나(2005)는 범심론을 "모든 사물이 정신을 가지고 있거나 정신 같은 성질을 가지고 있다는 견해 … 현존과 존재의 본성에 정신이 근본적이라고 보는"(2) 견해로 정의한다. 혹은 범심론을 완전히 지지하지는 않지만, 범심론에 대한 토머스 네이글의 말을 빌리자면 범심론은 "우주의 기본적인 물리적 구성 요소들이 살아있는 유기체의 일부이든 아니든 정신적인 속성을 가지고 있다는 견해"(1991, 181)이다. 가장 광범위한 정의에서, 범심론은 러커의 주장대로 정신이나 감수성이 어떤 방식으로든 "보편적으로 분배된 성질"(2006)이라고 보는 견해라 할 수 있다. 관념론, 데카르트의 이원론, 제거주의적 물리주의에 모두 반대하여 범심론은 사고가 단순히 부수현상적인 것도 아니고 물질계와 떨어진 영역에 존재하는 것도 아니라고 주장한다. 오히려 정신은 물질 자체의 근본적인 성질이다. 이는 생각이 모든 곳에서 일어나고 있음을 뜻한다. 그것은 가장 높은 곳에서 가장 낮은 곳까지, 그리고 가장 낮은 곳에서 가장 높은 곳까지 사방에 퍼져있다. 존재가 사고하는 방식에는 정도의 차이가 있지만, 근본적으로 유적 차이는 없다.

겉보기에 비약적인 주장을 하는 범심론은 쉽게 조롱과 조소의 대상이 된다. 아마도 범심론에 대한 가장 일반적인 반응은 철학자 콜린 맥긴이 전형적으로 보여주고 있다. "완전히 미신, 보기에만 그럴듯한 완벽한 헛소리 … 이 학설에는 어딘가 히피 같고 마약에 취한 느낌이 들지 않는가?"(2006, 93). 심지어 범심론을 수용한 가장 유명한 현대 분석철학자 게일런 스트로슨조차 그 학설이 "오랫동안 미친 소리 같았다"고 인정한다. 그는 "별다른 대안이 없다"고 납득한 후에야 비로소 "익숙해졌다"고 말했다(2006, 25).

범심론이 아무리 약 한 사발 한 미친 소리처럼 들려도, 스커비나가 충분히 입증하듯이 사실 범심론에는 기나긴 철학적 계보가 있다(2005). 소크라테스 이전부터 스피노자와 라이프니츠를 거쳐 윌리엄 제임스와 알프레드 노스 화이트헤드에 이르기까지, 범심론은 서구 사상사의 심해에서 반복적으로 얼굴을 내미는 주제다.[1] 그것은 20세기 후반에는 그늘에 가려져 있었지만, 최근에는 혜성처럼 모습을 드러낸 것 같다. 지난 10년

---

1. * 화이트헤드의 철학을 범심론이라고 말한다면, 그 심성(心性)의 의미를 어떻게 규정하느냐에 따를 것 같다. 앞에서 보았듯이, 화이트헤드는 모든 현실적 존재가 정도의 차이는 있더라도 물리적 극과 정신적(개념적) 극 양자를 가진다고 말한다.

정신적 극이 물리적인 수동성에 대한 어떠한 능동성을 함의한다는 것은 이해하기 어렵지 않다. 그런데 이 정신적 극이 개념적 극이기도 하다는 것은 무엇을 뜻하는가? 이를 이해하기 위해서는 자연의 개념성/부재성을 고찰해볼 필요가 있다. 자연에는 물질적인 측면만 있는 것이 아니다. 자연은 부재(absence)를 포함한다. 예를 들어 강가에 흐르는 물이 있다. 물의 흐름은 정지한 것이 아니라는 점에서 역동적이다. 그러나 물은 하나의 흐름, 즉 어떠한 방향성을 가지고 흘러가고 있다. 거기에는 물의 역동성을 제약(constrain)하는 질서가 있다. 그런데 그 제약 자체는 물질적 연장을 가지는 것이 아니다. 이 제약성은 현실적인 것이 아니지만, 그런데도 분명 거기에 있다. 제약은 화이트헤드가 플라톤을 인용하며 "비존재도 존재의 양태다"(MT, 53)라고 말할 때 의도하는 바를 정확히 구현하고 있다. 그것은 분명 거기에 있지만(presence), 그럼에도 부재(absence)한 것이다.

제약은 화이트헤드가 영원한 객체(eternal object)라고 부르는 것이라 볼 수 있다. 그것은 물리적인 것의 모호성을 제약하는 일종의 질서 및 패턴이다. 정신적 극이 자율성(自律性)에서 자성(自性)을 표현하고 있다면, 개념적 극은 그 율성(律性)을 표현하고 있다고 볼 수 있을 것 같다. 화이트헤드의 형이상학에서 정신적 극은 목적인의 역할을 맡기도 한다. 그리고 개념적 극이란 용어는 목적인의 어떠한 핵심적 기능을 표현하고 있다. 목적이란 기본적으로 "사실(fact)에서라기보다는 상상 속에서 실현되는 것"(FR, 8)이다.

동안 분석철학자와 대륙철학자의 기여로 범심론에 관한 세 권 이상의 문집이 출판되었다(Freeman 2006 ; Skrbina 2009 ; Blamauer 2012). "비인간적 전환"에 대한 비판적 담론과 사변적 실재론의 성장에 비춰보면 범심론은 오늘날에 더욱 연관성이 깊어 보인다. 어떠한 시대에도 범심론은 결코 주류를 이루는 철학적 학설이 된 적이 없지만, 지배적인 철학의 도그마가 말하는 위계적인 존재론과 인간중심주의에 맞서는 일종의 반주류주의적 저항으로서 존속해 왔다. 범심론은 한편으로는 과장된 관념론을, 다른 한편으로는 환원주의와 제거주의를 함께 비판한다.

　대부분의 사람에게 범심론을 둘러싼 문제는 분명 정신의 확장성에 관한 것이다. 우주의 모든 존재에 예외 없이 정신성이 있다고 주장하는 것은 도대체 무엇을 의미하는가? 데카르트의 코기토부터 칸트의 초월론적 주체와 그 이후에 이르기까지, 근대의 서양철학은 인간 정신의 이상화에 근거를 두고 있다. 또는 협소하게 말해서 서양철학은 인간 정신의 능력 중 하나에 속하는 이성Reason의 합리성Rationality에 근거를 두고 있다. 그리고 이러한 전통의 대다수가 "타자의 정신"을 둘러싼 명백하게 회의주의적이고 유아론적인 문제를 극복하기 위해 모든 인간 존재가 공유하는 공통 감각이나 언어 능력에 호소해 왔다. 그렇게 우리의 정신은 우리의 공통성을 보장하는 보증인이 되었다. 그렇다면 정신성의 귀속은 인간을 넘어 어디까지 확장될 수 있을까? 우선, 내 고양이가 생각하고 느낀다고 정당하게 말할 수 있을까?

　많은 철학자가 사실 아니라고 말했다. 동물이 생각하지 않는 자동 기계라는 데카르트의 동물 기계론은 악명이 높다. 하이데거는 (인간과 대조적으로) 동물들은 본질적으로 "세상의 빈곤"이라고 주장했다. 리처드 로티, 자크 랑시에르, 슬라보예 지젝 같은 다양한 최근의 사상가들도 인간을 예외로 보는 견해를 계속해서 지지하고 있다. 왜냐하면, 그들은 모두 언어적 형식들(로티의 대화, 랑시에르의 언어 능력, 지젝의 상징적 질서)의 중심성을 일종의 칸트적인 보편적 소통성의 기반으로서 주장하고 있기 때문이다. 오늘날에도 비인간 동물들은 참으로 생각하지 못한다는 주장은 단골로 등장한다. 동물들이 언어 능력을 갖추지 못하기 때문이라거나, 죽음을 자각하지 못하기 때문이라거나, 합리적 추론 능력을 결여하고 있기 때문이라는 연유로 그들에게서 생각의 가능성을 앗아가는 것이다. 예를 들어, 로버트 브랜덤은 단순한 감수성[센티엔스]sentience, 혹은 내 고양이가 느낀다고 할 때의 "포유류 감각"을 인간만이 가지고 있을 것으로 추정되는 지성[사피엔스]sapience과 구별하고, 오직 후자만이 도덕적으로 중요하다 주장한다(Brandom 2009, 148. 또한 Cogburn 2010과 Wolfendale 2010을 보라). 브랜덤과 마찬가지로 피트 울펜데일은 다음과 같이 주장한다. "동물들에게 가치 있는 것은 아무것도 없다. 그들의 행동을 정당화할 수 있거나 정당화할 수 없다고 하는 데에 아무런 의미가 없기 때문이다. 이것이 우리와 동물들의 결정적인 차이다. 동물들은 그저 행동behave할 뿐이다. 그러나 우리는 행위act한다"(2012).

그러한 논증에도 불구하고, 철학적인 주장과 상식적 의견 양쪽 모두 최근 몇 년 사이에 최소한 고등 동물들(포유류와 조류, 그리고 아마 두족류)의 정신성을 적극적으로 인식하는 쪽으로 바뀌었다. 요컨대 오늘날 대부분의 사람은 개나 고양이가 정신을 가지고 있다는 데에는 동의하게 되었을 것이다. 즉, 이 동물들은 생각하고 느낀다. 그들은 내면의 질적 경험을 가지고, 즐거움과 고통을 마음에 새기며, 결단을 내릴 줄 안다. 그런데 과연 랍스터도 비슷하게 생각하고 느끼는가? 해파리는? 나무는? 황색망사점균은 어떠한가? 사실 식물, 점균, 박테리아와 같은 뇌가 없는 유기체를 포함한 모든 살아있는 유기체가 적어도 어느 정도의 감수성, 인지, 의사결정, 그리고 의지를 예시한다는 좋은 과학적 증거가 있다(Trewavas and Baluška 2011. 또한 Shaviro 2011을 보라). 그렇다면 살아있지 않은 것은 어떠한가? 얼마나 많은 정상적인 사람이 돌덩어리가 마음을 가지고 있다는 러커의 말에 동의할 것인가? 아니면, 더 나아가 중성미자가 마음을 가지고 있다는 말에 얼마나 많은 사람이 동의할까? 화이트헤드에 따르면 라이프니츠는 "원자라는 것이 어떤 것이어야만 하는지에 관해 설명했다. 루크레티우스는 원자가 타자에게 어떻게 보이는지를 말한다면, 라이프니츠는 원자가 자기 자신에 관해 어떻게 느끼고 있는지를 말한다"(AI, 132). 그러나 양자나 중성미자가 자신에 관해서 무언가를 느끼고 있다고 주장할 수 있는 배짱이 있는 오늘날의 라이프니츠와 화이트헤드는 누구인가?

　범심론은 필연적으로 경험론적인 주장을 펼친다기보다는 존재론적인 주장을 펼치기에, 러커의 기묘한 이야기가 그러하듯 소수의 범심론 지지자만이 이 학설이 과학적 실험을 통해 문자 그대로 검증될 수 있다고 생각한다. 언젠가 화이트헤드가 말했듯이, 우리가 설령 "돌덩어리에게 자신의 전기를 기록하도록 부탁"(PR, 15)할 수 있다고 하더라도, 그 결과는 아마도 그리 생산적이지도 흥미롭지도 않을 것이다. 그러므로 실제로 돌덩어리나 중성미자로 하여금 말을 하게 하는 것은 문제가 아니다. 문제는 정신성, 혹은 내적 경험이 애초부터 말하는 능력에 좌우되지 않음을 인식하는 것이다. 실제로, 러커의 이야기에서 묘사된 텔레파시를 통한 직접적 접촉은 말하는 인간 주체 사이에서도 가능해 보이지 않는다. 그러한 접촉은, 정확히 말하기가 이미 그러하듯, 공적이고 대외적인 것이 되어버릴 것이기 때문이다. 내적 경험 ― 감각, 감각질感覺質, 어떠함 ― 은 만져지지 않은 채로 남을 것이다. 범심론은 그레이엄 하먼이 말하는, 인간이든 인간이 아니든 다른 존재와 다른 정신을 향한 "인간의 접근"(2000, 152~53 외 여러 곳)이라는 가능성에 근거를 두지 않는다. 반대로, 세계 속 다른 존재들의 정신에 대한 범심론적 주장은 우리의 포착, 그리고 어쩌면 우리의 관심조차 빠져나가는 존재들의 자율성을 함의하고 있다.

범심론이 랍스터, 중성미자, 화강암 덩어리의 정신성을 주장할 때, 그 주장이 전하는 것은 이런 존재들이 우선 즉자적이고 대자적으로 존재한다는 것이다. 그들은 가치의 자율적인 중심이다. 이것으로 내가 의미하는 바는, 단순히 랍스터, 중성미자, 그리고 화강암 덩어리를 우리가 어떻게 가치평가하는지가 문제가 아니라, 이러한 존재들이 그들 자신을 어떻게 가치평가하는지, 그리고 그들이 다른 존재와 조우할 때 어떻게 다르게 가치평가하는지가 문제라는 것이다. 존재들은 실제로 자신을 가치평가하고 있다. 첫째로, 그들은 시간을 통해 존속한다는 존속을 향한 행위act를 통해, 화이트헤드가 말하는 소위 "존속하는 객체"(PR, 35, 109)를 구축하는 행위를 통해 자신을 가치평가하고 있다. 이 활동적인 존속성은, 정도의 차이는 있으나 스피노자가 **코나투스**(내가 나로 있기 위해서 힘쓰는 것)라고 부르는 것, 그리고 레비 브라이언트가 객체의 "계속되는 자기생산auto-poiesis"이라 부르는 것이다(Bryant 2011, 143). 그러나 나는 이 용어들을 온전히 받아들이지 않는다. **코나투스**와 **자기생산**은 존재의 자기-재생산과 동일성의 유지, 혹은 브라이언트가 말하는 "내적 일관성"(141)에 너무 강조를 두는 것 같다. 그러나 시간의 경과 속에서 존속하는 존재의 가치활동은 단순히 자기 영속화나 형상성 평형의 지속적 갱신을 달성하는 것에 관한 문제가 아니다. 존속은 증폭과 수축, 흡수와 배출, 그리고 적극적인 자기 개변과 타자가–됨^{becoming-other}을 포함할 것이다. 이러한 것들은 화이트헤드가 "개념적 진취성," 혹은 "개념적 새로움의 발생"(PR, 102)이라고 부르는 것이다. 그러한 과정들은 코나투스나 자기생산보다는 질베르 시몽동의 개체화(2005)나 화이트헤드주의자 시인 찰스 올슨의 "변화에의 의지"(1987, 86)에 더 가깝다.

어쨌든, 모든 존재의 활동적인 자기-가치평가는 사실 그들의 감수성에 대한 최상의 보증이다. 왜냐하면, "가치 활동"은 느낌의 문제이며, 상황에 따라서는 반응의 문제이기 때문이다. 화이트헤드는 가치 또는 " ~ 할 가치가 있음"을 존재에 있어서 "그 자신을 위한 것이며, 그 자신의 정당화이며, 그 자신의 특징이 되는 현존의 감각"(MT, 109)이라 정의한다. 각각의 개와 고양이에는 "자신의 특징"이 있으며, 이를 각각의 랍스터와 박테리아에 대해서도 말할 수 있다. 화이트헤드에게서는 "가치경험이라는 공통 사실"이 "각각의 현실태의 맥박에 있어 불가결한 본성"을 구성한다. "모든 것은 자신을 위해서, 타자를 위해서, 그리고 전체를 위해서 어떠한 가치를 가진다 … 존재는 자신의 본성상 가치의 강도를 떠받치는 것이다 … 〔모든 존재는〕 자신을 위한 가치의 강도를 떠받치고 있다"(MT, 111).

달리 말하자면, 각각의 존재는 가치를 긍정하는 자신으로부터 우러나오는 자신의 특정한 필요와 욕망을 가지고 있다. 그러한 것들은 존재들 자체의 있음^{being}에 묶여 있다. (흄을 따

라) 가치가 사실로부터 유래할 수 없다든가, (초기 비트켄슈타인을 따라) 가치가 "반드시 세계의 바깥에 놓여 있어야 한다고 말하기보다는"(Wittgenstein 1922/2001, sec 6.41), 다수의 가치와 가치평가 행위가 그 자체로 부정할 수 없는 세계 속 사실이라고 보아야 한다. 그러한 다수의 가치와 가치평가는 모두 화이트헤드가 말하는 "공통 세계"(SMW, 90)에 속한다. 우리가 사는 바로 그 세계에 내재하는 것이다. 그러나 그러한 다수의 가치와 가치평가는 자신의 권리로 존재하는 것이기도 하며, 우리와는 완전히 떨어져서 존재하는 것이다. 그렇게 다른 존재들의 가치는 우리가 없더라도 계속 존재할 것이다. 그렇다면 문제는 "있음[존재]"에서 "해야 함[당위]"를 끌어내는 것이 아니라, 어떻게 수없이 많은 "해야 함"이 이미 "있음"이 되어있는지를 이해하는 것이다. 울펜데일과는 반대로, 비인간 동물들은 인간 존재가 이따금 그러는 것처럼 자신의 가치관적 행위에 대해 담론적 정당화를 제공하지는 않지만, 계속해서 사물들에 가치를 부여하며 그것들에 관한 결단을 내린다. 그리고 브랜덤과는 반대로, 비인간 동물들이 가치를 부여하고 결단을 내린다는 것은 도덕적으로 중요한 사실이다. 왜냐하면, 화이트헤드가 말하듯이 "우리에게는 우주의 본질 그 자체인 가치경험을 묵살시킬 권리가 없기 때문이다"(MT, 111).

내가 방금까지 펼쳐온 화이트헤드의 가치론에 대해서 꺼낼 법한 반박은 물론 그것이 의인관이라고 고발하는 것이다. 만일 화이트헤드가 비인간 존재들이 가치를 가지고 경험하고, 자신의 특정한 관점을 가지며 생각하고 결단을 내린다고 주장한다면, 이는 인간에 적용되는 범주들을 그들에게 씌우고 있는 것이 아닌가? 그러나 나는 그러한 비난이 문제를 끌어들인다고 주장하고 싶다. 의인관이라는 고발은 생각, 가치, 경험이 본질적으로 또는 독점적으로 인간에 속한 것이라는 가정을 깔아두고 전개되기 때문이다. 그런데 나는 이 전제에 대한 정당성을 찾을 수 없다. 우리 자신의 가치 활동은, 적어도 다윈의 등장 이후 우리가 알게 된 것처럼, 인간이 아닌 것들로부터 생겨났고, 여전히 인간이 아닌 것들과 연속성을 유지하고 있다. 우리가 없는 세계, 우리 자신의 가치를 추출한 세계가 그러므로 가치가 부재한 세계라는 것을 당연하게 받아들일 때, 우리는 역전된 형태로 인간중심주의를 존속시키고 있다. 결국, 크툴루조차 자신의 가치를 가진다. 우리가 그것을 싫어하든 그것으로부터 위협을 받고 있다고 (정당하게) 느끼고 있든 크툴루는 자신의 가치를 가지는 것이다. 학질모기나 (최근 근절된) 천연두 바이러스에 대해서도 동일하게 말할 수 있다. 이러한 비인간 가치의 존속성은 퀑탱 메이야수(2008)와 레이 브라시에(2007) 같은 "제거주의" 버전의 사변적 실재론이 마주한 심각한 문제라고 생각한다. 메이야수가 말하는 "사고와 존재의 상관관계"(2008, 5)를 극복하기 위해 어째서 사고(혹은 지식과 경험)가 근절되어야 하는지, 나는 그 이유를 찾을 수 없다.

비인간 정신과 가치의 문제에 좀 더 섬세하게 접근하기 위해, 토머스 네이글이 1974년에 세상에 내놓은 논문 「박쥐가 된다는 것은 어떠한 것일까?」(Nagel 1991에 재수록, 165~80)에 주목해 보겠다. 네이글은 "어떤 유기체가 의식적인 경험을 조금이라도 한다는 것은, 기본적으로, 그 유기체로 있기라는 어떠한 것이 있음을 의미한다"(166)고 주장한다. 네이글은 더 나아가서 자신이 "어떠한 것인가"what it is like를 사용할 때, "'그것이 (우리의 경험 속의) 무엇과 닮았는가'를 의미하지 않으며, 오히려 '그 주체 자신에게 있어서 어떠한가'를 의미한다"고 설명한다(170). 박쥐의 청각 중심적 경험, 혹은 개의 후각 중심적 경험은 인간 존재의 시각 중심적 경험과는 너무나 달라서 우리는 박쥐나 개가 된다는 것이 "어떠한 것인가"를 문자 그대로 느끼거나 완전히 이해할 수 없을 것이다. 우리가 할 수 있는 최선은 익수류나 개와 같은 존재를 어떤 식으로든 암시하는 은유와 직유, 또는 내가 미적 가상aesthetic semblance라고 부르기를 선호하는 것을 만드는 것이다. 그레이엄 하먼은 "암시나 매혹은 지식의 올바른 형태"이지만, 그렇기에 또한 필연적으로 부분적이고 불완전하다고 정당하게 지적한다(Harman 2009b, 225). 인간의–용어로서의–어떠함likeness-in-human-terms은 충분히 상상적으로 투사된다면, 우리와의 유사성과 관계를 통해서만 다른 존재를 이해하려는 상관주의적 입장에서 탈출시키는 작용을 수행할 수 있을 것이다. 그러나 그것으로는 결코 그 다른 존재의 내적 존재성에 도달하지 못한다.

네이글은 그러므로 "어떠함"likeness을 훨씬 강한 의미로 사용한다. 네이글에게 있어서, 어떠함은 박쥐가 된다는 것이 인간적인 용어로 단순히 어떠한 것일 수 있는지를 설명하려는 시도만이 문제가 아니다. 박쥐 자신에게 박쥐가 되는 것이 어떠한 것인가가 더 중요한 문제인 것이다. 이는 네이글을 따라 이언 보고스트가 "에일리언 현상학"(2012)이라고 부른 프로젝트이다. 네이글이 말하듯 "다른 생물들의 경험은, 인간의 경험과의 유비를 통해 말할 수 있는 것과는 확실히 독립되어 있다. 그들은 자신의 실재성과 주체성을 가지고 있다"(1991, 191). 이를 긍정하며 네이글은 접근access의 문제에서 있음being의 문제로 넘어간다. 인식론(박쥐가 무슨 생각을 하고 있는지를 어떻게 알 수 있는가를 다루는 학문)에서 존재론(박쥐가 참으로 생각하며, 이 생각이야말로, 설령 그 생각이 무엇인지 우리가 이해할 수 없더라도 박쥐의 존재에 본질적인 측면임을 파악하려는 학문)으로 넘어가는 것이다. 박쥐가 되는 것은 분명 "어떠한 것"like something일 테지만, 우리는 결코 그 "어떤 것"something 자체가 무엇인지 상상하거나 말로 표현할 수 없을 것이다. 요점은 이중적이다. 우리는 박쥐의 생각에 접근할 수 없다. 우리는 우리 자신을 모델로 박쥐의 경험을 의인화해서는 안 된다. 또한, 우리는 그것이 비인간적이고 우리와 다르다고 해서, 박쥐가 전혀 경험하지 못할 것이라고 주장해서는 안 된다. 이는 정말 동전 하나의 양면이다. 우리는 박쥐가 경험을 한다는 점과 그러한 경험이 우리의 경험과는 극단적으로 다르며 우리가 결코 이해할 수 없는 방식으로 그들만의 풍부함과 복잡함을 가질 수 있다는 점을 모두 받아들일 필요가 있다.

박쥐의 내적 경험은 내게는 접근할 수 없는 것일 테지만, 이는 내가 다른 사람의 내적 경험에 접근할 수 없는 것과 (물론 훨씬 거대한 정도이긴 하지만) 정확히 같다. 그뿐만 아니라 나의 내적 경험조차 내게는 접근할 수 없는 것이다. 타자의 내적 경험에 접근할 수 없는 것과 똑같은 의미에서 접근할 수 없다. 이는 "경험"이라는 것의 기묘한 존재론적 지위에 그 근거가 있다. 나는 후기 비트겐슈타인이 이와 놀라울 정도로 관련이 있다고 생각한다. 일반적으로 비트겐슈타인이 정신적 상태와 내적(사적) 경험이라는 관념을 받아들이지 않는다고 알려져 있음에도 그러하다. 비트겐슈타인은 실제로 우리가 자신의 내적 감각을 끌어내고자 표상을 만들어내는 것은 "정보를 전달하는 것이 아니며"(1953, #298), 물리적 사물에 관해서 말하는 것과 같은 방식으로 그러한 내적 감각을 말하는 것은 정합적이지 않다고 말한다. 치통은 이빨이 지각 대상인 것과 동일한 방식으로 지각 대상이 아니다. 내 이빨을 보거나 만질 수는 있으나 내 치통을 보거나 만질 수는 없다. 실제로 나의 이빨 속에서 치통을 느끼는 방식은 혀나 손가락으로 이빨을 쓰다듬거나, 거울로 이빨을 바라보거나, 심지어 고유 수용성 감각을 통해 이빨의 위치를 아는 것과는 확연히 다르다.

이러한 일련의 논증은 비트겐슈타인 이후의 분석철학에서 "감각질"이나 내적 감각의 존재 및 유의미성을 전적으로 부정하기 위해 사용됐다. 그러나 정작 비트겐슈타인 자신은 그러한 방향으로 나아가지 않는다. 오히려 비트겐슈타인은 그러한 주장을 기반으로 내적 경험의 실재성을 부정하거나 간과하는 태도를 향해 경고한다. "어디 한번 실제로 다른 사람이 두렵거나 고통스러워할 때 그것이 의심스럽다고 해보라!"(1953, #303). 비트겐슈타인은 묻는다. "실제로 고통이 수반된 고통 – 행동과 고통이 수반되지 않은 고통–행동" 사이의 차이보다 "더 큰 차이가 있을 수 있겠는가?"(#304). 내적 감각에 대해 비트겐슈타인은 다음과 같은 결론을 내린다. 내적 감각은 "어떤 것 Something인 것은 아니지만, 아무것도 아닌 것Nothing은 아니다!"(#304). 이를 통해 비트겐슈타인이 말하고자 하는 것은, 일인칭적 경험이 결코 삼인칭적 객관 지식의 대상이 될 수 없다는 것이다. 일인칭 경험은 어떤 것이 아니다. 왜냐하면, 그러한 경험을 표현하는 "행동"과 달리, 그것 자체는 손가락으로 가리킬 수 없으며, 관찰자에 의해 고립될 수도, 과학적 실험의 주제도 될 수 없기 때문이다. 그러나 이 내적 감각, 혹은 일인칭 경험은 "아무것도 아닌 것은 아니기에," 그것은 제거되거나 무의미한 것으로 묵살될 수는 없는 것이다.

이것이 비트겐슈타인을 행동주의자나 반내재주의자로 보

는 것이 잘못된 이유이다. 그러나 통상적으로 비트겐슈타인은 그런 방식으로 해석된다. 그래서 대니얼 데닛은 "객관적인 과학으로부터 우리 마음의 주관적이고 내적인 성역 속에 영원히 숨는 감각질"(1988)이라는 바로 그 개념을 "근절"시키고자 투쟁함으로써 철학에서 비트겐슈타인의 혁명을 완성하고 있다고 자신한다. 데닛은 비트겐슈타인 스스로 넘기를 거부했던 최후의 환원주의적 선을 넘는다. 데닛은 분명 비트겐슈타인의 거부를 이해할 수 없었으리라. 실제로 데닛은 비트겐슈타인이 내적인 감각은 "아무것도 아닌 것은 아니다"라는 면책조항으로 "자신이 배팅한 판돈을 지키려고" 하고 있다고 비난하기까지 한다. 그러나 본격적인 제거주의를 향해 나아가면서 데닛은 진정으로 중요한 것을 쓸데없는 것과 함께 내팽개친 꼴이 되어버린다. 데닛은 비트겐슈타인의 논점을 확장하려 하면서 그 핵심을 부숴버리고 있다.

사실, 『철학적 탐구』에서 비트겐슈타인의 비판은 F.H. 브래들리 같은 오래된 관념론적 형이상학에 향해있는 만큼이나, 데닛이 무비판적으로 수용하는 기능주의와 과학주의에도 향해있다. 관념론이 감각질을 객관적 사실로 변형시키려고 할 때, 과학주의는 감각질을 객관적 사실로 변형시킬 수 없다는 이유로 완전히 제거하려고 한다. 그러나 비트겐슈타인은 똑같은 이유를 가지고 양자를 반대한다. 비트겐슈타인은 세계 속의 모든 것이 사실의 문제는 아니라고 주장한다. 즉, 초기의 『논리철학논고』에서 "세계는 일어나는 모든 것이며," "세계는 사실들로 분할된다"는 서로 간에 완전히 구별되는 주장들(Wittgenstein 1922/1961, secs. 1과 1.2)과는 분명하게 모순을 이루고 있는 것이다. 『철학적 탐구』에서 후기 비트겐슈타인의 요점은 비-사물이나 비-사실(감각질이나 내적 감각)의 기묘하지만 존재론적으로는 긍정적인 지위를 포착하는 것에 지나지 않는다. 그리고 이는 그러한 경험들이 다른 모든 것과 마찬가지로 "사실"일 뿐이거나 사실로 환원함으로써 "둘러댈 수 있다"는 관념을 우리에게서 불식시킴으로써만 이루어질 수 있다. 따라서 비트겐슈타인은 전체적인 관념론과 전체적인 과학주의의 제국주의적 요구에 저항한다. 양자 모두 그들 자신의 이론적 구성 안에 모든 것을 포함하려는 잘못된 시도를 하고 있다는 것이다.

비트겐슈타인은 내적 감각에 관한 그의 요지를 의도적으로 역설적인 표현을 통해 설명한다. "나는 다른 사람이 무엇을 생각하고 있는지는 알지만, 내가 무엇을 생각하고 있는지는 알 수 없다"(1953, II xi #315). 내가 두려움이나 고통 같은 것을 느끼고 있다면, 내가 그 느낌을 가지고 있다는 것을 안다고 말하는 것은 불필요한 것이거나 잘못된 것이다. 이 경우 "안다"know는 단어의 사용은 혼란을 불러일으킨다. 여기에는 인식론적 문제가 전혀 없기 때문이다. 나는 내가 무엇을 생각하고 있는지를 생각하기 위해서, 내가 무엇을 생각하고 있는지 "알" 필요가 없다. 내가 고통스럽다면, 내가 그렇다는 근거를 자신에게 증명할 필요가 없다. 고통스러운 나의 상태는 그러므로 "정당화된 참된 믿음"의 문제가 아닌 것이다. 두려움과 고통에 대한 현실적 경험이 어떻게 내가 그 경험에 "접근"하는지, 혹은 그것을 경험하고 있다는 것을 어떻게 알 수 있는지의 문제에 의존하고 있다고 생각하는 것은 일종의 범주적 오류이다. 다른 한편, 나는 당신이 무엇을 생각하고 있는지는 정당하게 말할 수 있다. 여기서 나는 나의 믿음을 정당화할 수 있는 근거를 인용할 수 있기 때문이다. 어쩌면 나는 당신이 말한 것을 바탕으로 당신이 무엇을 생각하고 있는지를 아는 것일지도 모른다. 혹은 나는 당신의 표정이나 행위 방식(소란스럽게 웃거나 고통으로 몸을 웅크리는 것)을 수집해서 그것을 바탕으로 아는 것일지도 모른다. 물론, 나는 당신이 생각하고 있는 것에 대해 오해할 수 있다. 실제로 당신은 의도적으로 나를 속인다고 하는 정향에 따라서 행위를 하는 것일지도 모른다. 그러나 이러한 종류의 오류는, 적어도 원리상, 추가적인 경험적 증거를 통해서 교정될 수 있다.

나 자신의 경우로 와도, 지식의 문제는 거의 비슷한 방식으로 전개된다. 고통스러운 상태에 있다는 것은 단적으로는 틀릴 수 없다. 그러나 나는 스스로의 정신 상태를 나 자신으로부터 감출 수 있다. 최근의 심리학적 실험은 이것이 생각보다 자주 일어나는 것임을 제시한다. 이런 식으로, 나는 내가 고통스럽다는 것을 알지 못할 수도 있다. 또한 내가 나의 고통을 담론적인 용어들로 분석하고, 내가 생각하고 느끼는 것이 무엇인지 나 자신에게 명시하려고 할 때 나는 완전히 오류를 범할 수 있다. 이런 현상이 발생하는 이유는, 내가 자신이 무엇을 생각하고 있는지 알고 있는 한에서, 마치 타자의 정신 상태를 추론하듯이 나 자신의 사고를 "바깥"에서 추론하고 있기 때문이다. 비슷한 맥락에서 토머스 메칭거는 다음과 같이 지적한다. 나는 — 마치 "의식적인 색깔 경험에서 그 색깔의 가장 좋아하는 색조의 순수한 '그러함'suchness"과 같은 — 상태에 대한 현상적이고 의식적인 경험을 가질 수 있다. 이러한 상태는 "주목이나 온라인 모터 제어에는 적용되지만, 인식에는 적용되지 않는다 … 그것은 원리상 인식적 접근을 빠져나간다. 그것은 비개념적인 내용이다"(2004, 72~73). 그러므로 나는 내가 원리상 알 수 없는 것을 경험하고 있다.

우리가 비트겐슈타인의 질문의 범위를 비인간 타자에게까지 확대하려 한다면, 문제가 되는 것은 명백하게 언어의 문제일 것이다. 비트겐슈타인이 말의 여러 형태에 특히 관심이 많기 때문이다. 네이글은 비트겐슈타인의 설명이 어딘가 납득할 수 없다고 말하는데, 비트겐슈타인이 "우리의 언어에 너무 많이 의존하고 있기 때문이다. 그러나 모든 의식적 존재가 언어 능력을 갖추고 있는 것은 아니며, 그 사실은 이 관점이 어떻게 그러한 의식적 존재의 정신 상태에 도사린 주체성을 수용하는지를 어려운 문제로서 남기고 있다"(1991).

그러나 네이글(1991)은 이러한 난점을 완화하고자 한다. "우리는 동물들의 행동, 구조, 상황에 근거하여 경험을 동물에 귀속시키지만, 이때 우리는 단순히 그러한 것들을 동물에 귀속시키고 있는 것이 아니다. 그렇다면 우리는 도대체 무슨 말을 하고 있단 말인가? 당연하지만, 동물들도 경험하고 있다고 말할 때 우리는 인간에 대해서도 같은 것을 말하고 있는 것이기도 하다"(191). 또한, "경험적 성질들과 경험적 유사성이 실재적이라면, 경험은 행동 및 상황과 체계적으로 연결되어 있어야만 한다. 그러나 우리는 경험이 외계 생물에게도 있는지 없는지를 묻기 위해서 그러한 체계적 연결이 무엇인지 알 필요는 없다"(191~92).

내 고양이는 자신이 무엇을 원하는지를 인간이 그러는 것처럼 말하지는 않는다. 그런데도 관찰을 통해 나는 꽤 자주 내 고양이가 무엇을 생각하고 있는지 정당하게 말할 수 있다(고양이는 저녁을 원해. 고양이는 털을 다듬어주기를 원해. 고양이는 건드리지 말기를 원해). 그리고 더욱 중요하게도, 내 고양이가 무엇을 생각하고 있는지 말할 수 없을 때조차도, 나는 적어도 고양이가 생각하고 있다는 것은 말할 수 있다. 나는 "여러 연결"이 거기에 있다는 것을 안다. 설령 내가 그 연결이 무엇인지 모르더라도, 나는 "경험"에 그러한 "여러 연결"이 필요하다는 것을 알며 경험이 그 연결로 환원될 수 없음도 안다. 내 고양이의 내적 경험은 그 경험을 나의 언어로 "번역"하는 나의 능력에 의존하지 않는다. 서술적 판단을 통해 고양이가 자신의 내적 경험을 정당화하지 못하거나, 내적 경험의 개념화에 동반하는 "추론적 관계"를 기술하지 못한다고 해서 고양이의 내적 경험이 없던 것이 되는 것도 아니다(여기서 나는 Wolfendale 2009에 의거하면서 그에 대한 반박을 표현하고 있다).

이 모든 것은 내적 경험에 관한 추론에서 언어가 과도하게 특별한 지위를 부여받지 않아야 한다는 것을 암시한다. 언어가 있어야만 어떠한 내적 경험이 존재할 수 있는 게 아니다. 데이비드 찰머스가 말하는 의식의 "어려운 문제"(1995)는, 의식이 여타의 인간 존재에 있어서 그러한 것처럼, 박쥐나 고양이, 또는 찰머스가 든 악명 높은 예시인 온도조절기(1997, 293ff.)에 있어서도 같은 방식으로 기능한다는 데에 있다. 전자인 인간의 경우, 종種적인 유사성과 공통적인 언어 능력은 자신이 다른 사람에게 "어떠한 것인가"를 좀 더 광범위하게 기술할 수 있게 해주지만, 이것은 정도의 차이일 뿐 유적인 차이는 아니다. 극단적인 행동주의자는 말하지 못하는 동물이나 살아있지 않은 온도조절기를 말할 때뿐만 아니라 말하는 인간 존재를 다룰 때도 내면성의 존재를 부정할 것이다. 그러나 언어 행동을 기반으로는 내면성을 추론하면서, 다른 부류의 관찰된 행동을 대상으로는 그러한 추론 과정을 거부하는 태도에는 정당성이 없다.

그러므로 언어가 있든 없든 간에, 우리는 그 자체로는 관찰 가능한 행동으로 환원될 수 없는 내적 경험의 존재를 추론

해내기 위해서 다른 사람(혹은 자기 자신)의 행동을 관찰하고 있다. 비트겐슈타인의 시사를 따른다면, 우리는 내적 경험이 진정으로 존재하지만 그러한 내적 경험은 아주 독특한 방식으로 존재한다고 말해야 한다. 감각과 경험 같은 내면의 정신 상태는, 제삼자에게 직접 관찰될 수 있는 "사실"로서 객관화될 수 없다고 하는 동일한 이유에서 담론적인 언어로 환원될 수 없다. "박쥐가 된다는 것은 어떠한 것일까"는 "어떤 것" 자체의 문제가 아닌데, 그것은 무엇이라고 전혀 특정할 수 없기 때문이다. 그렇다고 박쥐의 내적 경험이 아무것도 아닌 것 또한 아니다. 이는 "어떠한 것인가"what it is like가 어떤 것Something 자체의 문제가 아닐지라도, 박쥐가 된다는 것은 여전히 "어떠한 것임 [어떤 것과 같음]"like something을 의미한다. 이러한 구별은 단순히 말장난이 아니라 기초적인 존재론적 조건이다. 박쥐의 정신성은 객관적으로 나타낼 수 없으나, 그렇다고 단순히 묵살하거나 둘러댈 수도 없다. 박쥐의 경험, 그리고 인간의 경험은 그 점에 있어서 의심의 여지가 없이 완강한 것이지만, 동시에 유령처럼 만질 수 없고 소통할 수도 없는 것이다.

비트겐슈타인이 시사하듯, 감각질, 정확한 감각, 어떠함 등을 통해서 주체적인 경험을 논하려는 시도 자체는 별로 효용이 없는 이유가 여기에 있다. 화이트헤드는 자기 나름대로 대부분의 경험이 모호하고 식별되지 않는다고 계속해서 지적한다. 우리는 대체로 "모호하고 제어할 수 없는 정서로 가득 찬 지각 대상"(PR, 178)과 마주한다. 원초적 경험은 "국소화되면서도 그러한 장소적 한정을 벗어나 있는, 그러한 과거의 모호한 현전으로부터 우리에게 유입되고 있는 영향의 감각"을 포함한다. "그러한 영향은 우리가 수용하고 통합하며 향유하고, 그러곤 전달하는 느낌의 흐름을 수정하며 강화하고, 억제하며 일탈한다. 이것이야말로 효과적인 현실 세계 속의 타자들 사이에 끼어있는 일자로서, 우리가 가지는 현존의 감각이다"(PR, 178).

혹은, 화이트헤드가 『과정과 실재』 초반에 논하듯이, "원초적인 경험은 정서적인 느낌이다." 그러나 "그 느낌은 맹목적이고 관련성은 모호하다"(PR, 163). 경험의 극히 국소적인 측면만이 현실적으로 명석판명하다. 우리는 "의식의 추상화에 집중함으로써," 그리고 그것을 통해 다른 모든 것을 무시하거나 배제하게 될 때만 "명석판명한 경험"을 얻을 수 있다(MT, 108).

데카르트를 거쳐 흄에 이르기까지, 화이트헤드는 철학자들이 "명석판명한 관념"을 출발점으로 그러한 추상화에 자신을 제한시킨 것이 그들이 저지른 치명적인 실수임을 시사한다. 감각질에 관해 논하는 오늘날의 분석철학자들에게도 거의 같은 것을 말할 수 있을 것이다. 감각질을 찬성하든 반대하든 "감각질"에 관해 말한다는 것 자체가, 그것이 발생하게 되는 제임스적인 의식의 흐름에서 감각질을 추출하여 이미 그것을 왜곡시키고 있는 것이기 때문이다. 일단 그러고 나면 데닛이 이미 한 번 넘은 선을 넘는 것은 어렵지 않으며, 내적 경험이 전혀 존재하지 않음을 "증명"하는 것도 어렵지 않다. 다른 말로 하자면, 데닛의 제거주의는 그가 자신의 상대와 공유하는 전제를 귀류적으로 논박하고 있는 것에 불과하다reductio ad absurdum. 우리의 경험은 일단 세세하게 분석하고 별개의 부분들로 분할할 때 대부분 이미 상실되었다. 심리철학에서 모든 논의는 요점을 놓치고 있다. 정신은 그러한 사상가들이 인지하는 것보다 훨씬 더 분산되고 훨씬 더 널리 퍼져 있기 때문이다. 적어도, 정신성이 어떤 것은 아니지만, 아무것도 아닌 것은 아니라는 화이트헤드적인 주장에 따르면 그러하다.

나는 범심론에 대한 게일런 스트로슨의 논증(2006)이 지금까지의 고찰들을 바탕으로 이해될 수 있다고 생각한다. 스트로슨은 우리가 정신이라 부르는 것은 그게 어떠한 것이든 ─ "경험, '의식,' 의식적 경험, '현상학,' 경험적인 '어떠함,' 느낌, 감각, 명확한 의식적 사고" ─ "그 무엇보다 존재가 더 확실한 현상"이라고 주장한다(3). 우리가 세계에 관해 아는 모든 것, 그리고 우리가 실제로 경험하고 있는 모든 것은, 우리가 경험할 수 있다는 선행 조건에 의존하고 있다. 그러므로 스트로슨에게 정신이란 우리가 가리킬 수 있는 어떤 것이 아니다. 그것은 우리가 명석판명한 것으로서 찾고자 하기 전부터 이미 우리가 전제하는 것이다. 그렇다면 우리는 "모든 구체적인 실재의 성질이나 본질을 원리상 물리학의 용어들로 온전히 포착할 수 있다는 관점, 혹은 신념"(4)을 거부해야 한다. 실제로 스트로슨에 의하면 "물리학의 용어들"로 "경험의 성질이나 본질"을 설명하는 유일한 방법은 둘러대는 것이며, 그것은 경험을 사전으로부터 완전히 제거해버리는 것이다. 데닛과 같은 환원주의자는 "경험의 존재를 깡그리 거부"하고자 하며, 이를 스트로슨은 부조리하고 자기-반박적이라고 여긴다(7).

우리 스스로 우리 자신의 의식적인 경험을 다른 어떤 것보다도 확신한다고 주장하면서, 스트로슨은 데카르트적인 코기토를 의도적으로 부활시킨다. 그러나 스트로슨은 데카르트의 논증에서 가장 논란이었던 이원론과 실체화를 제거한다. 스트로슨에게 "경험적인 현상"은 자신의 권리로 실재하며(2006, 4), 경험하는 자가 없이는 경험이란 있을 수 없다. 하지만 동시에 스트로슨은 생각하는 "나"의 성질에 관한 특별한 주장을 하지 않으며, 자신을 "생각하는 사물"이라고 표명하지도 않는다. 데카르트가 정신을 물질이나 연장과는 완전히 동떨어진 것으로 상정할 때, 스트로슨은 정확히 반대 방향으로 나아간다. 스트로슨 자신이 "진정한 물리주의"라고 부르는 것에 대한 기본적 동의와 더불어 정신적인 것의 명백한 실재성을 긍정하며, 스트로슨은 "물리적인 것은 그 자체에 있어 본질적으로 완전히 비경험적 현상"(11)이라는 상식적 전제를 거부해야 한다고 말한다. 만일 우리가 이원론과 초자연주의를 거부한다면, 정신성 자체가 완전히 물리적이어야만 한다.

거의 한 세기 전에 화이트헤드가 이미 재촉하고 오늘날에는 많은 사변적 실재론자와 신유물론자가 주장하는 테제, 물질이 관성적이고 수동적인 게 아니며 내재적으로 활동적이고 생산적이며 형성적임을 일단 받아들이고 나면 이는 합리적으로 보인다. 그런데 이는 스트로슨의 주장과는 좀 다르다. 스트로슨은 화이트헤드가 그리했고 캐런 바라드(2007)가 현재 그리하고 있듯이 양자 역학에 기반해서 물질의 진동을 논하지 않으며, 제인 베넷(2010), 마누엘 데란다(2002), 그리고 여타의 신유물론자가 그렇게 하는 경향이 있듯이, 복잡성과 창발에 관한 새로운 과학에 기반해서 논하지도 않는다. 오히려 스트로슨의 입장은 근본적으로 반체계 이론이며 반창발주의이다. 스트로슨은 좀 더 저차원상의 미시적인 구성 요소들에 의해 앞서 존재하지 않던 어떤 고차원상의 거창한 것이 직선적으로 창발한다는 관념을 거부한다. 축축함은 그 자체로는 축축하지 않은 물 분자의 결집에서 떠오른다. 이것은 물리학이 설명하는 데 아무런 문제가 없다(Strawson 2006, 13~14). 그리고 비록 생명이 그 기원에 있어서 어떻게 비생명에서 유래했는지 확실히 알 수는 없지만, 적어도 그것이 어떻게 일어났을지에 관한 그럴듯하고 정합적인 물리화학적 시나리오를 전개할 수는 있다. 19세기의 생기론자들에게는 너무도 신비로워 보였던 생명의 창발은 더는 형이상학적으로 곤란하게 만들지는 않는다. 그러나 스트로슨은 "생명에 관한 지각된 문제와 경험에 관한 지각된 문제를 이런 식으로 평행하게 볼 수는 없다"면서 "생명을 경험과 완전히 별개의 것으로 고려하지 않는 한 첫 번째 문제처럼 두 번째 문제도 해체될 것"이라고 주장한다(2006, 20).

스트로슨에 의하면, 물리학은 어떻게 감수성이 일차적으로 감수성을 지니지 않은 물질로부터 떠오를 수 있는지 처음부터 설명할 수 없다. 우리가 현대 신경과학에서 성배라고도 할 수 있는, 의식의 신경상관물neural correlates을 발견한다고 해도, 이것은 애초에 "어떻게" 그리고 "왜" 내적 경험이 물질적으로 가능한지를 우리에게 말해주지 않을 것이다.

스트로슨은 자신이 맹목적 창발(2006, 18)이라고 부르는 것을 거부하는데, 이러한 거부의 근거는 무비판적인 과학적 환원주의, 혹은 샘 콜먼이 소체론smallism이라고 부르는 것에 놓여있다. "모든 사실은 가장 작은 것, 즉 존재론에서 가장 낮은 차원에 놓여있는 사실에 의해 결정된다는 견해"(2006, 40)를 거부하는 것이다. 대부분의 신유물론자와 비제거주의 버전의 사변적 실재론자들은 스트로슨의 입장을 절대 받아들이지 않는다. 그러나 실제로는 설명할 줄 모르는 어떤 것이 참으로 어떠한 것인지를 설명하기 위해 "양자의 미결정성"이나 "고차원의 창발" 같은 것을 마술 지팡이인 양 사용하는 우리의 안일한 습관에 부분적으로 저항하고자 한다면, 스트로슨의 입장은 어느 정도 긍정적으로 받아들여야 한다. 스트로슨이 말하듯, "창발하는 사물이 어째서 지금 그러한 것으로 존재하는지는, 사물들 자신의 성질에는 절대 그 근거가 있을 수 없다고(그러므로 신조차 알 수 없다고) 말하는 맹목적 창발이란 있을 수 없으며, 그러한 맹목적 창발이 있을 수 없다는 것이 창발이라는 개념의 심장에 있다"(2006, 18). 물론 퀑탱 메이야수는 우연성의 필연성이라는 자신의 관념(2008, 61과 71)과 함께 정확히 이러한 맹목성을 지킨다. 극단적이고 맹목적인 창발은, 생명과 감수성이, 죽어있는 관성적인 우주로부터 순수하게 우연에 의해 기적적으로 발생했다는 메이야수의 주장에 대해서 귀류적으로 논박하는 지점에 이르게 한다(Harman 2011b, 182~87을 보라).

메이야수는 사실 무로부터 "순수한 새로움이 기원했음"을 주장한다(Harman 2011b, 179). 그러나 우리가 메이야수가 강조해서 거부하는 어떠한 충족이유율, 혹은 화이트헤드의 존재론적 원리를 유지한다면, 그렇다면 우리는 새로움이 무로부터 창발할 수 없다는 것을 받아들여야 한다. 실제로 화이트헤드는 창조성이 "새로움의 원리"이며 "궁극적인 사실을 특징짓는 보편자들의 보편자"(PR, 21)라고 한다. 그런데 화이트헤드는 새로움이 또한 "피할 수 없는 완강한 사실"(PR, 43)을 기반으로, 또 그것에 반응해서만 가능하다고도 주장한다. 무언가가 새롭다는 것은 언제나 선행하는 무언가에 의존하는 것이다. 이것은 이미 존재하는 음악 트랙에서 샘플을 추출하고 리믹스하여 DJ가 새로운 음악을 창조하는 것과 비슷하다. 비슷한 논리가 감수성이 적어도 가능태로서 처음부터 존재했어야 한다는 스트로슨의 주장을 끌어낸다.[2]

스트로슨의 논증에서 가장 흥미로운 점은, 그러한 논증이 어떻게 스트로슨을 역설적 긴장, 혹은 이중적 구속으로 이끌었는가이다. 스트로슨은 대부분 분석철학자가 그러하듯 과학적 환원주의자이지만, 그런데도 그는 주체적 경험이 환원될 수 없다는 입장을 유지한다. 스트로슨은 만물이 "물리적"이며 그것의 궁극적인 미시적 구성요소들로 환원될 수 있다고 말하면서, 정신은 실재하며 그러므로 여타의 것처럼 "물리적"이라고 말한다. 그런데 스트로슨은 과학적 설명 방식으로는 정신에 전혀 접근할 수 없다고도 주장한다. 경험을 할 수 있다는 현상 자체가, 애초에 그것만이 객관적이고 삼인칭적인 지식을 가능하게 하는 그 현상이, 그 자체로는 과학적인 객관–삼인칭 용어로는 설명될 수 없다는 것이다. 일인칭 관점과 삼인칭 관점 사이의 간극을 이어주는 다리란 있을 수 없다.

스트로슨은 통상적인 철학의 편법(이원론, 창발주의, 그리고 제거주의)을 통해서 이러한 긴장을 완화하기를 거부한다. 대신, 스트로슨은 정신은 존재하는 모든 것이 이미 가지고 있는 측면, 기본적 성질이어야만 한다는 존재론적 요청을 채택한다. "경험"이 인간 존재에 한정될 수 없으며, 심지어는 살아

---

2. * 『이성의 기능』에서, 화이트헤드는 자연에서 이성의 편재성을 논하면서 다음과 같이 말한다. "사막에서 노예적 갈증이란 참기 힘든 증발상태로부터 생겨나는 단순한 충동이다. 이 노예적 순응의 저급한 형태는 모든 자연에 편재하고 있다. 그런 것은 정신의 가능성을 말하는 것이며 정신 그 자체는 아니다. 그러나 그것은 분명 정신은 정신이다"(FR, 33).

있는 사물 전반에도 한정될 수 없는 이유가 여기에 있다. 범심론은 현상적인 경험을 실체화하거나 근절시키지 않고 그 자명함을 존중하는 데에 뒤따르는 필연적 귀결이다. 사고는 명시할수 있고 분할할 수 있는 어떤 것이 아니지만, 그렇다고 단순히공허한, 아무것도 아닌 것은 아니다. 그것은 차라리 만물의 내적이고 숨겨진 차원이다. 스트로슨은 말한다. "모든 물리적 소재는 그게 어떠한 형태라도 에너지라 할 수 있다. 그리고 모든에너지는 현상을-포함하는-경험이다"(2006, 25).

이런 측면에 있어서 스트로슨의 입장은 화이트헤드와 크게 다르지 않다. 화이트헤드는 자신의 과정(혹은 "유기체") 철학과 20세기 과학의 발견과의 관계를 다음과 같이 말한다. "만약 양적인 정서적 강도라는 개념을 '에너지'라는 용어로 대체하고, '느낌의 특수한 상태'라는 개념을 '에너지의 형식'이라는 용어로 바꾼다면, 그리고 물리학에서 '벡터'란 어딘가 다른 장소로부터의 일정한 전달을 의미한다는 것을 상기한다면, 현실적존재의 구성에서 가장 단순한 요소들에 관한 이러한 형이상학적 기술은, 현대 물리학의 여러 관념의 뼈대를 이루는 일반 원리들과 완전히 부합한다"(PR, 116).

여기에 덧붙여서 화이트헤드는 "직접적 지각은, 감각 여건으로부터 제공받은 특정한 형식들로 장식된 정서적 에너지의약동을 전달하는 것으로 생각할 수 있다"(PR, 116)고 말한다.이렇게 화이트헤드는 스트로슨과 마찬가지로 "경험"의 좌표를 물리학에 의해 기술되는 자연계 내에 완전히 위치시킨다. 그러한 경험 자체는 물리학에 의해 설명될 수 없지만 말이다. 이러한 이유로 주체적인 의식은 유령처럼 특정할 수 없음에도 여전히 완전히 현실적인 것이다.

어떻게 이것이 가능한가? 콜먼은 "박쥐"에 관한 네이글의 논고에서 네이글의 정식을 극단적으로 밀고 나가며 이 논의를 한 단계 전진시킨다. 네이글 자신은 "어떠한 것인가"의 문제를 존재가 의식적인지의 여부를 결정하는 일종의 시험으로서 제시한다. 박쥐가 되는 것은 분명 "어떠한 것"일 테지만, 네이글에게 있어 돌덩이가 된다는 것은 완전히 아무것도 아닐 수 있다. 그런데 콜먼은 네이글의 인식론적 기준을 근본적인 존재론적 원리로 변형시킨다. 콜먼은 "절대적인 어떠함"absolute what-it-is-likeness이 특별히 살아있는 것에만 해당하는 게 아니며, 오히려 "존재론의 핵심"(2009, 97)에 놓여있다고 주장한다. 버트런드 러셀과 아서 에딩턴에 따라서, 콜먼은 "물리학의 개념들은 그것이 가리키는 것의 외적인 성질들을 표현할 뿐이며…그것의 내적인 성질에 관해서는, 미시적 존재론에 관한 순수하게 형식적인 기술의 이론을 가지고는 대답할 수 없는 것으로 남겨두고 있다"(2006, 52)고 말한다.

그렇다면 오늘날의 물리학은, 루크레티우스의 자연학physics과 마찬가지로 "하나의 원자가 타자에게 어떻게 보이는지를 말해주는 것"에 불과하다. 그것은 임의의 원자를 그 원자의 외적이고 관계적인 성질들을 통해서 기술하는 것이다. 이러한 관계들의 연구가 물리학에 관한 모든 것이다. 그러나 루크레티우스의 자연학도, 뉴턴이나 근대의 물리학(상대성 이론이든 양자 이론이든)도, 하나의 원자가 그 자신에게 있어서 실제로 그리고 본질적으로 어떠한 것인가를 말해주지 않는다. 그리고 이것이 마치 라이프니츠가 뉴턴의 물리학 속에서 비슷한 간극을 메우려고 했듯이, 오늘날의 범심론이 메우려고 하는 간극이다. 그러므로 콜먼은 "물리적인 것의 **본질**은 … 경험적인 것"이라고 주장한다. 물리학에서 추적하는 모든 인과적 상호작용도 필연적으로 "본성상 경험적인 존재자의 행위들"을 포함한다. "지금 고찰했듯 물리학에서 기술한 인과성은 이러한 행위들의 진행 **구조**를 포착하지만, 인과적 힘의 진정한 장소를 그 기술에서 **빼**고 있다"(2006, 52).

다른 말로 하자면, 물리학은 세계에 관한 참된 지식을 제공하지만, 이 지식은 외적이고 구조적이며 관계론적인 측면에 한정된 것이다. 물리학은 다른 사람이 무엇을 생각하고 있는지를 알려줄 수 있지만, 내가 무엇을 생각하고 있는지를 설명하는 데는 전적으로 무능하다. 오늘날 최전방의 과학철학은 실제로 이러한 구별을 주장한다. 제임스 레이디먼과 그의 동료들에게 있어서 현대 물리학의 교훈은 다음과 같다. "사물은 있는 게 아니며, 있는 것은 모두 구조이다"(Ladyman, Ross, Spurrett, and Collier 2007, 130). 물리학은 관계론적 성질들을 기술할 수 있을 뿐이다. 레이디먼과 그의 동료들은 우리가 "과학을 통해 관찰할 수 없는 존재의 성질에 관해 알려고 하는 시도를 포기"(92)해야 한다고 말한다. 그들은 "내적 성질들"이 과학적으로 알려진 게 아니며, 그러므로 단순히 존재하지 않는다고 결론짓는다. 레이디먼을 고려하는 한, 그 무엇도 환원될 수 없는 내면을 가지지 못한다. 레이디먼에게 그러한 내면을 추론하는 것은 거짓된 추론을 행하고 있는 것이며, 그러므로 레이디먼은 "과학적 발견보다 우주의 본질에 관한 탁상공론적인 직관을 우선시하고 있는 것"(10)이라고 경멸감을 드러낸다. 레이디먼의 비전에서는 물리학이 관계론적 측면에 한정되며, 그러한 관계들로 결정될 수 없는 그 어떠한 것도 제거되어야 한다.

근래의 사변적 실재론 논의를 따라온 사람이라면 레이디먼과 로스에 대한 그레이엄 하먼의 비판을 잘 알고 있을 것이다(Harman 2010). 그러나 하먼은 그들이 말하는 일종의 "극단적인 관계주의"가 옹호될 수 없고 대신 존재들이 어떠한 내적 성질을 가져야 한다고 주장하는 많은 목소리 중 하나에 불과하다. 윌리엄 시거는 그가 말하는 "내적 성질"에 관한 논증과 주장의 다양한 형태를 요약하고, 그러한 내적 성질을 말하지 않고는 범심론을 다루는 것은 물론 의식의 문제를 적합하게 다룰 수 없다고 주장한다. "우리는 물리학이 알려주는 관계적, 구조적 또는 수학적 성질에 대한 내적인 근거 ─ 물리학 자신은 그러한 근거를 제공하지 못하더라도 ─ 를 상정하도록 강요받는다"(2006, 135). 시거와 하먼 양자 모두 존재가 반드시 어떠한 내적인 성질을 가져야 한다고 정당하게 주장한다. 어떻게 관계항이 없이 관계라는 것이 존재할 수 있겠는가?(Seager 2006, 140; Harman 2010, 786). 그러므로 하먼은 "세계는 개별자들로 가득 차 있다"(2010, 788)고 말한다. 화이트헤드는 자신의 스타일로 매우 유사한 발언을 한다. "궁극적인 형이상학적 진리는 원자론이다. 피조물들은 원자적이다"(PR, 36). 만약 우리가 환원될 수 없는 "현실적 존재들의 다원성"(PR, 18)을 설명하면서, 동시에 콜먼의 요구, 즉 현실로 존재하는 여러 사물(중성미자에서 집과 나무를 거쳐 은하까지)이 "인과적 힘의 실재적 장소"로서 내재적으로 이해되어야 한다는 것을 진지하게 받아들인다면, 결정적인 존재론의 문제는 다음과 같다. 어떻게 이러한 개별자들, 혹은 궁극적 관계항들을 식별할 것인가? 대체 사물의 내적 성질은 무엇으로 구성되어 있는가?

내가 보기에 이에 대한 대답은 모든 존재가 외면과 내면을, 일인칭 경험과 관찰 가능한 삼인칭 성질을 가지고 있다는 것이다. 사물의 외적 성질들은 객관적으로 기술할 수 있겠지만, 그것의 내면성은 어떤 것이 아니면서 아무것도 아닌 것도 아니다. 화이트헤드가 말하듯이 "현실태의 분석에서 공개성과 사밀성 사이의 안티테제는 모든 방면에 끼어들고 있다. 문제로 삼고 있는 사실을 넘어서는 것을 참조하여야만 이해할 수 있는 요소들이 있다. 그리고 문제로 삼고 있는 사실의 직접적, 사적, 개인적, 개별적인 요소를 표현하는 요소들이 있다. 전자의 요소는 세계의 공개성을 표현한다. 후자의 요소는 개체의 사밀성을 표현한다"(PR, 289).

우주의 삼라만상은 공개적이기도 하고 사밀적이기도 하다. 중성미자를 검출하기는 지극히 어렵다. 중성미자는 약한 핵력에 의해서만 촉발될 뿐이고, 게다가 그 현전은 원자핵과 희박하게 상호작용을 가지는 것을 증거로 사용해서만 간접적으로 그 존재를 유추할 수 있기 때문이다. 그런데도 그것은 중성미자를 상호작용적이고 관계론적 존재, 혹은 화이트헤드의 "공개적 여건"(PR, 290)으로 정의하기에 충분하다. 중성미자는 그것이 그 안에서 포착할 수 없는 방식으로 활동하게 되는 양자장의 유동과 떨어져서는 애당초 존재할 수 없다. 동시에 우리는 중성미자의 사밀성 ― 그 자신의 내적인 경험을 지닌 "관찰할 수 없는 존재"로서의 이상한 지위 ― 을 구상해야 한다. 중성미자가 된다는 것이 실제로 "어떠한 것"이기 때문이다.

하먼은 모든 객체가 접근으로부터 "물러나 있다"고 주장한다. 내가 아는 한, 이 물러남은 외견상으로 공개적이고 사용 가능한 사물의 "어떠함"의 측면, 즉 사밀적인 내부에 지나지 않는다(그러나 그 이하도 아니다). 내가 하먼에게서 발견하는 문제는, 하먼이 전자의 측면을 과소평가하고 있다는 점이다. 하먼에 따르면, "사물은 관계 속에 존재하지 않으며, 오직 부분적으로만 관계 속에 드러나는 그러한 기묘한 진공 속에 존재한다"(2009b, 132). 이것은 임의의 객체가 결코 그 객체에 대한 우리의 지식과 동일시되거나 그것으로 환원될 수 없다는 사실로부터 필연적으로 뒤따르는 귀결이라고 하면은 주장한다. "하나의 나무가 가진 모든 성질에 대한 완벽한 지식을 얻을 수 있다고 상상해보자(물론 나는 이것이 불가능하다고 여기지만, 당장은 제쳐두자). 그러한 지식조차 그 자체로는 한 그루의 나무가 아니라는 것은 너무도 자명하다. 우리의 지식은 적어도 문자 그대로의 의미에서 뿌리를 내리는 것이 아니며, 열매를 맺거나 잎사귀를 떨어뜨리지도 않는다"(Harman 2010, 788).

이 예시는 기막히게 탁월하며, 하먼은 여기서 "구조적 실재론"에만 의존하는 레이디먼과 로스에 대해서 한 수 앞서고 있다. 그러나 하먼이 하나의 존재가 다른 존재와 맺는 관계가, 전자의 존재가 후자의 존재에 대해 가지고 있는 지식에 의해 구성되고 정의된다고 가정하는 이유는 애초에 무엇인가? 이러한 접근법은 존재론을 인식론으로 환원시킨다. 사실, 지식은 그저 특수한 종류의 관계에 불과하며, 심지어는 관계 속에서 특별히 중요한 지위도 가지지 않는다. 대부분의 경우 존재들은 맹목적으로 다른 존재에 영향을 끼칠 뿐이며, 거기서 지식은 부분적으로조차 관여하지 않는다.

하먼 자신이 선호하는 예시를 들자면, 불길이 면직물을 불태울 때, 불길은 면직물의 성질 중 오직 일부와 마주칠 뿐이다. 대화재가 일어날 때, "그러한 객체들은 서로 간에 완전한 접촉을 가지는 게 아니다. 양자 모두 서로에게 접근할 수 없는 부가적인 비밀을 숨기고 있기 때문이다. 면직물의 희미한 향기와 불길의 불길한 활활거림이 서로의 노래에 귀를 기울이지 않는 것이다"(Harman 2005, 170). 즉, 면직물은 불길이 결코 "앎"을 가지지 못할 다수의 성질(질감, 향기, 색깔)을 가지고 있다. 그러므로 하먼은 "불길과 면직물이 서로의 실재성을 소진하지 못한다면, 하나의 객체는 다른 객체에 결코 직접적으로 영향을 끼치지 못한다"(2005, 188)고 결론 내린다. "불길이 면직물을 불태운다고 면직물의 실재성을 소모하지는 못하는 것이다"(2009b, 143).

여기서 하먼이 제시하고 있는 인식론적 논증은 차마 반박할 수 없다. 나는 하먼이 인간 정신이 불길이나 면직물과 가지는 상호작용을 기술하는 방식과 똑같은 방식으로 면직물과 불길의 상호작용을 기술하는 것이 타당하다고 생각한다. 그리고 정신과 불길이 똑같이 면직물의 모든 성질을 포착할 수 없고 "알" 수 없다는 하먼의 주장에도 역시 동의한다. 그러나 이것은 역시 반쪽짜리 진리일 뿐이다. 인식론적인 경계를 뛰어넘는(혹은 그 아래에 있는) 차원이 있기 때문이다. 면직물이 불타면서, 불길이 전혀 감지할 수 없던 성질들 역시 같이 대체되었거나 파괴되었다. 불길은 스스로가 "알" 수 없는 면직물의 양태들조차 바꾸고 있다. 면직물은 그 전체에 있어서 재로 돌아갔고, 이것은 어떤 존재가 다른 존재에 영향을 끼치고 또 영향받을 때 일어나는 모든 존재 간의 상호작용에 적용된다. 그렇다면 나는 불길과 면직물의 만남이 실제로 일종의 한정적 지식을 수반한다는 하먼의 말에는 동의하지만, 이러한 차원의 만남이 어떤 의미에서도 최종적인 것은 아니라고도 생각한다.

화이트헤드는 존재의 내적 양상과 외적 양상, 혹은 사밀적 양상과 공개적 양상이 언제나 함께한다고 상기시킨다. "단순히 공개적이거나 단순히 사밀적일 뿐인 구체적 사실이란 없다. 공개성과 사밀성의 구별은 이성에 의한 구별이지, 상호 간에 배제하는 구체적 사실 간의 구별이 아니다"(PR, 290). 화이트헤드는 공개성과 사밀성 사이의 "이성에 의한 구별"을 시간적 용어로도 말한다. 각각의 현실적 계기는 시간의 흐름 속에서 개별적 위치를 점하고 있다. 왜냐하면, 그 계기는 그것의 광원뿔에서 자신을 선행하는 다른 계기에 인과적으로 의존하기 때문이다. 그러나 "동시적 사건들은… 서로 간에 인과적으로 독립해서 발생한다… 동시적 계기들의 방대한 인과적 독립성은 우주 속 자율성의 보고이다. 그것은 각각의 현실태에게 무책임해도 되는 친화적 환경을 제공하는 것이다"(AI, 195). 과거가 되어가고 있는, 단명하지만 순간은 아닌 시간적 지속 속에서, 각각의 현실적 존재는 자신의 내적 경험을 통해 자유를 즐긴다. 계기는 차마 표현되기 힘든 방식으로 느끼고 있다. 객체의 "물러남"은 이와는 별개의 어떠한 의미도 가지지 않는다. 동시에 각각의 현실적 존재는 인과적 영향에 열려있다. 그 존재는 자신을 선행하는 다른 존재들의 영향으로 인해 형태가 갖추어졌으며, 이후 자신을 계승하는 존재들에게 인과적 영향을 행사할 것이다. 이처럼 과거에 근거하여 미래로 향해 가는 모든 현실적 존재는 영향을 끼치고 영향을 받는 것에 탁월한 능력을 갖추고 있다. 이것이 그 존재의 외향적이고 공적인 측면을 정의한다.

이런 의미에서 관계주의는 참이다. 하먼이 존재가 자신의 관계들로 인해 완전히 결정되고 정의되지 않는다고 말할 때, 하먼은 틀리지 않았다. 화이트헤드는 말한다. "실재 세계 속에서 단순히 관성적인 사실은 없다"(PR, 310). 그러나 하먼의 주장은 동시에 이야기의 반쪽일 뿐이다. 어떠한 존재도 시간을 통해 연장되는 영향과 정동의 그물망에서 완전히 자유로울 수 없으며, 그 부자유不自由함이 곧 그 존재의 심장에 위치한 조건이 된다고 하는 다른 반쪽이 있다. "모든 기원은 사적이다. 하지만 기원된 것은 공적인 세계에 널리 퍼진다"(PR, 310). 우리는 두 가지 방향으로 읽어낼 수 있는 하나의 상황에 놓인 것이다. 스토아학파가 오래전에 발견했듯, 나는 내적으로 자유롭고 외적으로 구속되어 있다. 그러나 역으로 외적으로 관계를 쌓아나가고 또 활기찬 관계를 추구할 수 있지만, 내적으로는 고립되어 있고 또 갇혀 있다고도 말할 수 있는 것이다. 범심론이란 이러한 사밀성과 관계성의 이중성이 단순히 인간적 고뇌가 아닌 삼라만상의 조건이라는 인식이다.

6장

비상관주의적 사고

사변적 실재론에서 사고가 점하는 지위는 여전히 골치 아픈 문제로 남아있다. 모든 사변적 실재론자는 생각과 생각의 객체 사이의 본질적인 유대, 즉 "인간과 세계의 원초적인 상호작용"(Harman 2011b, 8)을 가정하는 칸트적이고 현상학적으로 익숙한 "사고의 이미지"(들뢰즈의 탁월한 문구를 인용하였다. 〔Deleuze 1994, 129~67〕)를 거부한다. 물론 칸트에게 이러한 양극은 분리될 수 없다. "내용 없는 사고는 공허하며, 개념 없는 직관은 맹목적이다"(1998, 193, B75/A51). 이는 개념과 직관(감각적 인상)이 언제나 함께해야 하며, 하나가 없는 채로 다른 하나를 가지는 것은 오류와 혼란으로 이끌 것임을 뜻한다. 비슷하게 현상학에서 "주체"는 "세계 속에 운명 지어졌다"(Merleau-Ponty 2002, xii). 내가 생각할 때면, "나는 세계를 지향하며, 세계를 지각하고 있다"(xvii). 이는 정확히 사변적 실재론이 풀고자 하는 상관관계다. 그런데 이 양극의 상관관계를 풀고 나면 무슨 일이 벌어지는가? 우리-없는-세계(Thacker 2011, 5~6) 및 "인간 사고 바깥에 있는 자율적 실재"(Harman 2011b, 8)를 고려해볼 때 사고에는 무엇이 남는단 말인가?

퀑탱 메이야수는 칸트 이전에 "존재하는 것은 지각되는 것"esse est percipi이라고 말한 버클리까지 거슬러 올라가 상관주의를 추적한다. 메이야수에 의하면 버클리야말로 진정한 "상관주의적 순환 논증의 창시자"(2012, 6)이다. 브라시에 또한 지적하듯이, "'무언가를 생각하거나 지각하지 않고 그것을 생각하거나 지각할 수 없다'라는 의심스러운 전제에서," "'사물은 생각되거나 지각됨이 없이 존재할 수 없다'는 의심스러운 결론"에 다다르기까지, 버클리야말로 상관주의라는 치명적인 함정에 빠진 첫 인물이다(「개념과 객체」Concepts and Objects〔Bryant, Srnicek, 그리고 Harman 2010, 57에서 재인용〕). 상관주의는 사고의 힘을 은밀하게 궤변적으로 부풀리는 데에서 떠오른다. 메이야수에게 이 궤변에서 벗어나는 유일한 방법은 자신을 포함해서 "모든 사고와 모든 주체성으로부터 떨어져서 생각한다는" 역설의 길이다(Meillassoux 2012, 5).

물론, 물질적 사물의 존재와 사고의 밖에서 존속하는 세계의 존재를 전면 부인하면서 버클리를 그대로 따르는 상관주의자는 매우 극소수이다. 심지어 대부분의 상관주의자는 우리가 조우하는 외부 세계가 우리에게 다가온 것이고 또 그것을 생각할 줄 아는 우리의 그 능력에 선행하는 것으로 이해해야 한다는 것을 인정하기도 한다. 그러므로 후설은 의식이 아닌 "사물 그 자체"로 돌아가야 한다고 주장한다. 그리고 메를로-퐁티는 모든 경험이 가진 체화적 본성을 강조하며 "세계가 내가 할 수 있는 어떠한 가능적 분석보다도 먼저 있다"(2002, x)고 주장한다. 메를로-퐁티에 의하면 현상학적 반성은 "관념론자가 의식으로 회귀하는 것과는 절대적으로 다르다"(x).

그런데 메이야수는 이것만으로는 알리바이를 세우기에 충분하지 않다고 말한다. 상관주의자는 우리에 선행해서 세계가 있다는 점을 기꺼이 받아들이겠지만, "그는 그저 덧붙일 뿐이다…마치 간략한 추가 조항을 제출하는 것인 양 덧붙이는 것이다." "세계는 오직 살아있는(혹은 생각하는)-존재에게-주어진 것으로서만 의미가 있다"(Meillassoux 2008, 13, 15)는 점에서, 이 선행성 자체가 어디까지나 우리에게 있어서의 구별이라는 조항인 것이다. 좀 더 일반적으로는, 상관주의가 사고에 대한 어떠한 "외부성" ─ 칸트의 물자체, 현상학의 지향적 객체, 라캉의 실재계 ─ 을 상정할 때도 그 외부성은 여전히 "우리에게 상대적인 것으로서…이 외부성의 공간은 그저 우리와 마주친 공간, 우리의 존재에 대한 상관항으로서 존재하는 공간일 뿐이다"(7). 상관주의에게 세계의 존재 자체는 우리에게 "소여성"으로서만 뿌리박고 있다(14~15). 메를로-퐁티의 말을 빌리자면, 주체는 "주체가 주체 자신에게 주어진 것이기에 주체에게 주어진 세계를 주체 자신의 작용에 우선하는 것으로서 인식해야 한다"(2002, xi). 이러한 진술은 한편으로 인간의 우선성을 벗겨내지만(세계가 주체 앞에 다가온 것이기에), 다른 한편으로는 다른 요소를 곁들여 다시 돌려보내고 있을 뿐이다(우선성 자체가 "주체에게 주어진 것"이기 때문에). 메이야수가 말하기를, "소여성"이 자신의 우선성을 간직하는 한 우리는 여전히 "버클리 자신의 진영"(2012, 6)에 이름이 등록되어 있다.

이뿐만 아니라, 세계를 이미 우리에게 "주어진 것"으로 상정하는 것은 언제나 자기반성적인 내면성의 움직임을 수반한다.

상관주의는 단순히 세계로 향하는 사고의 관계뿐만 아니라 사고가 사고로 향하는 근본적인 관계도 함의한다. 객체들과 상관된 사고는 사고 자신을 또다시 하나의 객체로 삼게 한다. 생각함은 그러므로 필연적으로 반성적인 것이다. 그렇게 칸트는 초월론적인 "'나는 **생각한다**'는 반드시 나의 모든 표상을 수반할 수 있는 것이어야만 한다"(1998, 246, B131)고 강조한다. 내가 무언가를 생각할 때면, 동시에 나는 내가 그것을 생각한다는 그 행위를 긍정할 수 있어야만 한다. 비슷하게 메를로-퐁티에게 "비반성적 경험"은 그 자체로 반성되어야만 하며, 그러한 "반성은 자신을 하나의 사건으로서 인지하지 않고는 못 배긴다"(2002, xi). 혹은 영화의 현상학에서 비비안 숍책이 말한 대로, "경험은 반성이라는 행위를 통해 기술된다. 의식에 대한 의식이 되기 위해 의식은 자신을 되돌아보는 것이다"(1992, xvii). 지향성은 자기반성성에 의해 증식하거나 보충된다. 우리는 진정으로 세계에 다다를 수 없다. 우리 자신으로부터 도망칠 수 없기 때문이다.

바로 이 점이 "나와의 관계와는 독립적으로 사물의 '즉자성'"(Meillassoux 2008, 1)을 생각하는 것이 어째서 역설적인지를 설명한다. 내 사고의 밖에 있는 것을 생각할 수 없다는 버클리의 주장은 하나의 궤변이지만, 그런데도 우리의 습관적 사고에 뿌리 깊게 박혀있다. 메이야수가 말하듯이, "유물론자는 자신의 사고로부터 독립된 실재를 안다고 주장할 때 언제나 '수행적 모순'을 범하는 것처럼 보인다. 자신이 말하는 실재가 정확히 자신이 사고하도록 주어진 것이기 때문이다"(2012, 1). 그리고 이것이 "메이야수가 상관주의는 내부에서 급진화되어야 하며, 외부에서 묵살되어서는 안 된다고 주장"(2009b, 164)하게 되는 이유라고 하먼은 말한다. 사물을 나와의 관계로부터 떨어뜨려 생각하기 위해서는, 먼저 나의 사고의 방향을 정해주는 그 좌표계 자체를 자신으로부터 박탈해야 한다. 이 점 때문에 실재론을 논할 수 있는 직접적이고 단순한 방법은 없다. 새뮤얼 존슨은 자신의 상식적 실재론을 말할 때 옳았으며, 버클리는 자신의 주관적 관념론을 말할 때 틀렸다. 그러나 돌을 차는 존슨의 유명한 발길질은 버클리를 반박하는 데에는 실패하고 있다.

그렇다면 메이야수에게 있어서, 사고가 "그 자신에게서 벗어나게 하기" 위해서는 사고 자신을 극한까지 몰아가야 한다. 오직 사고 자신이 당연하게 근거로 삼는 가정을 위반할 때만 사고는 "주체성의 포착 양태에 아직 영향을 받지 않은 세상에 접근"할 수 있으리라는 희망을 품을 수 있다(Meillassoux 2012, 2). 사변적 실재론의 임무란 역설적으로 사고 자신의 본성을 통해 사고에 부여된 조건들을 푸는 것이다. 우리는 우리 자신의 참조 체계를 벗어던져야 한다. 우리가 너무도 당연시 여겨서 사물을 지각하는 행위 자체 속에서 언제나-이미 그 사물에 적용하고 있는 이해 가능성의 격자무늬, 즉 칸트의 "지성의 순수 개념들"을 벗어던져야 하는 것이다.

이 임무에 내재한 어려움(심지어는 불합리함)은 어째서 모든 새로운 실재론이 **사변적**이어야 하는지를 설명한다. 우리는 세계를 설명하기에 앞서 우리 자신의 편견들과 전제들을 떨쳐버릴 필요가 있다. 그러면서 새로운 사고의 이미지를 창조해낼 필요가 있다. 이 새로운 사고의 이미지는 이제 인간중심적 척도에 제한되지 않으며, 또 그것을 모델로 삼지도 않는다. 그러므로 사변에는 (알랭 바디우를 따라서) 감산과 (질 들뢰즈를 따라서) 가산이 함께해야 한다. 이러한 사변이 성공한다면, 그것은 메이야수가 말하는 "이방인의 땅에, 혹은 완전히 다른 어떤 장소에 서 있다는 적절한 감각"(2008, 7)을 필연적으로 제공할 것이다. 비상관주의적 관점에서 상관주의를 바라보기 위해서, 그리고 우리와 떨어져서 세상이 어떻게 존재하는지 이해하기 위해서는 우리 자신을 우리 자신에게서 멀어지게 해야 한다.

메이야수가 처음으로 상관주의를 정의할 때, 메이야수는 대칭적인 정식을 제시한다. 메이야수에 의하면, 상관주의는 "사고와 존재의 상관관계에만 접근할 수 있고, 다른 관계항과 떨어져 있는 것으로서의 관계항에는 결코 접근할 수 없다는 관념"(2008, 5)이다. 상관주의자에게 주체와 객체, 좀 더 일반적으로는 사고와 존재는 상호 간에 서로를 구성하고 서로에게 의지하는 것으로 여겨진다. "우리는 주체와의 관계와 독립된 객체 그 자체를 결코 포착할 수 없을 뿐만 아니라, 언제나–이미 객체와 관계를 맺고 있지 않은 주체를 포착할 수 없다고 주장해야만 하는 것이다"(Meillassoux 2008, 5). 이런 식으로 기술하고 나면, 상관관계는 사고에서 존재로 향하는지, 혹은 존재에서 사고로 향하는지에 무관하게 작동하는 것처럼 보인다. 이것이 실제로 현상학에 관해 말할 수 있는 이야기이다. 현상학이야말로 다른 어떤 근대철학의 학파보다도 메이야수의 기술에 딱 들어맞는다.

그런데 좀 더 가까이 살펴보면 메이야수의 진술은 전혀 대칭적인 것도 가역적인 것도 아님이 드러난다. 오히려 메이야수는 일방향적인 용어로 상관주의적 움직임을 기술하고 있다. 사고와 존재가 상관관계를 맺을 때, 사고는 언제나 능동적이고 관계론적인 용어로 기술된다. 상관관계를 현실적으로 수행하고 있는 것은 사고이다. 사고가 필연적으로 "세계에의 관계"(Meillassoux 2008, 18, 37)를 함의하는 한, 사고 자체는 상관주의적이다. 실제로 사고는 극단적인 이중적 "결단"과 함께 시작한다. 먼저 "사고 행위와 그 내용의 본질적인 불가분성"(36)을, 그다음에는 이 상관관계의 "절대화"(37)를 행사하는 것이다. 일단, 이 이중적 결단이 내려지고 나면 너무 늦어버린 게 된다. "우리가 전념하는 모든 것은 사고에-주어진-어떤 것이며, 스스로 존속하는 존재가 아니다"(36).

다른 한편, 사고와는 대조적으로 존재는 그냥 있는 것이다. 메이야수의 설명에 따르면 이는 존재를 수동적인 벙어리처럼 기술하게 만든다. 메이야수는 주체와는 달리 객체가 홀로 서 있다는 것을 당연한 것으로 삼는다. 사물들은 스스로는 상관관계를 맺지 않고 결단을 내리지도 않는다. 메이야수에 의하면, 사물들은 내적으로 생성되는 어떠한 활동성에도 연루되지 않는다. 사물들은 그저 포착당할 뿐이다. 사물들의 바깥에서 사물들을 움켜쥐는 의식이나 주체성에 포착당하고 그러므로 상관관계를 맺게 되는 것이다. 그 자체[즉자]에 있어서 존재는 주어진 것도 아니며 말하는 것도 아니다. 그러므로 사고는 언제나 존재를 가리키지만, 존재는 그 자체에 있어서 사고에 무관한 것으로 남는다. 선조적 실재는 우리를 위해 존재하지 않으며, 그렇기에 사고 안에 전혀 존재하지 않는다. 선조적 실재는 "소여성에 앞서며" 어떠한 "현현"도 거부하기 때문이다(14).

사고가 그 본질에 있어서 상관주의적인 한, 이에 따르는 결론은 우리가 "의식도 생명도 없는, 일말의 주체성도 없이 순수하고 단순하게 죽어있는 것으로 표상되는 무기적 물질의 상태"(Meillassoux 2012, 6)를 긍정함으로써만 상관주의를 벗어날 수 있다는 것이다. "절대적인 실재는 사고하지 않는 존재다"(Meillassoux 2008, 36). "어떠한 주체적-심리적, 자아적, 감성적, 생기적인 특징도 결여한"(2012, 2) 세계를 구상해야 한다고 메이야수는 말한다.

그렇게 메이야수에게 있어서 사변철학의 역설적 임무는, 사고가 사고 자신을 등지고 또 지울 수 있는 방법을 찾는 것이다. 메이야수는 "사고가 생각될 필요가 없는 세계, 누군가에 의해 사고되어 있는지에 본질적으로 좌우되지 않는 세계를 생각할 수 있게 되는"(2008, 116) 일종의 변증법적 역전을 추구한다. 이를 달성하기 위해 지금까지 그러했던 사고는 자살해야 한다. 완전히 새롭고 이질적인 형태로 부활하기 위해서 그것은 자살해야만 하는 것이다. 메이야수는 지각과 감수성의 모든 은신처를 추적하며 그것들을 철저하게 박멸하는 대담한 수를 둔다. 메이야수는 "주체성의 모든 형태에 대적하는 유물론적 투쟁(여기서 주체는 의식, 이성, 자유로 한정되는 게 아닌 의지, 감각, 전의식적 삶 등을 포함하는 주체의 모든 양태를 의미한다)"(Meillassoux 2012, 6)을 전개한다.

그런데 이 투쟁의 결과는 놀랍게도 새로운 사고의 탄생이다. "'절대적인' 것이 가능해지며, 심지어는 어떠한 '영원한 진리들'과 같은 것을 산출해낼 수 있는"(Meillassoux 2012, 1) 사고가 탄생하는 것이다. 그러한 정화된 비상관주의적 사고는 순수하게 합리적, 논리적, 그리고 이론적이다. "절대자에 대한 진정한 지적 직관이다"(Meillassoux 2008, 82). "사고의 '절대화' 능력"(2012, 1)은 어떠한 경험적 기반도 가지지 않는다고 메이야수는 과시하지만, 그것은 정말 문자 그대로 어떤 것에도 근거하지 않는다. 이 능력은 신체나 어떠한 종류의 경험에도 관계되지 않는다. 그것은 감수성이나 정동과는 전혀 묶여 있지 않다. 그것은 연속론적이고 진화론적인 용어로는 설명될 수 없다. 이러한 종류의 사고는 어떤 이유나 선행하는 기반도 없이 순수하게 우연히 무로부터 창발한다(「신의 비존재」The Divine Inexistence〔Harman 2011b, 175~87에서 재인용〕). 순수한 우연성을 긍정하는 것으로서, 메이야수의 지적 직관은 "우리의 세계 속 사실적 존재에 대해서 아무것도 말하지 않는다"(Meillassoux 2012, 13). 메이야수에게 사고는 오직 그것이 세계를 촉발하지 않고 또 촉발되지 않는 한에서 상관관계를 회피할 수 있다.

사고와 존재의 상관관계 대신에 메이야수는 존재 없는 절대적 사고와 사고를 완전히 결여한 존재라는 극명한 이원론을 제시한다. 메이야수는 후자를 우주에 대한 고전적인 견해로 보는데, 이 견해는 17세기와 18세기의 과학 혁명에서 유래한, 좀 더 시야를 넓히면 고대 원자론자와 에피쿠로스학파에서 유래한(Meillassoux 2008, 36~37. 2012, 2), 우주가 생명과 정신을 결여했으며 관성적이고 완전히 기계론적으로 작동한다는 견해이다. 그리고 이것은 칸트가 "감성적 직관"이라고 부르는 것, 즉 현상적으로 경험되며 신체와 감각을 통해 발견되는 어떠한 것도 세계로부터 삭제시킨다는 것을 의미한다.

다르게 말하자면, 메이야수는 알프레드 노스 화이트헤드가 근대 서구 사상의 기본적 오류라고 진단했던 "자연의 이분화"(CN, 30)라는 조건을 의도적으로 재긍정하고 있다. 이 도식에 따르면, 우리는 감각적 경험을 발생시키는 물리적 현실태들에서 감각적 경험을 극단적으로 분리하게 된다. "지각한 불꽃

의 붉음과 따뜻함"을, "산소와 탄소 분자의 운동"과 "방사 에
너지," "물질적 신체의 다양한 기능"으로부터 분리하는 것이다
(32). 이 두 가지 기술은 서로 완전히 다른 존재 범주에 속한 것
으로 여겨진다. 전자가 현상적이라면, 후자는 과학적이다.

화이트헤드는 말한다. 일단 세계를 이런 방식으로 나누고
나면, 어느 쪽을 선호하는지는 별로 중요하지가 않다. 현상학
은 지각적 경험에 가치를 두지만, 그러면서 분자와 광자에 관
해서는 무시하거나 적합하게 설명하지 못하고 있다. 다른 한
편, 환원주의적 과학주의는 현상적 경험에 대해서 "지각하는
정신에 의해 채워진 심적 부가물"이라고 헐뜯으며 "정신이 그
러한 지각을 향하도록 영향을 끼치는 분자들과 방사 에너지"
속에는 현상적 경험이 진실로 존재하지 않는다고 말한다(CN,
29~30). 양쪽 접근 모두 주체와 객체 사이의 모든 상충을 넘어
세계를 "관계들로 구성된 하나의 체계"(CN, 32)로 설명하는 임
무에 실패하고 있다. 양쪽 접근 모두 경험의 중요한 측면을 "둘
러대는 눈부신 재주에 빠져 있다"(PR, 17). 양쪽 접근 모두, "지
식의 대상을 둘러싼 모든 난점을, 그저 그것을 아는 정신이 있
다고 말하면서 해결할 수는 없다"(CN, 28)는 화이트헤드의 격
언 ― 이 격언 또한 반상관주의라는 말이 생기기도 전에 말해진 것인
데 ― 을 무시하고 있다.

메이야수는 자연의 이분화를 입증하기 위해 수학과 물리
학을 불러들인다. "오늘날 경험과학은 생명과 의식의 도래에 앞

서는 사건에 관해 진술하는 것이 가능하기" 때문이며, 그러므로 상관주의적 틀에 묶이지 않기 때문이다(Meillassoux 2008, 9). 과학적 연구는 사고와 결코 상관관계를 맺을 수 없는 현실태들을 문자 그대로, 그리고 객관적으로 마주하게 한다. 과학과 수학은 "어떠한 현시한 것으로서의 상관항이 아닌 사물과 사건으로 가득 찬 세계, 세계에의 관계에서 상관항이 되지 않는 세계"(26)로 초대한다. 메이야수는 과학이 측정하는 물질의 "일차 성질"이 완전히 비–관계론적이며 그러므로 우리를 위한 것이 아니라고 주장한다(1). "수학적 용어들로 진술될 수 있는 객체의 측면들"이 모두, 그리고 오직 그러한 측면들만이 "객체 자체의 성질들로서 유의미하게 구상될 수 있다"(3). 다른 이해 양태와 달리 물리학이 행하는 "자연의 수학화"는 "우리가 존재하지 않더라도 존재하는 것을 알게 해주며 … 수학적으로 진술될 수 있는 것은 사고의 상관항으로 환원될 수 없다"(115, 117).

반면, 메이야수에 따르면 주체적인 포착, 데카르트와 로크가 말하는 "이차 성질"은 세계 속에 참으로 존재하는 것이 아닌 현상이다. 그것은 객체를 지각하는 우리의 활동성이 객체에 (니체의 표현을 빌리자면) "거짓되게 첨가한" 것이다(Meillassoux 2008, 3). 감각적 성질은 언제나 "사물에 내재한 성질보다는 관계"(2)를 포함한다. 이는 감각적 성질이 불가피하게 상관주의적이며 부수현상적임을 뜻할 뿐이다. 그렇게 메이야수는 현상, 체화, 그리고 감수성과 정동에 관련된 것이라면 무엇이든 거부해야 한다고 말한다. "지각과 감각"에 속하는 모든 것을 지워버려야 한다. 그러고 나면 "공식과 디지털화"(3)로 환원될 수 있는 요소들만이 남는다.

객체에 절대적으로 속하는 성질들과 화이트헤드가 "심적 부가물"(CN, 29)이라 부른 것을 통해서만 설명될 수 있는 성질들 사이의 이러한 구별은 오늘날에도 여전히 너무도 상식적으로 받아들여지고 있다. 그리고 이것은 "일차" 성질과 "이차" 성질이라는 구식 용어법을 거부하는 사상가들에게 있어서도 마찬가지이다. 실제로 이러한 구별은 너무도 당연한 전제로서 인간의 정신에 침투해 있어서, 그것이 얼마나 이상하고 자의적인지를 깨닫기 위해서는 전문적인 훈련이 필요하다. 예를 들어 사변적 실재론자 레비 브라이언트가 바로 그런 입장을 취한다. 브라이언트가 메이야수의 명백한 과학주의보다 하먼의 객체지향 존재론에 훨씬 가까움에도 그런 입장을 취하는 것이다. 브라이언트에게 "노을의 아름다움 같은 성질과 무지개의 성질은 외적 성질이다. 그들은 오직 관계 속에서 떠오를 뿐이다. 특수한 생물학적 (그리고 문화적) 명령을 담지한 신경계를 치워버려라. 그렇다면 거기에 아름다운 노을은 없다. 거기에는 온 세계로 확산하는 전자기파가 있을 뿐이다. 색깔을 지각하는 유기체를 치워버려라. 그렇다면 거기에 무지개는 없다." 이와는 대조적으로 브라이언트가 말하는 "내적 성질"은 "사물 자체의 성질"이다. 그러한 성질은 독립적으로 존재한다. "어떤 것이 그것과 관계되든 말든 거기에 있는 것이다"(Bryant 2013).

자! 무지개의 색깔 같은 흔히 말하는 이차 성질이 우리의 눈이나 다른 지각 장치에 감지되어야 함은 진실이다. 그러나 이 것은 인식론적인 문제이지 존재론적인 문제가 아니다. 사실, 수량화 가능한 양적 성질, 예컨대 질량과 부피와 같이 사물 자 체에 속한 일차 성질로 추정되는 것에 대해서도 같은 것을 말 할 수 있다. 이러한 것들도 어떤 측정 장치의 도움이 없이는 감 지될 수 없고 특정될 수 없다. 저울이나 자(혹은 등가의 과학 도구)를 가지지 못한다는 건, 안구의 망막 내 색깔을 시각화 하는 원뿔세포를 가지지 못한 것과 똑같은 진퇴양난에 빠지게 한다. 이러한 이유에서, 일차 성질과 이차 성질 사이의 구별(혹 은 내적 성질과 외적 성질 사이의 구별)은 메이야수와 브라이 언트가 추구하는 목적을 충족시킬 수 없다(아름다움의 문제 는 색깔 같은 이차 성질의 문제와는 또 다른 문제이다. 이에 관 해서는 뒤에서 다루겠다).

다르게 말하자면, 일차 성질(혹은 내적 성질)도 이차 성질 (혹은 외적 성질)의 경우와 똑같이 접근의 문제에 시달리게 된 다. 내가 부피, 질량, 파장과 같은 수량화할 수 있는 성질을 다 루든, 색깔 같은 "질적인" 성질을 다루든, 나는 여전히 상관주 의적 순환 속에 갇혀 있다. 인식론적으로 말하자면, 측정이나 지각이라는 매개적인 실천에 의존하는 습관을 그만둘 수 없 다. 기계적이고 기술적인 장치는 내 신체적 감각만으로 얻을 수 있는 것과는 다른 결과를 제공할지도 모른다. 그러나 이것은 일차 성질만큼 이차 성질에도 적용된다. 디지털 비디오카메라는 분광기만큼이나 어떤 변형을 가져오는 기술 장치이다. 어떤 경우에도, 브뤼노 라투르가 말하듯 "등가라는 것은 없으며, 번역만이 있다"(1988, 162).

이는 일차 성질(내적 성질)이든 이차 성질(외적 성질)이든 인간중심적 판단을 불가피하게 내리게 된다는 것을 의미한다. 단순히 내가 나의 상관주의적 틀을 초월할 수 없기 때문이다. 질량에 대한 나의 포착은 색깔에 대한 나의 포착만큼 "관계적"이다. 어떤 상황에서도, 나는 객체 자체의 진정한 성질에 접근할 수 없다. 그러므로 이러한 여러 성질을 종류(일차와 이차)로 나누고, 그중 하나가 다른 하나보다 사물 자체에 좀 더 진실하고 본질적이라고 판단하는 것은 의미가 없다. 만일 우리가 유아론을 거부한다면, 칸트가 주장했던 대로 우리의 지각이 진정으로 현실적 객체의 현실적 성질들에 대한 반응이며, 그리고 그러한 성질들에 영향을 받은 것이라고 말해야 한다. 그런데 우리는 어떠한 매개체를 거치지 않고 그러한 현실적 성질들에 접근할 수 없다. 이는 "일차"와 "이차" 양쪽 모두에 대해서 말할 수 있는 것이다.

그러므로 나는 수량화 및 디지털화 가능한 "일차" 성질들이 감각적인 "이차" 성질들과 반드시 같은 범주에 속해야 한다는 그레이엄 하먼의 주장에 동의한다(Harman 2011b, 152). 양쪽 모두에 있어서 우리의 지식은 상관주의적이다. 어떤 경우에도 우리는 사물에 관해 우리가 (부분적이고 외적으로) 아는 것과 그 사물 자체의 현실적인 있음을 동일시할 수 없다. 그런데 이에 대한 나의 정식화는 하먼의 것과는 좀 다르다. 하먼은 사물에 관한 "정보"가 아무리 많이 축적되어도 그 사물을 "복제"하거나 그 사물의 "총체성에 도달"할 수 없다고 말하지만(147~48), 나는 정보의 어떠한 축적도 그 사물을 결코 소진할 수 없다고 말하는 편이 더 정확하다고 생각한다. 하먼은 달에 대한 우리의 지각이 "방대하게 단순화된 범위에 속한 여러 특징으로 구성되는 좀 더 정확하거나 좀 더 덜 정확한 모델"(148)이라고 주장한다. 모든 모델이 그러하듯, 달에 대한 우리의 이미지는 많은 것을 제거하는 추상이다. 정보가 아무리 많아도 그것은 절대 충분할 수 없다. "전능한 신에게 허락된 완전한 정보의 왕국"조차 달 자체를 완전히 포착하기에 충분하지 않다.

자! 나는 이 점을 어느 정도 받아들인다. 하지만 달에 대한 나의 지각은 궁극적으로 달에 대한 정신적 "모델"과는 동일시될 수 없다. 의식이 본질적으로 표상적이며(Metzinger 2004, 15ff. 외 여러 곳), 의식적 지각이 실제로는 그저 일종의 가상현실 시뮬레이션(312ff. 외 여러 곳)이라는 토머스 메칭거의 논증에 대해 내가 납득할 수 없는 이유와 똑같은 이유에서 그러한 주장은 납득할 수 없다. 모델, 그리고 시뮬레이션이라는 개념이 훨씬 복잡한 과정을 과도하게 단순화하는 경향이 있기 때문이다. 내적인 정신적 모델과 이 모델이 어떻게든 상응하려고 하는 외적인 사태 사이의 투박하게 적합한 상응을 전제하기보다는, 지각을 연속적인 피드백과 반응, 그리고 조정을 수반하는 비표상적인 과정으로 생각하는 게 좋을 것 같다.

(화이트헤드의 용어를 사용한다면) 달에 대한 나의 파악은 달의 모델이나 표상이 아니다. 그것은 오히려 일종의 원격-접촉contact-at-a-distance이다. 그 사태는 오래전 어떤 경험론자가 그랬던 것처럼 내 정신이 수동적으로 수용하며 각인하는 인상(혹은 여러 인상의 묶음)으로는 타당하게 기술될 수 없다. 그리고 그 사태는 현상학적 용어를 가지고 달을 내 사고의 "지향적 객체"로 여기는 정신적 활동으로도 타당하게 기술될 수 없다. 위의 두 설명방식 모두 현실적 달이 현실적으로, 그리고 진정으로 나를 촉발하는 방식을 적합하게 기술할 수 없다. 내가 그 달을 볼 때 내 안의 무언가가 바뀐다. 그 달과의 조우가 내 안에서 차이를 만들어 낸다. 그러나 이 차이는 달 자체의 어떤 실제 성질들과도 상관될 수 없다. 달과의 접촉은 계속되는 조정의 과정이자 라투르의 "번역" 과정이다. 이것이 나와 달의 조우가 달에 관해 내가 아는 것보다 깊이 작용하는 이유이다. 화이트헤드가 말하듯이, 그러한 조우에서 파악하는 존재는 다른 존재로부터 수용한 "다수의 여건에 대한 '느낌'"에 관여한다(PR, 40). 이 "여건"에 대한 "느낌"은 지식이나 인식의 문제를 포함할지도 모르지만, 그것들로 환원될 수는 없다. 그러므로

나는 하먼이 존재들 간의 접촉에 대한 정보론적이고 인식론적 한계에 너무 많은 비중을 두고 있으면서, 그가 흥미롭게 기술하는 "대리적 인과관계"(2007b)나 "간접적 인과관계"(2011a, 69~91)에 충분한 존재론적 비중을 부여하고 있지 않다고 생각한다.

이러한 뉘앙스의 차이에도 불구하고, 어쨌든 나는 "일차 성질"이 메이야수가 주장하는 방식으로 사물에 대한 절대적이고 초-상관주의적 접근을 우리에게 제공할 수 없다는 하먼에 동의한다. 그리고 나는 메이야수의 입장을 인식주의epistemism라고 부르는 것의 한 형태로 보고, "실재에 대한 수학적 또는 과학적 접근에 특권이 있다"(2012b)는 메이야수의 주장을 의심스러운 것으로 본다는 점에서 하먼을 따른다. 하먼은 수학과 과학이 우리에게 실재를 향한 일종의 비상관주의적 접근을 허용하는지에 대한 논쟁이 오늘날 "사변적 실재론을 관통하는 가장 중요한 단층"(2012b)이라고 정확하게 지적하고 있다. 이 단층은 메이야수와 브라시에를 한편으로, 하먼과 그랜트와 나 자신을 다른 한편으로 분리한다.

수학에 호소하는 메이야수에 관해서 몇몇 추가적인 요점이 정리될 수 있겠다. 메이야수는 수학과 논리학이 가진 "절대화하는" 힘에 관해 상세하게 논한다. 수학과 논리학은 의미나 참조를 결여한 "무의미한 기호들"을 기반으로 형식적으로 작동하는 능력을 갖추고 있다. 그렇게 함으로써 실제로 수학과 논리학은 "근본적으로 사고와 독립된 세계의 성질들을 식별할 수 있는 수단을 우리에게 제공한다"(Meillassoux 2012, 18ff.)고 메이야수는 주장한다. 그러나 알렉산더 갤러웨이는 수학이 메이야수가 그렇게 믿고자 하는 것처럼 상관주의의 논리로부터 예외가 아니라고 말한다. 적어도 오늘날 수학의 공허한 형식주의는 객관적이고 중립적인, 그러면서도 무심한 과정으로서 볼 수 없다. 우리 세계의 모든 측면에 대한 수학적인 형식화는 "포스트포디즘적(다시 말해서 계산화된computerized) 근대성"(Galloway 2012, 4:11)에서 빼놓을 수 없는 결정적인 구성요소가 되어 있기 때문이다. 오늘날, "수학에서 유래하는 포스트포디즘의 여러 속성은 아마 사회적이고 주체적으로 결정되는 것이 매우 분명하다"(4:12). 메이야수가 상관관계를 초월해 있다고 말하고 싶어 하는 수학은, 실은 우리의 일상적 생산양식에서 생산과 관리의 중심적 메커니즘인 것이다. 다른 어떤 것보다도 수학화야말로, 바로 오늘날 물리적 세계와 우리의 욕망, 좀 더 정확하게는 자본의 욕망과의 상관관계를 강화하고 확고한 것으로 만들고 있다.

그러므로 갤러웨이는 수학과 계산, 그리고 알고리즘 절차가 메이야수, 바디우, 그리고 후기 라캉에게서 맡는 역할은, 언어가 레비-스트로스, 바르트, 데리다, 초기 푸코, 초기 라캉에게 있어서 맡았던 역할과 같다고 말한다. 메이야수 이전의 많은 사상가가 그렇게 했듯이, 메이야수는 지배적인 생산양식이나 사회공학적 질서를 자신의 존재론적 모델로 삼는다. 갤러웨이가 말하듯, "증기기관의 시대에 인간은 발전기이며 사회는 길들여지거나 착취될 수 있는 거대한 기계이다. 그리고 오늘날 알고리즘의 시대에는 순수 수학이 세계를 향해 권리를 주장하며 거기서 가치를 뽑아낸다"(Galloway 2012, 4:12). 이 관점에 따르면 수학화는 사고와 존재의 상관관계를 넘어서지 않으며, 오히려 언어만큼이나 거기에 확고히 자리를 잡고 있다.

주체적이고 현상적인 성질의 환원주의적 묵살은 사실 메이야수보다 레이 브라시에에 의해 더욱 엄격하게 다루어졌다. 브라시에는 메이야수와 마찬가지로 전통적인 철학이 주체성, 경험, 그리고 사고에 부여하는 특권을 거부한다. 그리고 브라시에는, 또다시 메이야수를 따라서 물리학을 상관주의로부터 도망치는 방법으로 삼는다. 브라시에는 인간의 자기-개념화에서 유래하는 "현시적 이미지"와 "다양한 과학적 담론에서 추출할 수 있는 … 과학적 이미지" 사이를 구별하는 윌프리드 셀러스를 따라 자연의 이분화를 재차 개념화하기도 한다(Brassier 2007, 3). 브라시에에 따르면, 환상에 불과한 현시적 이미지를 단순히 치워버리고 참된 과학적 이미지만을 남기는 것은 불가능하다 (9ff.). 그러나 브라시에는 일단 과학이 우리의 "이야기를 향한 심리학적 욕구"를 지워버린다면, "누구를 위한 것도 아니며," "서사적인 용어를 통해 이해"할 수 없는 세계만이 남게 된다고 강하게 주장한다(Brassier 2011).

브라시에는 모든 형태의 상관주의에 대항해서 사고가 그것의 지향적 내용과 결코 일치할 수 없을 것이라고 주장한다. 사고는 지향성, 혹은 관함성aboutness을 포함하지만, 우리의 사고는 자신이 향하고자 하는 사물들과 결코 실제로 상응할 수 없다. 실제로 브라시에는 다음과 같이 주장한다. "사고는 존재에 접근할 수 있다는 보장이 아니다. 존재는 그 본성상 생각될 수 있는 게 아니다." 우리는 "이해 가능한 것으로 설계되지 않은 세계, 원초적으로 의미가 침투하지 않은 세계"에 살고 있다(「개념과 객체」〔Bryant et al. 2010, 47에서 재인용〕). 결과적으로 "객체에 대한 우리의 개념과 즉자적인 객체" 사이에는 언제나 "간극," 혹은 "불일치"가 있게 된다(55).

바로 이 간극 혹은 불일치가 브라시에의 과학주의와 제거주의의 근거가 된다. 브라시에가 보기에 과학이든 형이상학이든 사물 자체와 그 사물이 우리의 사고에 표상되는 방식 사이의 불일치를 극복할 수 없다. 하지만 브라시에는 이러한 근본적인 불일치를 긍정하는 철학들, 예를 들어 들뢰즈가 가장 현저한데, 그러한 철학들조차 이런 원초적인 차이를 사고 자체에 대한 차이로 상정함으로써 관념론과 상관주의에 머물러 있다고 덧붙인다(Brassier 2007, 203). 이에 대항해서 브라시에의 "초월론적 실재론"(118)은 개념과 그 개념이 가리키는 것 사이의 불가피한 차이 자체가 결코 개념화될 수 없다고 말한다. 이 차이는 언제나 개념적인 것을 초과한 것으로 남게 된다.

과학과 형이상학의 근본적인 차이에 대해 브라시에는 다음과 같이 말한다. 과학에 있어 "객체의 실재성이 그 개념의 의미를 결정하지만," 형이상학은 그 반대를 전제한다(Bryant et al. 2010, 55에서 재인용). 실재와 그것이 생각되는 방식 사이의 차이는 "사고에 있어 결정적인 동시에 생각하는 것으로는 환원될 수 없다"(Brassier 2007, 203). 하지만 과학은 형이상학과 달리 "실재와 그것이 개념적으로 제한되는 방식 사이의 불일치를 측정할 수 있게 해준다"(Bryant et al. 2010, 55에서 재인용). 브라시에는 이러한 구별을 가지고, 양적 측정을 통해서 직접적으로 절대적 지식을 획득할 수 있다는 메이야수의 주장을 회피하면서 일종의 인식주의를 긍정하는 과학을 옹호한다. 브라시에는 사물이 우리와 떨어져 존재하는 한, 우리가 사물 자체를 직접적으로 측정할 수 없다고 여긴다. 오히려 우리의 개념과 그 개념이 가리키고자 했던 사물과의 부적합성을 적어도 간접적으로 측정할 수 있을 뿐이다.

　　그러므로 브라시에의 진정한 요지는 단순히 세계가 무의미하다는 것이 아니다. 브라시에의 주장에서 핵심적인 것은, 물리학을 통해 "실존의 무의미함을 이해할 수 있다는 것이다"(Brassier 2011). 좀 더 강하게 말하자면, 마치 과학이 사물과 사물에 대한 우리의 개념 사이의 불일치를, 그 불일치 자체를 개념화함이 없이 측정할 수 있듯이, 과학은 실존의 무의미함을 (예를 들어 실존주의가 그렇게 하듯이) 다시 의미의 또 다른 원천으로 돌리지 않으면서 그 무의미함을 이해할 수 있게 해준다는 것이다. 브라시에에게 있어서 "의미를 국소적, 혹은 경계를 가진 현상으로 이해하는 능력은 인식의 근본적인 진보를 표시한다"(2011).

브라시에에 따르면 과학적 지식의 진보야말로 사고가 자신의 무관성과 무능함을 인지하도록 지속적으로 강요한다. 일단 사고가 존재와 더는 상관되지 않게 되면, "사고는 절대적인 객관성과 비인격적 죽음의 동일성을 위한 장소가 된다"(Brassier 2007, 204). 이는 사고를 통해 성취된 과학적 지식이 궁극적으로 사고를 멸종시키게 된다는 것을 의미한다. 좀 더 정확하게는, 사고를 통해 성취된 과학적 지식이 사고 자신의 멸종을 인지하도록 유도하는 것이다. 철학자는 죽어야 할 뿐만이 아니라, "철학의 주체는 또한 그나 그녀가 이미 죽었음을 인지해야 한다"(239. 강조는 샤비로). "상관관계의 부재" 자체가 "사고의 객체"가 될 때, 그 순간 "사고 자신을 객체로 변환"시키며, 그렇게 "멸종은 사고의 부재라는 사고의 지표가 된다"(229~30). 브라시에에게 상관주의의 거부에 뒤따르는 귀결은, 사고로 환원될 수 없을 뿐만 아니라 사고에 치명적으로 적대적인 우주를 인지하는 것이다.

브라시에와는 대조적으로, 메이야수는 실증과학과 수학적 형식화를 오로지 기회주의적으로 채용할 뿐이다. 메이야수는 과학적이고 수학적인 형식화를 최종 결론으로 채택하지는 않는다. 사실, 나는 이제부터 과학과 수학이 궁극적으로 메이야수에게 전혀 중요한 것이 아님을 말하고자 한다. 물리학은 메이야수에게 선조적 객체가 어떠한 형태로 주체에 현현하든, 그에 앞서서 존재한다는 주장을 가능하게 해준다. 그리고 게오르크 칸토어의 초한수 이론은, 가능적 미래 사건의 집합이 총체성을 구성하지 않으며, 그러므로 상대적 확률을 통해 이해할 수 없다는 (바디우를 따른) 메이야수의 입증을 위한 기반을 제공한다. 그런데 일단 이러한 논증이 정립되고 나면, 과학과 수학은 더는 핵심적인 역할을 맡지 않는다. 메이야수가 바디우의 "계산적 이성의 한계로부터 해방되기 위해 수학 자신을 사용하는 방식"을 상찬할 때(2008, 103), 메이야수는 자신의 철학에 좀 더 알맞게 적용되는 뭔가를 말하고 있는 것이다.

사실상 메이야수의 주요 요지, "자연의 법칙"이 완전히 우연적이며 언제든 "아무런 이유 없이 실제로 바뀔 수 있다"(2008, 84)는 메이야수의 주장은 과학적 합리성의 기반 자체를 허물고 있는 것처럼 보일 것이다. 과학은 원인과 결과의 관계가 유효하다는 것을 전제하지 않고서는, 즉 메이야수가 거부하는 "충족이유율"을 향한 일정한(그것이 얼마나 약하든) 확신이나 신념이 없이는, 성사될 수 없다(60 외 여러 곳). 이 모든 게 메이야수가 정신에 관한 이론을 탈신비화 및 자연화시키는 데에도, 혹은 주체성을 그것의 표면적인 원인이 되는 미시물리학적 구성요소로 환원시키는 데에도 흥미가 없다는 것을 분명하게 보여주고 있다. 메이야수는 그가 "자연주의"라고 부르는 것을 거부한다. 혹은 그는 "어제보다 오늘 더 결정적이라고 여겨질 이유가 하등 없는 과학이라는 상태"에 근거를 두는 철학을 거부한다(Meillassoux 2012, ii).

훨씬 극단적으로, 메이야수는 절대적 합리주의를 향한 길을 열기 위해 사고를 존재로부터 전면적으로 정화하고자 한다. 브라시에가 탈신비화와 계몽의 기나긴 과정에 뒤따르는 최종적 귀결로서 의미의 제거를 찾을 때, 메이야수는 명령에 의해 의미의 제거를 달성한다. 다른 말로 하자면, 메이야수가 수학화를 수용하는 것은 그것이 과학적으로 유효하고 객관적인(비상관주의적인) 결과를 가져와서가 아니라, 수학적 형식화가 감수성과 의미를 완전히 제거하는 방식으로 작용하기 때문이다. 메이야수가 물리학에 가치를 두는 것은, 물리학 자체를 위한 것이라기보다는 그것이 주체성이라는 개념 자체를 거부하도록 허용하기 때문이며, 물리학은 오직 그러한 한에서만 가치가 있다. 메이야수에게 과학과 수학은 현상학을 없애버리기 위한 도구인 것이다. 니체는 우리가 여전히 문법을 믿고 있는 한, 우리가 신을 없애버리지 못하고 있는 것이라며 두려워한다. 메이야수는 우리가 여전히 현상적 경험을 믿고 있는 한, 우리가 상관주의를 없애버리지 못하고 있는 것이라며 두려워한다.

나는 브라시에와 메이야수가 자연의 이분화를 재긍정하며 물리적 우주로부터 의미와 감수성을 없애버리는 이유가 역설적으로 자신들의 확고한 인식주의에 놓여 있다고 말하고자 한다. 그들은 **충분히** 반상관주의적이지 않다. 이를 위해서, 앞서 논한 상관주의에 대한 메이야수의 최초 정의에 담긴 비대칭성으로 거슬러 올라갈 필요가 있다. 메이야수는 "우리가 객체를 주체와의 관계로부터 독립시켜서 '즉자'로서의 객체를 포착할 수 없으리라"는 상관주의적 요구를 벗어나기 위해 매우 상세하게 논의를 전개한다. 그런데 메이야수는 "객체와 언제나-이미 관계되어 있지 않은 주체를 파악할 수 없으리라"는 상관주의의 또 다른 요구를 벗어나는 데에는 실패하며, 사실, 그는 시도조차 하지 않는다. 메이야수는 후자의 요구를 당연한 것으로 받아들인다. 이 점이 메이야수가 자신의 사상을 "유물론"이라고 선언하기 위해서 모든 "주체성의 감각적 양식"(Meillassoux 2012, 4)을 제거해야 한다는 필요성을 성사시키는 것이다. 또 다른 한편으로, 이것이 메이야수가 유일하게 기꺼이 지지할 수 있는 사고의 긍정적인 이미지가 완전히 형식적이고 추상적이며 선-주체적인 것, 즉 "절대자에 대한 지적 직관"인 이유이기도 하다. 그것은 마치 칸트의 『순수이성비판』에 도사린 상관주의적 구조를 폐지한 메이야수가 『실천이성비판』의 이상한 인식론화 버전, 즉 단순한 현상이 결코 완전히 순응할 수 없는 절대적 합리성의 명령을 비전으로써 우리에게 남겨두고 있는 것과 같다.

메이야수의 비판이 주요 대상으로 삼고 있는 것은 현상학이다. 후설과 하이데거, 그리고 메를로-퐁티의 유산을 표적으로 삼고 있는 것이다. 현상학은 "인간과 세계의 근원적 상호작용"에 집착하며 "인간 사고의 외부에 있는 존재들의 자율적인 실재성"을 인지하기를 거부한다. 현상학은 완벽하게 상관주의적인 철학이다. 현상학에 대한 이러한 거부에도 불구하고, 메이야수는 여전히 지각과 감수성이 근본적으로, 그리고 필연적으로 지향적이라는 현상학적 전제를 당연시하며 결코 의심하지 않는다. 현상학에서 모든 사고 행위는 자신을 넘어선 객체로 향한다. 정신 상태는 언제나 어떤 것을 가리킨다. 이는 그 "어떤 것"이 세계 속에 진정으로 존재하는 것이든 공상적인 것이든, 혹은 추상적인 것이나 정신적 구축이든 간에 상관없이 적용된다. 상황이 어떻든, 사고는 언제나 어떤 것에 "관한" 것이다. 이는 사고가 본질적으로 관계적인 활동성이며, 실질적으로 상관주의적인 것임을 뜻한다. 사고의 막을 여는 "결단"은 다른 가능성을 배제했다.

이렇게 메이야수는 상관주의로부터 오직 한 방향으로만 벗어나고 있을 뿐이다. 메이야수는 객체가 그저 우리에게 있어 존재하는 게 아닌 즉자적으로 존재하는 방식을 상세하게 탐구하고 있다. 하지만 지적 직관이라는 자의적인 주장을 떠나서, 메이야수는 어떻게 사고가 어떠한 지향적 "세계에의-관계"에도 호소하지 않고 스스로 그러하게, 즉자적으로 존속할 수 있는지에 대해서는 고려하지 못하고 있다. 좀 더 철저한 반상관주의는 역시 비상관주의적인 사고도 탐구해야 한다. 즉, 자신을 넘어선 어떤 것과 지향적 관계를 설립하지 않고, 또 자기 자신과 어떠한 반성적 관계마저 설립하지 않은 채 나아가는 비현상학적 부류의 사고 ─ 혹은 의식, 감수성, 느낌, 현상적 경험 ─ 를 탐구해야만 한다. 만일 우리가 단순히 사고의 상관항에 예속된 객체들의 세계를 사고로부터 해방하고자 한다면, 그렇다면 우리는 역으로 사물들에 예속된 사고 또한 해방할 수 있어야 하며, 사고가 자신에게 부여한 가능성의 근거들, 이유들, 그리고 조건들로부터 해방할 수 있어야 한다. 그리고 이것은 합리성을 초월적인 지위에까지 올림이 없이 성취되어야 한다. 메이야수의 가능성의 체계 안에서 "절대자에 대한 지적 직관"은 메이야수의 탐구를 위해 필수불가결한 자리를 표시한다.

이 점은 다른 방식으로도 전개될 수 있다. 메이야수의 분석 과정에는 흥미로운 불협화음이 있다. 메이야수는 어떠한 비상관주의적 철학도 "사고에 대해 외적인 동시에 즉자적으로는 어떠한 주체성도 결여한 절대자"(Meillassoux 2012, 2)에 대해 개방적이어야만 한다고 주장한다. 불협화음은 메이야수가 우리의 사고가 부여하는 어떠한 것으로부터도 독립적인 객체 및 세계에서, 그것 자체로는 사고를 결여한 객체 및 세계로 넌지시 이동하며 생긴다. 메이야수는 사고가 적어도 이 행성에서 인간 존재에게 유일한 것임을 전제하는 듯하다. 메이야수에 따르면, "동물성과의 관계에서 사고가 일으킨 파열" 덕에 우리는 유일하게 "우연성이라는 절대적 진리를 포착할 수 있는 이성적 존재"(「신의 비존재」〔Harman 2011b, 190에서 재인용〕)이다. 따라서 메이야수는 자신이 의인관이라고 기술하는 것에 반대하여 자신의 인간중심주의를 솔직하게 옹호한다. "모든 실재(심지어 무기물적 실재) 속에서 주체적인 특징을 찾아내는 환상으로 구성되는 의인관에서, 그 주체적인 특징이 가지는 경험은 사실상 완전히 인간적이며, 단지 정도의 차이(이 정도의 차이라는 것도 마찬가지로 인간의 상상적 행위이다)가 있을 뿐이다"(2012, 5).

그러나 인간을 예외로 보는 그러한 사고는 자의적이며, 또 근거도 없다. 메이야수는 반인간중심주의적 근대 사상가들(디드로에서 셸링, 쇼펜하우어, 니체, 베르그손을 거쳐 들뢰즈에 이르기까지)이 암암리에 의인관을 채용하고 있으며, 인간의 "주체적 특징"을 코스모스 속 삼라만상에 밀수하고 있다고 고발한다(2012, 3). 그러나 메이야수의 이러한 주장은 견고하지가 않다. 메이야수는 "주체적 특징"을 비인간 존재에게 귀속시킴이 "주체적인 것을 절대화시킴"(3)을 의미한다는 점을 당연하게 여기기 때문이다. 즉, 비인간 존재에 주체적 특징을 귀속시키는 것이, 그러한 존재를 주체적 특징을 통해 소진적으로, 그리고 독점적으로 정의할 수 있다는 것을 의미할 뿐이라는 생각이 전제로서 깔려 있는 것이다. 그런데 이는 그저 엉터리다. 하먼이 지적하듯, "설령 우리가 돌덩어리조차 지각하는 존재라고 상정하더라도, 지각함이 돌덩어리의 존재를 완전히 구성한다는 결론이 뒤따르지는 않는다"(2013, 24). 그러므로 메이야수가 말하는 "주체화주의"subjectalism의 범주 — 이 범주는 관념론자와 생기론자, 그리고 범심론자를 똑같은 틀 속에 포함하는 것을 의미하는데 — 가 세밀한 조사를 견딜 수 있을 만큼 견고하지 않다는 하먼의 주장에 나는 전적으로 동의한다(Harman 2013, 24~25).

게다가, 근대철학의 "주체화주의적"인 주장에 대한 공격의 근거로서 주체적 특성이 "사실상 완전히 인간적"이며 독점적으로 그렇다는 자신의 가정에 관해서 메이야수는 아무런 설명도 하지 않는다. 메이야수는 인간 사고야말로 "동물성과의 관계에서," 근본적인 "파열"을 일으킨다는 것을 명백하고 자명한 것으로 받아들이는 것 같다. 그런데 사실 서양 근대의 인간중심적 편견을 벗겨내고 나면, 동물 존재와 인간 존재 사이의 파열을 주장하는 데에는 어떠한 근거도 없다. 최근의 생물학적 연구는 비인간 동물들뿐만 아니라 다른 부류의 유기체 또한 감수성을 가진다는 것을 충분히 입증해왔다(Shaviro 2011). 초파리가 결정을 내리는 방식에 주의를 기울이거나(Brembs 2010), 나무의 지각적이고 인지적인 활동을 관찰하는 것(Trewavas 2003)은 의인관적인 게 아니라 단순히 경험론적으로 정확한 것이다. "생각하는 존재로서의 인간"이 "무로부터의 도래advent ex nihilo의 최상의 결과"(Harman 2011b, 190에서 재인용)라고 주장하는 메이야수와 무관하게, 여타의 유기체가 가진 감수성과 우리의 감수성 사이에는 명백한 진화론적 연결고리가 있다. 설령 우리가 극단적인 우연성에 대한 메이야수의 전반적인 주장을 실제로 받아들인다고 하더라도, 메이야수가 말하는 개별적 우연성들의 도래가 어째서 이리도 편리하게 우리를 삼라만상의 중심에 놓는지 의문을 가져야 하며, 또 어째서 "비인칭적 자연에 대한 인간의 정당한 우월성"(Harman 2011b, 214에서 재인용)을 근거 짓고 있는지 의문을 가져야 한다.

이러한 모든 이유에서, 우리는 우리의 생각으로부터 독립적인 코스모스 속 다른 존재들에 대한 요구에서 그러한 존재들이 스스로 사고하지 못할 것이라는 주장으로 이동하는 메이야수의 불협화음에 좀 더 주의를 가져야 하며 또한 비판적이어야 한다. 이는 절대적으로 선험적인 "지적 직관"이 비상관주의적 사고가 취할 수 있는 유일한 형태라는 메이야수의 암묵적 전제를 넘어서는 보다 넓은 관점을 요구한다. 만약 "지적 직관"이라는 것(이에 대해 나는 완전히 납득하지 않았지만)이 정말 존재한다면, 그렇다면 이 지구상에서 인간 존재가 이 직관을 가질 수 있는 유일한 존재라는 것을 나는 부정하지 않는다. 그러나 비인간 유기체들의 정동, 인지, 결정에 대한 생물학적 연구가 보여주는 요지는, 순수하게 합리적이고 지향적이며 상관주의적인 생각을 넘어서는 다양한 종류의 사고가 있다는 것이다.

최근의 생물학적 연구는 "순수하게 물리적인 단계와 의식적인 지성적 작용의 단계 중간에 위치하는"(PR, 280) 많은 형태의 느낌 및 사고가 있다고 하면서 화이트헤드의 전반적인 저작을 관통하는 생각을 입증하고 있다. 우리는 개방적이고 다원적인 사고의 이미지 ― 혹은 차라리 다차원적인 사고의 이미지 ― 를 통해, 지성[사피엔스]을 감수성[센티엔스]으로부터 철저하게 분리하면서 순수하고 추상적인 이성을 가지지 않은 삼라만상을 결정론적이고 인과적인 메커니즘의 범주로 밀어 넣어버리는 실수를 피해야 한다. 인간 존재만 보아도 거기에는 방대하면서 다양한 정도와 형식의 감수성이 있으며, 다채로운 형식의 지각, 감각, 자각, 그리고 인지가 있다. 이러한 사고의 양태들이 모두 합리적인 것은 아니며, 모두 필연적으로 객체를 향하고 있는 것도 아니다. 이 범위는 우리가 다른 살아있는 사물에 주의를 기울일 때 훨씬 방대해진다. 점균 같은 유기체는 무시할 수 없는 인지적 활동을 예시한다. 물론 점균의 "의사결정" 과정은 "비합리적"이지만 말이다(Laity and Beekman 2010). 그리고 점균은 아마 의식적 지향성이라는 너무도 인간적인 모델에 합치하는 방식으로 생각하지도 않는다. 설령 인간 존재가 상습적인 상관주의자라 할지라도, 점균마저 그러할 필요는 없다.

점균이 실제로 어떠한 방식으로 생각하는지는 물론 경험론적 연구의 문제이다. 그러나 우리가 점균의 정신성을 고려하든 인간 존재의 정신성을 고려하든, 우리의 사고 이미지를 합리적 그리고/혹은 지향적 모델에 제한시키지 않는 것이 중요하다. 점균이 어떻게 생각하는지를 보며, 우리는 점균이 인간처럼 생각한다는 것이 아니라 우리 자신이 생각보다 언제나 "인간적인" 방식으로 생각하지는 않는다는 점을 발견할 수 있을지도 모른다. "인간성의 또 다른 형태(감각, 의지, 지각, 창조)를 모든 실재에 귀속시킨다는"(Meillassoux 2012, 4) 메이야수의 주장과는 달리, 그러한 연구는 애초에 "인간적"인 것과는 거리가 먼 사고와 행동의 양태를 발견하고자 한다. 지배적인(지향적이고 상관주의적인) 사고의 이미지를 벗어나는 여러 철학적 "탈주선"lines of flight이 있다. 이러한 접근들은 어떻게 비상관주의적 사고가 가능하며, 그 비상관주의적 사고가 어떻게 우리와 다른 존재들에게 마찬가지로 적용되는지를 이해하는 데 도움을 줄 것이다.

그중 하나의 "탈주선"은 프랑수아 라뤼엘의 비-철학nonphilosophy이다. 표준적 철학을 향한 라뤼엘의 접근과 상관주의를 향한 메이야수의 비판 사이에는 흥미로운 평행이 있다. 라뤼엘과 메이야수는 모두 실재가 그것을 포착하고 정의하려는 우리의 노력을 능가하고 또 벗어나는 방식에 주목한다. 이를 위해서, 양자는 비사고적으로 남아 있는 영역(메이야수의 "거대한 외부," 라뤼엘의 일자)에 접근하고자 지배적인 형태의 철학이 규정하는 한계를 뛰어넘는 모험에 나선다. 메이야수가 "모든 사고를 초월하는 '즉자'"(2012, 2)의 실재에 도달하고자 할 때, 라뤼엘은 실재계가 "언어와 사고가 결정할 수 없는 것(사고로부터 '배제된 것')"(1999, 138)임을 긍정하고자 한다.

더 나아가서는, 메이야수와 라뤼엘은 실재를 상관주의적 용어들로 생각하려는 철학적 시도가 자의적인 결단에서 유래한 것으로 본다. 라뤼엘에게 모든 철학은 어떠한 "철학적 결단"과 함께 시작한다. 철학은 이 결단을 설명하지 못하지만 그런데도 자신의 포괄성과 자기-충족성을 근거 짓기 위해 이 결단을 사용한다(Laruelle 1999, 143). 라뤼엘에 따르면 "철학적 결단"은 "실재계에 관해 일원적으로 논할 수 있다는 가능성을 (소박하고 환상적인 방식으로) 믿는 초월의 작용이다"(2009, 56). 이에 따르면 철학적 결단은 근본적으로 상관주의적이다. 이 결단은 생각될 수 있는 것을 사전에 결정하며, 그 결단이 선험적으로 포함할 수 없는 것을 단순히 무시하거나 존재할 수 없는 것으로 취급한다. 메이야수가 기술하는 상관주의의 이중적인 "근본 결단"(2008, 49)은 이 패턴을 잘 예시하고 있다. 첫 번째 상관주의적 결단은 상관관계의 외부를 향한 어떠한 참조도 "실추시키기에 충분"하며(36), 두 번째는 "즉자적인 것에 대한 어떠한 개념도 폐기"시킨다(37).

철학의 지배적인 상관주의적 양태에 대한 양자의 진단이 공통적이라는 점을 고려해 볼 때, 메이야수와 라뤼엘은 이 사고의 모체로부터 자신을 해방하기 위해 마찬가지로 어딘가 비슷한 담론 전략을 제시한다. 양쪽 사상가 모두 자신이 벗어나고자 하는 철학적 입장을 단순히 묵살하기보다는 오히려 정면으로 마주한다. 그런데 여기서 "어딘가 비슷한"은 "동일한"을 뜻하지 않는다. 메이야수와 라뤼엘은 상관주의와 마주하는 특수한 양태에 있어서 가장 날카롭게 차이가 난다. 메이야수는 상관주의 이전의(즉 전-칸트적 및 전-비판적인) 독단주의로 되돌아갈 수는 없다고 말한다. "오직 상관관계의 가장 극단적인 형태를 마주할 때만"(Meillassoux 2008, 35), 그리고 그 극단적인 상관관계를 그것의 최대 귀결까지 밀어붙일 때만, 우리는 상관주의를 극복할 수 있는 "단층"(59)을 찾아낼 수 있다. 하먼이 지적하듯, 메이야수는 이런 식으로 "사실 상관주의적인 입장에 호의적이다." 하먼이 동의하듯, 메이야수 자신이 "상관주의를 그 내부에서 극단적으로 밀고 나가야 하며, 외부에서 묵살시켜서는 안 된다"고 생각하기 때문이다(2009b, 164).

이에 반해 라뤼엘은 전통적인 철학에 그러한 호의를 보이지 않는다. 라뤼엘은 철학적 결단을 극복하려 하지 않으며, 그 내부에서 극단적으로 밀고 나가지도 않는다. 오히려 철학적 결단으로부터 물러나 결단을 유보한다. 이는 존 멀라키가 말하듯, 라뤼엘의 비철학이 "철학 자체를 삼가면서 동시에 철학을 자신의 원자재로 삼는"(2006, 133) 방식으로 전개되기 때문이다. 이런 식으로 비철학은 "철학의 공리나 정리가 유래하게 되는 소재의 철학적 기원"을 필연적으로 인지하며, 비철학은 "더는 철학의 범주와 어울리지 않는 철학, 철학의 권위와 그 자족성을 벗어나는 철학을 통해 생각하려고 노력한다"(Laruelle 1999, 143). 메이야수와 라뤼엘 양자 모두 상관주의적 사고의 자기긍정적인 총체화에서 벗어나려고 한다. 그러나 메이야수가 변증법적 사변의 극단적 형태를 통해 상관주의를 과격하게 밀고 나가 상관주의를 능가하는 반면, 라뤼엘은 대신 사변으로부터 극단적으로 물러난다.

결국 메이야수의 이원론과 라뤼엘의 급진적 내재성에 대한 긍정 사이의 대조보다 더 극단적인 것은 없을 것이다. 앞서 보아왔듯, 메이야수는 사물들의 우주로부터 지향적인 사고를 완전히 퇴출하는 데 분투한다. 그런데 메이야수는 "소여성" 없는 세계의 반대편에 완전히 비현상적인 "절대자에 대한 지적 직관"을 위치시킨다. 라뤼엘 또한 (라뤼엘 자신의 용어법에 따라서) **비현상학**에 이르고자 한다. 그러나 라뤼엘은 이를 지적 직관과 지향성 양자를 거부함으로써 도달하고자 한다. 라뤼엘은 사물과 사고를 분리하는 메이야수적인 사고를 일절 거부한다. 대신 라뤼엘은 "비직관적인 현상성"을 주장한다. 이는 실재계의 "극단적인 내재 혹은 내재 자체"나 라뤼엘이 "일자"라고 부르는 것을 드러낸다(Laruelle 1999, 141). 이 "비직관적인 현상성"은 사물에 관한 사고의 양태일 수 없다. 왜냐하면, 그것이 오히려 "모든 사고가 — 철학에서 '최고'라 할 수 있는 것을 포함해서 — " 이미 "사물임"(Mullarkey 2012, 강조는 샤비로)을 시사하기 때문이다.

라뤼엘이 말하기를, 비현상학적 사고는 "지각의 양태가 아니다 … 그것은 일반적인 직관성을 가지지 않으며, 객관적인 직관도 지적 직관도 가지지 않는다. 또 그것은 사고와 개념을 가지지 않는다"(1999, 141). 다른 곳에서 라뤼엘은 비현상학적 사고를 "맹목적 사고"(2011, 29) 및 "비–비판적 사고"(32)라고 부른다. 비상관주의적 사고는 "지적 직관"이 아닌 만큼 "현상학적 현상"(Laruelle 1999, 141)이 아니다. 라뤼엘은 현상학에서 말하는, 그것을 통해 "세계가 관찰자에게 제시"된다는 "자연적 지각"을 거부한다(Merleau-Ponty 2002, 216). 오히려 라뤼엘은 사진이 자신의 자동성automaticity을 통해 지각에 대한 "급진적 비판"(Laruelle 2011, 51)을 제시한다는 것을 보여준다. 사진은 "표상에 의해 결코 촉발되고 분할되지 않은 현시"(45)를 제공한다는 것이다. 사진은 사물의 대역을 맡음이 없이, 또 사물을 표상함이 없이 "사물이 그저 존재하게 내버려 둔다"(55). 그것은 "더는 찍힌 것의 모방, 추적, 유출, 사진적 '표상'이 아닌,"(94) 그 자체로 완전히 객관적인 무언가를 만들어낸다. 이렇게 사진은 사물에 관한 것으로 존재하는 게 아닌, 즉 사물을 표상하거나 객체로서 지향함이 없이 사물을 제시하는 사고의 한 양태를 예시한다.

비상관주의적 사고를 향한 두 번째 접근은 라뤼엘과 어딘가 다른 질 들뢰즈의 접근이다. 『시네마』 1권에서 들뢰즈는 19세기 후반, 마침 영화가 발명된 시기에 생겨난 "심리학의 역사적 위기"를 말한다. 이 위기는 "유물론과 관념론의 대립"을 다루며, "이미지와 운동, 의식과 사물이라는 이원성"으로 이끈다. 그러면서 들뢰즈는 이 이원성을 "극복"하고자 노력한 "두 명의 아주 다른 저자"를 말한다. 후설과 베르그손이 바로 그들이다.

"그들은 각자 자신의 입장에 대한 슬로건을 내세웠다. 모든 의식은 어떤 것에 대한 의식이거나(후설), 혹은 좀 더 강하게, 모든 의식은 어떤 것이다(베르그손)"(Deleuze 1986, 56).

베르그손의 "슬로건"은 후설보다 "좀 더 강하게" 들뢰즈와 공명한다. 베르그손의 정식화는 현상학의 핵심에 있는 상관관계를 빼버리기 때문이다. 베르그손의 설명은 반성 작용을 하지 않는 감수성과 외적 객체를 향하는 초월이 없이 "즉자"로서 남는 경험을 허가한다. 만약 "모든 의식이 어떤 것"이라면, 사고는 "이미지와 운동의 절대적 동일성"에 있어서 물질과 내재적으로 일치한다(Deleuze 1986, 59). 들뢰즈가 다른 곳에서 논하듯이, 그러므로 "의식이 어떤 것에 관한 의식이라고 말하는 것은 충분하지 않다"(1994, 220). 오히려 "의식은 사물 자체의 순수한 인광이 되기 위해서 대상에 빛을 비추는 광원으로 있기를 그만두고,"(1990, 311) 원초적인 점에 도달하기 위해 뒤와 아래로 향해야 한다. 이는 마치 라뤼엘에게 사진이 그러했던 것처럼, 들뢰즈에게 있어 영화는 "자연적 지각"으로부터 단절해 있음을 의미한다(Deleuze 1986, 57). 시네마는 "정착지나 수평선이라는 중심이 없으며"(58), 그렇기에 "이미지"는 참조나 지향성 없이 "그 자체로서[즉자적으로] 존재한다"(59).

비상관주의적 사고는 들뢰즈가 "구조-타자"(1990, 309ff.)라고 부르는 것의 아래에서, 혹은 그 이전의 차원에서 발생한다. "지각장의 구조"(307)를 제공하는 타자의 명확한 현전 없이, 그러한 사고는 단순히 "의식과 그 대상 사이의 구별"(311)을 세우지 않는다. 이 영역에서 사고 ― 혹은 차라리 감수성 ― 는 비지향적이며 비인지적이다. 문자 그대로 이 감수성은 인지와 재인의 과정에 포함되어 있지가 않다. 이 감수성은 무엇도 인지하지 않으며 해석하지 않는다. 하이데거의 "로서-구조"의 영역이나, 정신에 대해 인지주의적인 철학자들이 표상론적 정보처리라고 기술하는 영역 이전에 있으며, 그것들에 전혀 참가하지 않는 것이다.

이러한 비상관주의적 사고나 감수성을 자폐적이라고 묘사할 수도 있겠다. 단, 여기서 자폐라는 용어는 경멸적이고 의학적인 함의를 가지지 않는다. 신경 다양성neurodiversity 운동을 참조해볼 수 있듯이, 자폐적인 사고의 양태가 신경 전형적인 사고의 양태와 확연히 다르다고 해서 장애라는 낙인을 찍어서는 안 된다(Savarese and Savarese 2010). 흔한 (그리고 때때로 의학적인) 편견과는 반대로 자폐증 범위에 속하는 사람들은 자기중심적이 아니며, 공감 능력이 떨어지는 것도 아니다. 그러한 사람들에게 사물들은 현상학에서 기술하는 방식으로는 "주어지는 것"도 "현현하는 것"도 아닐 수 있다. 오히려 그들은 라뤼엘이 사진에 관한 자신의 저서에서 "아직 객관화하지 않은 시각"(2011, 12)이라 부른 것을 체현한다. 그들의 시각은 마치 라뤼엘이 말하는 사진의 "시각-내재"(54)처럼, "그것이 표상하는 모든 것을 철저하게 '동등한 지평'에 서 있는 것으로 만든다. 지도와 땅, 오른쪽과 왼쪽, 과거와 미래, 전경과 원경, 전면과 지평, 그 모든 것이 이제 어떠한 존재론적 위계질서도 벗어나서 완전한 외부에 존재한다"(52). 라뤼엘은 이러한 평면화가 경험의 균질화로 이끌지 않는다고 덧붙인다. 오히려 "'특이성들'과 '물질성들'의 해방과 격화"(52)로 이끌게 된다. 혹은 에린 매닝이 다른 어휘를 가지고 말하듯, "자폐증자는 유기적이든 무기적이든 생명의 척도와 범위를 넘어서서 공명하는 실천의 생태학에 머물고 있다"(2013, 225~26). 자폐증자는 현상학적 지향성과 무관하게 내재적으로 세계에 완전히 몰입하고 있다. 결국 그들은 세상을 향한 그들의 기본적인 적응에 있어서 신경 전형적인 사람들보다 덜 고질적인 "상관주의자"인 것처럼 보인다.

비상관주의적인 감수성은 이렇게 라뤼엘, 들뢰즈, 그리고 자폐증에 관한 여러 이론가를 통해서 구상해 볼 때, 존재의 내재적 성질이자 힘이다. 그것은 명석한 판단이나 하이데거의 암묵적 전이해보다는 화이트헤드의 "느낌"(1929/1978, 40~42)을 포함한다. 느낌은 개별 객체를 향하거나 그것과 상관하지 않는다는 의미에서 비지향적이다. 물론 느낌은 그러한 개별적 객체들과 얽히거나 그러한 객체를 함의할 수는 있다. 비상관주의적 감수성은 "비인지적"anoetic(Tulving 1985, 3)이며 비-비판적이다. 그리고 그것은 많은 경우 의식을 포함하지 않는다. 그것은 일종의 현상학 없는 현상성이며, 비개념적인 "어떠함"이다. 비상관주의적 감수성은 어떠한 "표상적 내용"도 벗어난 라뤼엘의 "가상의 순순한 힘"을 포함한다(2011, 67). 이 감수성은 칸트가 미적 감각에 관해 말할 때의 "인식에게 부적합하며 미결정적"(2000, 216, 340)인 특이성을 경험한다. 그리고 이 감수성은 "아름다움"을 포착하는데, 메칭거의 말을 빌리자면, 아름다움은 "언제나 그러하듯, 너무도 오묘하고 변덕스러워서 원리상 인지의 접근을 피해간다"(2004, 73). 이 모든 의미에서 비상관주의적 감수성은 미적이다.

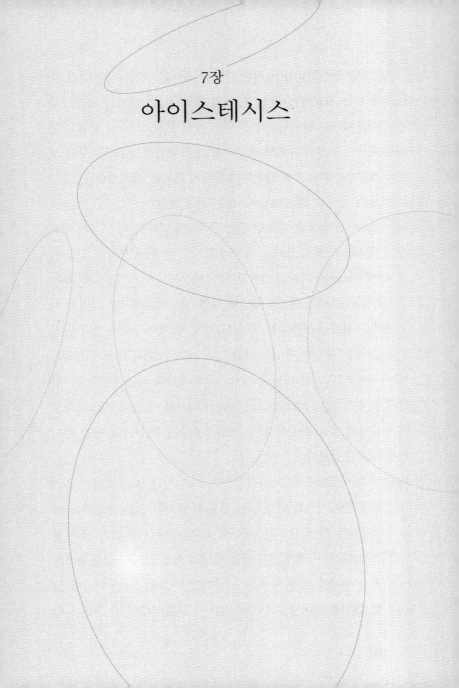

7장

아이스테시스

앞에서 언급했듯, 모든 다양한 형태의 사변적 실재론은 충돌하는 철학적 주장들 사이를 합의시키는 칸트의 조건들을 재분배하기 위해서 칸트로 돌아가야 한다. 오직 이 방법을 통해서만 칸트가 우리에게 심어둔 상관주의적 순환으로부터 도망갈 수 있다. 결국 칸트는 유한성의 철학을 제시한다. 이 유한성은 우리가 결코 넘을 수 없는 한계 중 하나이다. "인간 이성"은 "자신이 묵살시킬 수 없는 문제들… 그러면서 이성이 결코 대답할 수 없는 문제들"과 마주한다. "그러한 문제들이 인간 이성의 모든 능력을 초월하고 있기 때문이다"(Kant 1998, 99, Avii). 칸트는 우리가 불가항력으로 사변으로 이끌리지만, 그러한 사변은 언제나 헛수고일 것이라고 말한다. 메이야수가 말하듯 칸트에게 "사고는 자신의 바깥으로 나갈 수 없다"(2008). 그렇게 "거대한 외부, 전-비판적 사상가들의 절대적 바깥"(7)에 접근할 수 없게 된 것이다. 칸트는 거대한 외부를 향한 어떠한 시도도 실패로 끝날 것이며, 외부 대신 독단적인 환상으로 이끌 뿐이라고 주장한다.

화이트헤드가 "사변철학"(PR, 3~17)이라 부른 철학의 존엄성을 회복시키기 위해서는, 칸트가 금지한 것을 어떻게든 빠져나가야 하며 사고가 "자신의 외부"로 나갈 수 있는 길을 찾아야 한다. 우리가 보아왔듯 메이야수는 칸트의 상관주의적 구조 자체를 충분히 밀고 나간다면 칸트의 "인간 이성의 능력" 한계를 뛰어넘을 수 있을 것이라 주장한다. 일단 우리가 상관관계의 우연성을 인지하면, 우리는 "우연성의 절대적 필연성"(Meillassoux 2008, 65)에 관한 보다 일반적인 이해를 얻게 되며, 그러므로 "절대자에 대한 지적 직관"(82)을 가지게 된다는 것이다. 칸트가 물자체를 이해할 수 없다고 말할 때, 메이야수는 이해 불가능성 자체가 우리의 지성적 한계로부터 유래하기보다는 물자체에 본질적인 것이라고 응수한다. 그러므로 메이야수에게 명령이란 "우리가 사고의 무능함이라고 여겼던 것을 사물 자체에 되돌려주기"(53)이다. 이는 칸트에 대한 헤겔의 변증법적 비판을 마치 "기묘한 세계" 버전으로 전도(혹은 패러디)시킨 것처럼 보인다. 슬라보예 지젝이 논하듯, "변증법적 전도의 가장 기초적인 형태는 인식론적 장애물을 사물 자체에 옮겨 놓는 데에 있다"(2012, 17). 그러나 헤겔이 사물에 대한 우리의 지식을 사물 자체에 돌려놓을 때, 메이야수는 사물에 대한 우리의 무지를 사물 자체에 돌려놓는다. 그러므로 헤겔에게 있어서 우리가 칸트의 누메나(물자체)를 알 수 있는 것은 우리의 정신이 애초에 그러한 물자체를 상정하기 때문이지만, 메이야수에게 있어 우리가 물자체를 알 수 있는 것은 우리의 정신이 결코 그러한 물자체를 상정하지 않고 또 그럴 수도 없다는 점, 그리고 사물이 지금 그러한 것으로 있는 데에는 "이유가 없다"는 점에서 기인한다(Meillassoux 2008, 60). 이렇게 메이야수는 사물 자체의 비합리성 위에 초월적인 초합리주의hyperrationalism를 세운다.

그러나 헤겔과 메이야수가 상반되는 방식으로 보여주는 팽창된 합리주의는 칸트가 금지한 것을 피하는 유일한 길이 아니다. 하먼이 지적하듯, 칸트가 사변의 가능성을 제한시킨 것은 지식의 유한성 때문만이 아니라 칸트가 "인간–세계의 관계"(2011b, 4)의 중심성을 전제하기 때문이다. 메이야수는 유한성은 거부하지만 인간중심주의를 받아들이는 데서 멈춘다. 메이야수가 인간이 사변을 통해 절대적 진리를 알 수 있다는 점만을 긍정하는 게 아닌, "인간 존재가 〔그러한〕 진리에 접근하는 존재로서 정의된다"(Harman 2011b, 190에서 재인용)고 선언하기 때문이다. 하먼은 반대로 인간중심주의를 거부하고 환원될 수 없는 유한성을 긍정한다. 하먼은 "사물과 그 사물에 대한 지식의 일치 불가능성"을 말하는 "칸트적 비판을 수용"한다(Harman 2011b, 133). 그러나 하먼은 이것이 인간 존재에만 적용되는 것이 아니며, "칸트의 인간–세계 독점"을 "객체와 관계 일반 사이에 놓인 코스모스 속의 기본적인 균열"로 확장해야 한다고 주장한다(Harman 2011c, 119). 관계의 모든 양태는 필연적으로 유한하고 제한되어 있다. 어떤 존재도 다른 존재를 결코 완전히 포착하지 못한다. "집에 대한 지식 자체는 집이 아니다. 그리고 바로 이런 이유에서, 어떠한 내재적인 모델의 철학도 불가능하다"(Harman 2011b, 133).

이는 화이트헤드에게 있어 그런 것처럼 하먼 역시 "신을 포함한 모든 현실적 존재는 그 자신을 위한 어떠한 개별자이며,

그렇기에 다른 모든 현실태를 초월한다"(PR, 88)는 것을 의미한다. 그러므로 하먼과 화이트헤드에게 독단적인 확실성을 묻는 것은 칸트에게 그런 것처럼 결코 용납되지 않는다. 그러나 하먼은 이를 통해 사변을 폐기해야 한다는 결론으로 치닫지 않는다. 오히려 화이트헤드처럼 우리가 사변할 수 있고 또 그리해야 한다는 결론으로 치닫는다. 하먼은 말한다. 철학은 칸트라는 사례를 따라가서 "객체를 그것이 알려질 수 있고 검증될 수 있는 조건들로 변환시켜서는 안 된다"(2012a, 12). 오히려 객체들의 가능성의 조건들로부터 나오는 객체 간의 차이를 존중해야 한다. 바로 우리의 긍정적 지식이 한정적이기 때문에, 그리고 세계가 우리를 중심으로 돌지 않기 때문에, 철학은 그것이 직접적으로 접근할 수 없는 사물들의 우주에 관해 사변해야 한다. 우리가 가진 지식은 절대로 충분하지 않다. 하먼은 말한다. 최선에 있어 "우리는 어떤 사물을 사고 속에 담지한 모델로 환원시키기보다는 암시를 통해, 이해함이 없이 이해하며, 생각함이 없이 생각할 뿐이다"(2011b, 152). 최종적인 분석은 다음과 같다. "실재는 알려질 수 있는 어떤 것이 아닌, 사랑받는 어떤 것일 뿐이다"(Harman 2012a, 12). 철학은 자신이 알 수 없는 어떤 것을 사변하며, "현실적으로 지혜로움을 주장하는 법이 없이 지혜를 향한 사랑"을 표현한다(15).

내가 이미 명시했듯 나의 입장은 메이야수보다는 하먼에 가깝다. 헤겔과 메이야수에 대항하여 하먼과 나란히 서서, 나

는 유한성을 향한 칸트의 주장을 받아들인다. 절대적 지식이
란 없다. 하먼이 타당하게 말하듯, 신조차도 그러한 지식을 가
질 수 없다(2011b, 148). 그러나 나는 한 가지 측면에서 하먼
과 갈라진다. 나는 하먼이 유한성을 구상하며 오류를 범했다
고 생각한다. 마치 칸트가 자신의 첫 번째 비판에서 범했듯
이, 유한성을 지식의 한계에 관한 문제로 보는 것이다. 하먼에
게 모든 객체는 그것이 궁극적으로 알 수 없다는 점을 통해
부정적으로 특징지어진다. 객체가 "사고의 접근 뒤로 물러나
는 것, 지식의 어떠한 내재적 및 절대적 형태도 약화하는 그 물
러남"(2011b, 149)이 그 객체를 특징짓는 것이다. 나는 이 진술
자체를 거부하지는 않는다. 그러나 나는 이 진술이 지식과 확
실성의 문제에 과도한 (부정적) 중요성을 부여하고 있다고 생
각한다. 화이트헤드가 말하듯, "단순한 지식이라는 개념은 고
도의 추상이다 … 의식적 식별 자체는 좀 더 정교한 유형의 경
험하는 계기들 속에서만 현존하는 하나의 가변적인 요인이
다"(AI, 175~76). 임의의 객체가 다른 객체와 접촉하는 것은, 즉
다른 객체가 임의의 객체를 촉발하는 것은 사실 지식을 포함할
필요가 전혀 없다. 존재들 사이에서 일어나는 대부분의 상호
작용은 어떠한 "의식적 지식"도 포함하지 않는다(PR, 177). 반
드시 사물을 이해하지 않아도 나는 사물에 만져지며 움직여진
다. 사물 자체가 "사고가 접근할 수 있는 것"이 아니어도 나는
여전히 움직여진다.

지식의 유한성에 대한 하먼 자신의 예시를 들자면, 달은 "달에 대한 우리의 지식이 도저히 헤아릴 수 없고 또 그 달을 대체할 수 없는 방식으로 궤도를 돌고 숨으며, 그 인력은 끌어당긴다"(2011b, 148). 그런데 바로 이것이 내가 말하고자 하는 요점이 아닌가? 지구를 선회하고 조수를 끌어들이는 데 있어서, 또 정서적으로 우리의 상상력을 유혹하고 우리가 사는 전체적인 분위기에 기여하는 데 있어서, 달은 우리가 달에 관해 알고 있든 모르고 있든 끊임없이 우리에게 영향을 미치고 촉발하고 있다. 달은 설령 그것이 "숨어있을 때"조차 우리를 건드린다. 달이 우리에게 관여하지 않고 우리를 향하고 있지 않을 때조차도 여전히 영향을 끼치는 것이다. 몇몇 경우에는, 그러나 오직 "몇몇" 경우에만, 우리는 달이 이미 우리를 건드리고 우리를 변화시킨 몇 가지 방식을 소급해서 인지하게 될 수도 있다. 그런데 달의 영향은 그저 이 "몇몇" 경우에 한정될 수가 없다. 유한성이란 그저 달에 대한 우리의 지식이 가진 한계를 의미하는 것이 아니다. 훨씬 중요한 점은, 달로부터의 우리의 독립성이 한계를 가진다는 것이다.

모든 객체는 인식론적으로는 참으로 모든 타자로부터 "물러나 있을"지도 모른다. 그러나 이 물러남이 객체가 다른 모든 객체로부터 존재론적으로나 미학적으로나 "방화벽 뒤에 바리케이드를 쳤다"(Harman 2005, 188)는 것을 의미할 필요는 없는 것이다. 오히려 이 인식론적 물러남은 하먼이 객체 간의 "감각적인" 함의나 얽힘이라고 부를 사태를 그저 증진할 뿐이다(Harman 2011a, 20~34). 하먼 자신은 그러한 연결성을 망각하지 않는다. 하먼은 모든 객체가 "사적인 진공 속에 숨은 칠흑 같은 크리스털"이라고 주장하면서도, 객체가 서로에게 미치는 분명한 효과들에 주의를 돌릴 때마다 하먼은 그러한 연결의 양태를 인지적이고 인식론적인 용어로 기술하기보다는 미학적 용어로 기술한다. 하먼에게 사물들은 여타의 사물들에 간접적으로 영향을 끼친다. 이 간접성은 하먼이 매혹 및 대리적 인과관계라 부르는 것이다. 외부에서 우리와 접촉하는 객체, 그리고 우리가 알 수 없는 진정한 내적 본성을 가진 그 객체는 "기본적으로 우리가 말로 표현할 수 없는 영향"을 끼친다(Harman 2007b, 199). 어떠한 "융합"이 일어나지만, 그것은 "우연적 잔여물로 뒤덮여있으며, 오직 부분적인 것으로 남는다"(204). 매혹은 임의의 객체가 다른 객체를 머나먼 거리에 걸쳐 부름을 의미한다. 이것이 "매혹은 자신의 내적 삶을 직접적으로 현전시킴이 없이 단순히 객체를 암시"(199)하는 이유이다. 하먼에 의하면, 이렇게 간접적이고 "비대칭적인" 방식을 통해 "두 객체는 … 만짐이 없이 만진다"(204).

물론 이러한 간접적 만짐은 물리학에서 기술하는 "작용인"이 아니다(Harman 2007b, 174). 그리고 그것은 당구공이 다른 당구공에 부딪힐 때 일어나는 일처럼 직접적인 원인과 결과에 관한 상식적인 이미지와는 거의 관계가 없다. 하먼은 인과관계를 대리적 과정이라 기술하는데, 그것이 일종의 대체, 번역, 혹은 머나먼 거리를 걸친 전달을 포함하기 때문이다. 요컨대 인과관계는 **신비적 영향**occult influence이다. 하먼에게 접촉이란 문자 그대로의 의미가 아니라 오히려 은유적인 것이다. 물론 이는 "운반하기"transfer 또는 "건네주기"carrying across라는 어원적 의미에서 사용된다(2005, 101~24). 변화란 미적 변환이다. 변화는 어떤 임의의 객체, 혹은 그 객체의 임의의 성질이 다른 객체나 임의의 성질을 대신하고 대체할 때 일어난다. 이렇게 미학은 인과성을 둘러싼 비밀을 풀기 위한 열쇠가 된다. 미적 영향을 물리적 과정들에 대한 상징적 표상이나 물리학에서 말하는 원인과 결과에 거리를 첨가한 약화한 형태라고 설명하기보다는, 하먼은 그러한 용어들을 전도시킨다. 하먼은 인과성 자체를 미적 영향이라는 보다 원초적인 과정의 분기, 혹은 외삽법으로 설명하고자 한다. 하먼에 따르면 인과관계는 "미적 경험의 매혹과 기묘하게 닮아있다"(2011a, 105). 객체지향 존재론 사상가 티머시 모턴은 이 점을 좀 더 강하게 밀어붙인다. 자신의 저서 『실재론적 마술』에서 모턴은 행위가 언제나 "거리를 두고" 일어나며, 그러므로 "인과성은 완전히 미적인 현상"(2013)이라 주장한다.

인과성에 대한 하먼과 모턴의 관점은, 모턴이 "둔탁한 부딪침의 인과성"(2013)이라고 깎아내려서 부르는 상식적인 견해뿐만 아니라 원인과 결과에 대한 가장 최근의 철학적 논의와도 분명히 충돌하고 있다. 데카르트로부터 이어져 온 근대철학은 인과관계에 대한 아리스토텔레스적이고 스콜라적인 분석과는 정반대의 것으로 자신을 정의한다. 아리스토텔레스의 사원인(질료인, 작용인, 형상인, 목적인) 분류는 인과성이 내적 과정이라는 관념 자체와 함께 거부되었다. 흄과 칸트 둘 다 인과관계를 사물 자체에 위치시키기는커녕 그것을 생각하는 마음에다 위치시켰다. 흄에 따르면, 우리는 인과성 자체를 경험(혹은 지각)할 수 없다. 우리는 오직 사건들의 "거듭되는 연접"을 관찰함으로써 인과성의 존재를 추론할 수 있을 뿐이다. 이 설명의 현대적 버전은 최근의 분석철학자 데이비드 루이스에게서 찾아볼 수 있는데, 루이스에 따르면 분리된 존재들 간에 "필연적인 연결"이란 존재하지 않고 존재할 수도 없다. "이 세계에 존재하는 모든 것은 개별적 사실이라는 국소적 소재들이 이루는 거대한 모자이크, 단순히 작은 것 하나에서 또 다른 작은 것 하나로 가는 거대한 모자이크"(1986, ix)일 뿐이기 때문이다. 그렇게 인과적 연결은 우리가 "국소적 사실 소재들"이 "수반"supervene하는 것을 역사적으로 관찰해온 것, 그러한 반복적 사건이나 규칙성에 불과하기 때문에 완전히 필연성이 결여되어 있다. 사물이 이 세계에서 행한 행위와 다르게 행위하는 "가능세계"가 다수 있으며, 이러한 가능 세계들은 그들 자신의 방식대로 완전히 실재적이다. 우리 세계의 인과성은 반사실적으로밖에 정의될 수 없다. 내가 A가 B를 야기했다고 진술할 때, 이 진술이 의미하는 것은 만약 A가 발생하지 않았다면, B 또한 발생하지 않았으리라는 것이다. 이것이 어째서 그러해야만 하는가에 관해서는 더 깊은 (혹은 좀 더 내적인) 이유reason를 말할 수 없다.

칸트는 흄의 논증에 뒤따르는 회의적 귀결들에 관해 고려했다. 만약 어째서 A가 B를 초래하는지, 좀 더 엄밀하게는 어째서 B가 언제나 A에 뒤따르는지에 관해서 깊은 이유를 제시할 수 없다면, 자연이 법칙적이고 규칙적이며 그 "거듭되는 연접"이 미래에도 여전히 일어날 것이라는 보장은 어디에서도 찾을 수 없다. 흄의 설명은 귀납법의 신뢰성을 전혀 보장해주지 않는다. 칸트는 이를 곤란해하면서도 흄의 근본적인 전제들은 절대 반박하지 않는다. 칸트는 세계 속 존재들 간의 여러 필연적 연결을 거부하는 흄을 받아들인다. 그리고 오직 관찰하는 마음만이 그러한 필연적인 연결을 만들어낸다는 흄의 전제도 받아들인다. 그러므로 확실성을 회복하고 물리학에 견고한 기반을 제공하기 위해, 칸트는 흄에게 단지 경험적으로 확립될 뿐이었던 "습관"이라는 관념에 필연성을 부여한다. 즉, 흄은 우리의 마음이 원인과 결과의 관계를 추론한다고 지적하는 반면에, 칸트는 지성의 범주로서 인과관계의 추론을 확립시킨다. 이 범주는 우리가 지각하는 세계에 우리 자신의 마음이 부여하는 것이다. 칸트에 따르면 인과성은 사물 자체에 존재하는 것은 아닐지 모르나, 그런데도 우리의 주관적인 경험에서 **빼놓**

을 수 없는 부분이다. 혹은 메이야수가 칸트의 주장을 다른 말로 표현하듯이, "인과적 필연성"은 그 자체로는 "절대적으로 필연적"인 것은 아니나, 그럼에도 그것은 "의식의 존재와 의식이 경험하는 세계를 위한 필요조건이다"(2008, 89). 인과적 필연성이 없으면 사물은 뜯겨나간다. '주체-나'도 '객체-세계'도 존속할 수 없게 된다. 물론 이것은 상관주의의 근간을 이루는 전제다.

메이야수는 상관주의의 내부에서 상관주의의 매듭을 풀고자 하므로, 메이야수는 칸트의 분석을 전도시켜 반복한다. 메이야수는 칸트가 "개념의 분석론"을 통해 제공했던 해결을 거부하고 인과성에 관한 "흄의 문제"로 되돌아간다(Meillassoux 2008, 82~111). 흄은 인과적 필연성의 근거를 궁금해한다. 우리가 언제나 인과적 필연성을 전제하면서도 정작 그 인과적 필연성은 우리의 경험에 직접적으로 현전하지 않기 때문이다. 칸트가 정신의 작용 속에서 인과적 필연성의 기반을 세우는 것으로 이에 대응할 때, 메이야수는 합리적 사고에 있어서 "인과적 필연성의 명백한 허위성은 참으로 자명하다"(91)고 주장한다. 이 주장은 보고 있으면 황홀할 만큼 대담하다. 흄은 우리가 거듭되는 연접을 관찰하긴 하나, 우리가 결코 그러한 연접을 강요하는 힘 자체는 관찰할 수 없다는 점을 염두에 둔다. 흄은 인과성을 뒷받침할 감각적 증거가 전혀 없음에도 불구하고 인과성을 반드시 가정하게 되는 사태에 당혹해한다. 그런데 메이야수는 이 논리를 완전히 뒤집는다. 메이야수는 "인과성을 향한 믿음을 우리에게 강요하는 것은 사고가 아니라 우리의 감각"(91)이라고 주장하기에 이른다. 감각이 제공하는 증거를 의심하고 순수이성의 지시만을 따르도록 우리에게 경고하면서, 메이야수는 흄주의나 경험주의가 아닌 플라톤주의적인 주장을 한다. 이를 행하면서 메이야수는 인과성을 향한 흄의 인식론적 의심을 실증주의적인 존재론의 학설로 변환시킨다. 사물 자체 속에서는 인과적 필연성을 결코 발견할 수 없다. 그러한 필연적 관계가 단순히 존재하지도 않고 또 존재할 수도 없기 때문이다. 인과적 관계가 그저 우연적이라는 것이 선험적인 필연성이 되는 것이다. 흄의 진술을 과장하면서, 메이야수는 사실만 볼 때 "똑같은 원인이 '1백 개의 다른 사건'(혹은 더 많은 사건)을 실제로 초래할 수 있다"(90)고 말한다. 원인과 결과에 관해서는, 루이스 같은 흄주의자가 시도했던 것처럼 확률론적으로 추론할 수도 없다. 루이스가 정당화된 믿음의 정도와 다양한 "가능 세계"의 반사실적 사례들을 고찰할 때, 메이야수는 "가능적인 것"이 "총체화"될 수 있거나 어떠한 통계적 분포에 종속될 수 있다는 관념 자체를 거부한다(Meillassoux 2008, 105~6).

인과성에 관한 흄, 칸트, 그리고 메이야수의 이론은 모두 반실재론적인 것이다. 그들은 모두 인과성이 사물 자체의 현실적 성질들로부터 현실적으로 유래할 수 없다는 맹목적 전제로부터 시작하고 있다. "필연적 연결"이 부재한 세계에서, 개별적 사건들로부터 사물과 사물 사이의 인과관계는 그러한 인과관계를 추론하기 위해 인과관계를 상정하는 인간의 마음일 뿐이다. 하먼 또한 어떠한 형태의 "관계주의"(2009b, 75)도 거부하고, "실재적 객체들"은 서로로부터 완전히 고립되어 있고 또 서로를 촉발할 수 없으며, 그러므로 필연적 연결은 있을 수 없다고 말한다는 의미에서 이러한 논증의 전반부는 받아들일지도 모른다. 그러나 하먼은 모든 객체가 "고유의 인과적 힘"(2011a, 21)을 포함한 깊은 본질적 성질들 또한 가지고 있다고 말하는데, 이는 흄, 칸트, 루이스, 메이야수라면 거부할 어떤 것이다.

좀 더 일반적으로 말하자면, 하먼에게 모든 철학의 최대 "리트머스 시험"은 "철학이 무기적인 관계를 인간과 세계의 관계와 같은 지평에 위치시키고 있는지를 … 묻는 것이다"(2009b, 67). 진정으로 실재론적인 철학은 객체와 그 객체를 관찰하는 (동물, 인간 또는 이성적) 주체 사이의 특별한 관계에 특권을 부여하는 것이 아니라, 인간(또는 동물) 관찰자가 부재할 때 객체들이 상호작용하거나 서로에게 영향을 미치는 방식을 말할 수 있어야 한다. 면직물과 불길 사이의 상호작용은 인간 정신과의 상호작용과 동일한 존재론적 지위를 인정받아야 한다 (Harman 2005, 170). 이런 관점에서 볼 때 인과성을 인간의 정신에 의한 투사나 부여로 제한시키는 이론은 분명히 결점을 지닌 것이다. 인과성에 관한 인간중심주의적이지 않은 실재론적 분석이 필요하다. 여기서 실재론적 분석이란 인과성을 인과관계가 어떻게 우리에게 현상적으로 나타나는지에 관한 문제로 제한시키지 않는 것이다.

원인과 결과에 관한 그러한 실재론적 설명은 조지 몰나르 (2007)를 통해 제시되었으며, 스티븐 멈퍼드와 라니 릴 안줌 (2011)에 의해 더욱 완전하게 설명되었다. 지금 언급한 분석철학자들은 다양한 존재들이 가지는 힘들에 관해서는 애초부터 실재론자이다. 몰나르는 "힘은 그 힘을 담지한 것들에게 본질적인 성질"이라고 주장하며 "힘은 현현의 가능성을 넘어서는 그 이상의 어떤 것이 아니다"라는 (흄과 루이스가 유지하는) 좀 더 관습적인 전제와 정반대편에 서 있다(2007, 57). 이는 사물이 가지는 인과적 힘이 존재론적으로 완전히 실재적이라는 것이다. 소금은 녹아내릴 수 있고 유리잔은 깨질 수 있으며 칼은 날카롭다. 이러한 성질이나 능력은 특정한 상황에서만 현현하는 것일 수도 있다. 그런데도 그러한 "고유의 인과적 힘"은 실재적이며, 그러한 힘을 담지하는 객체들의 내재적 성질이다. 그리고 이것은 소금이 물과 마주치지 않아 용해되지 않는다고 하더라도, 유리잔이 깨지지 않더라도, 나이프가 실제로 무언가를 잘라내지 않더라도 그렇다. 만일 용해성, 연약성, 날카로움이 사물의 내재적 성질이라면 루이스가 추구하는 대로 가설적인 반사실적 진술을 통해 둘러댈 수는 없다.

여기서 몰나르의 사고방식은 사물이 다른 것에 영향을 미치거나 영향을 받을 수 있는 본질적인 능력을 갖추고 있다는 스피노자(전-칸트적)의 개념과 멀지 않다. 객체의 힘은 다른 객체들을 향해 있다. 객체가 자신의 힘을 행사할 다른 객체와 조우하고 있을 때만 그 힘이 행사될 수 있기 때문이다. 그러나 동시에, 이것은 힘이 관계론적으로 정의되어 있거나 힘이 그 힘을 담지한 자의 본질에는 못 미치는 어떤 것임을 의미하지는 않는다. 몰나르가 분명히 하듯이, "존재론적으로는 개별자와 개별자의 성질들(행위들)을 능가하는 상위의 어떠한 것은 없지만, 인과적으로는 있다"(2007, 198). 여기서 존재론적인 것과 인과적인 것 사이의 분리가 결정적이다. 존재론적 차원에서, 몰나르는 국소적인 사실 소재 이외에는 아무것도 없다는 흄과 루이스에 동의한다. 하먼은 이것이 객체를 아원자적 구성요소로 환원시키는 객체의 "아래로-환원"undermining을 함의한다며 반박할 수도 있다(2011a, 8~10). 그럼에도 불구하고, 그러한 입장은 적어도 사물들이 그들의 관계 밖에서, 그리고 관계에 선행해서 실체적인 실재성을 가지고 있다는 하먼의 주장과 양립 불가능하지 않다. 몰나르 또한 객체의 속성이 현재 행사되지 않았다 하더라도 항상 완전히 현실적이고 본질적(가능태나 잠재태이기 보다는)이라는 하먼의 논증(Harman 2009b, 130)을 반대하지 않을 것이다. 그러나 몰나르에게는 이 본질적 실재성 자체가 대부분 사물에게 행사하는 현실적인 인과적 능력들로 구성되어 있다. 어떠한 방향성을 가진 행위를 수행하고 그러므로 다른 사물들과 관계적으로 상호작용하는 능력들로 구성되어 있는 것이다. 개별적 사물의 성질이 힘인 한, 그것은 국소적 사실소재를 "능가해서, 상위의" 실체적인 부류의 인과성을 가능하게 한다. 이것이 루이스가 깨닫지 못했던 어떤 것, 하먼이 이차적인 "감각적" 영역에 위치시킨 어떤 것이다. 그러나 몰나르에게 있어 사물이 다른 사물과 우연히 마주칠 때, 실재적 결과가 산출된다(그리고 이것은 단순히 "감각적"인 것이 아니다).

힘에 관한 몰나르의 실재론을 따라서 멈퍼드와 안줌은 인과성에 대한 실재론적 접근을 주장한다. "결과는 자신을 드러내는 힘에 의해 출현한다"(2011, 7). 사물의 성질들은 그저 "인과적 힘들의 묶음"일 뿐이며, 무언가가 일어날 때 이 성질들은 "인과적인 작용을 행하고 있다"(3). 그렇게 인과성은 세계에 객관적으로 존재하게 된다. 인과성은 관찰자에 의해 추론된(혹은 부여된) 무언가가 아니다. 우리 자신에게든 여타의 존재에게든 인과적 힘은 완전히 실재적이다. 이는 그러한 힘이 현현할 기회가 없거나 상쇄하는 힘으로 인해 그 현현이 좌절된 경우에도 해당한다(성냥불을 붙이려 했으나 바람이 불길을 끄는 경우). 그런데 현현에 성공했을 때에도 힘은 자신을 총체적으로 표현하지 않는다. 여기서 멈퍼드와 안줌의 주장은 마누엘 데란다와 유사하다. 데란다에게 또한 사물의 능력들은 "가능적으로 열려있는 목록을 형성한다. 주어진 존재가 무수한 여타의 존재에게 어떠한 방식으로 영향을 미치고 또 영향을 수용하는지를 사전에 알 방법은 없기 때문이다"(2006, 10). 어떠한 사례에서 개별적인 결과가 산출되도록 작용하는 사물의 힘에는 언제나 개별적인 결과를 산출하는 것 이상의 것이 있다.

만약 인과성에 대한 이런 실재론적 설명을 받아들인다면, 하먼이 모든 "사건이 현시점을 기준으로 합산한 결과들의 총체의 배후에 어떤 것을 저장해 두고 있는 것으로 볼 수 있다"(2005, 232)고 주장할 때, 하먼은 전적으로 옳다. 힘이 객체의 현실적 성질인 한, 힘은 그 힘이 현현하지 않을 때도 완전히 실재적이다. 게다가 이러한 힘은 그것의 개별적 현현에 의해 소진되지 않고 또 그러한 개별적 현현으로 환원될 수도 없다. 객체는 언제나 그것이 일으키는 작용 이상의 것이며, 그러므로 우리가 객체를 활동 중인 것으로 볼 때, "우리는 객체의 가장 깊은 내적 실재성을 암시할 수 있을 뿐이다"(Harman 2005, 107). 하먼과 마찬가지로 멈퍼드와 안줌에게 있어 서로에게 영향을 끼치는 존재들은 그 영향력에도 불구하고 "서로의 깊이를 소진하는 데 실패하고 있다"(Harman 2005, 55). 달은 단지 달에 관해 내가 아는 것 이상의 것이 아니다. 달은 달이 내게 행하는 작용 이상의 것이며, 사실상 여타의 모든 존재에 미치는 효과의 합계 이상의 것이다.

하먼에 대한 나의 동의와 반대, 하먼의 사고에 대한 나의 수정이자 "번역"은 다음과 같이 진술될 수 있다. 나는 인과성이 미적 상호작용이라는 하먼의 설명은 수용하지만, 하먼이 이 설명을 위치시키는 장소, 즉 존재론적으로 구별되는 실체들이라는 깊은 배경은 거부한다. 내가 어떤 사물의 "내적 삶"에 접근하지 못하고 소유하지 못하더라도 그 사물이 여전히 내게 영향을 끼친다는 것은 분명하다. 이는 인과성에 관한 몰나르, 멈퍼드, 안줌의 실재론적 설명과 인과적 접촉이 피상적이고 총체적이지 않다는 하먼의 시사에 따른 귀결이다. 그러나 지금껏 진술한 모든 것에서 "객체는 그 내적 삶에 있어서, 그 객체와 부딪히거나, 으스러지거나, 간섭하거나, 또는 그 객체에 취하는 어떠한 다른 존재에도 절대 만져지지 않는다"(Harman 2005, 73)는 귀결이 어째서 뒤따르는지 나는 알지 못한다. 당신이 나의 내적 삶을 전혀 모르더라도, 당신의 행위는 여전히 나의 내적 삶에 깊이 영향을 미칠 것이기 때문이다. 나는 언제나, 나를 부르는 사물, 나를 스치는 사물, 나에게 기쁨을 주거나 거부감을 주는 사물, 혹은 피상적으로 나와 조우하는 사물에 의해 영향받고 변화되고 있다. 사실상 이러한 사물이 나의 내적 삶을 촉발하는 이유는 정확히 나와 분리된 것으로 남아있기 때문이다. 나는 사물들을 내 안에 간단히 사유화시킬 수 없다. 내가 먹는 음식조차도 그저 또 하나의 내가 되지 못한다. 음식은 자신의 향기와 맛을 통해서뿐만 아니라 내 몸 안에 불러일으키는 물리적 변화나 심리적 변화를 통해서도 나에게 뚜렷한 미적 효과를 새긴다.

이를 다르게 말해 보자면, 체계 이론가가 말하는 것과는 반대로 나의 "자아"self도, 다른 존재도 "조작적으로 닫혀있는"

것이 아니다. 객체지향 존재론 사상가 레비 브라이언트는 마뚜라나와 바렐라, 그리고 니클라스 루만으로부터 조작적 폐쇄라는 개념을 채택하며 다음과 같은 조건들을 정의한다. 첫째, "자기생산적 체계의 여러 조작은 자신만을 참조하며 그러한 조작들 자체가 체계 자체의 생산물"이라는 점과 둘째, "자기생산적 체계는 그 자체로 닫혀있어 환경과 직접적으로 관련되지 않으며, 그렇기에 환경으로부터 정보를 받지 못한다"는 점이다(Bryant 2011, 149). 그러나 내가 앞서 기술해온 미적 인과성은 양쪽 조건을 모두 배반한다. 다른 객체와 나의 미적 접촉은 항상 메울 수 없는 거리에 걸쳐 일어나기 때문이다. 이는 첫째로 미적 접촉이 나를 넘어서서 밖에 위치한 어떤 것을 참조reference — 하먼의 용어로는 암시 — 한다는 것을 의미하며, 둘째로 이 암시적이고 외적인 참조는 나 자신으로 환원될 수 없으며, 그래서 "나 자신"myself을 일종의 정합적인 체계로 정의하는 용어들과 동화되는 것에 저항함을 의미한다. 결과적으로 나의 행동 및 "조작"은 결코 "자신만을 참조하지 않는다." 나의 조작은 언제나 내 힘의 밖에 위치하고 나의 힘을 뛰어넘는 다른 여러 힘과 사물에 직접적으로 관계되어 있다.

브라이언트는 체계에 대한 "교란이나 자극"이 가해질 때 그것의 "정보의 가치가 … 자기생산적 기계 자체의 구성에 속하는 구별들에 의해 엄밀하게 구성된다"고 말하면서 내가 "미적 접촉"이라 부르는 것을 설명해버리고자 한다(Bryant 2011,

149~50). 그러나 이러한 설명은 존재들 간의 조우가 "정보"라는 용어로 완전히 기술될 수 있다는 잘못된 전제 위에서 성립되고 있다(여기서 정보는 스펜서 브라운과 루만의 "구별"이나 그레고리 베이트슨의 "차이를 낳는 차이"라는 의미로 규정된다). 이와는 반대로, "체계" 외부의 여러 힘이 유발하는 에너지의 전송과 산화散化는 결코 그러한 정보론적 용어로 적합하게 부호화될 수 없다. 문제로 삼고 있는 체계가 자신을 재차 참조할 수 없는 잔여물이 항상 존재하며, 이 자기 참조의 실패는 인지나 재인으로 환원될 수 없는 차원의 접촉이 있음을 가리킨다. 일단 "교란"이 일정한 문턱을 지나면, 더는 체계 자체에 미리 확립된 "구별들"을 통해 표현되거나 거기에 동화될 수 없다. 루만과 브라이언트의 자기생산 이론은 한계와 유한성의 문제, 그러므로 미적 관계의 문제를 또다시 인식론적 용어로 잘못 세우고 있다.

우리는 인과적 효과성이 부분적이고 간접적, 그러므로 미적이라는 하면의 발견을 곤란해서는 안 될 것이다. 그게 바로 인과성이 실제로 작용하는 방식이기 때문이다. 멈퍼드와 안줌이 말하듯이, "인과적 설정과 그 결과 사이의 연결은…환원될 수 없을 정도로 성향적인 것이다." 그 연결은 "순수한 필연성과 순수한 우연성으로 환원될 수 없으며," 오히려 "그 사이에 있는 어떤 것이다"(2011, 175). 이는 인과관계가 결코 완전한 것이거나 온전히 결정론적일 수 없으며, 언제나 부분적이고 간접적임을 의미한다. 멈퍼드와 안줌은 "성향성의 양상은 성향적이지 않은 다른 용어들로 포착될 수 없다"(176)고 말한다. 칸트는 인과관계의 필연성을 세우고자 했을 때 틀렸다. 그러나 흄, 루이스, 그리고 메이야수는 필연성의 결핍이 순수한 우연성이나 단순한 "수반성"을 함의하는 것으로 해석했을 때 칸트와 동등하게 틀렸다.

이 모든 것의 귀결로서, 그러므로 "실재적" 객체에는 침투할 수 없다는 결론이 뒤따르지는 않는 것이다. 부딪히거나, 으스러지거나, 간섭하거나, 또는 취하는 것에 관해서 실재적이지 않은 것은 아무것도 없다. 사물들이 서로 촉발하는 양태는, (하먼이 말하듯) 궁극적으로 불가능한 어떤 전체적인 융합의 양태와는 대조적으로 불완전해 보일 뿐이다. 하먼이 단순한 신체성, 인과성, 미학의 "감각적인" 영역으로 치부하는 것은 사실 존재하는 유일한 영역이다. 이 영역이야말로 사건이 일어나는 현실적 시공간이며, 그 안에서 사물들이 서로로부터 "물러나고" 서로에게 자신을 드러내는 것이다. 하먼에 따르면, "만약 이 대리적 인과관계가 어디에서 일어나느냐고 묻는다면, 그에 대한 해답은 머나먼 거리에 있는 존재의 내부, 객체의 녹아내린 핵 속에 놓여있다"(2005, 232). 그러나 그러한 "녹아내린 핵"이 아닌 시공간적 장소는 없다.

이 요점은 다시 다른 방식으로 진술될 수 있다. 하먼에게 지각과 사고는 관계적 활동성에 **독점**된 것이며, 이 관계적 활동성은 결코 사물의 내적 본질을 건드리지 못한다. 사고는 언제나 현상학적인 의미로 지향적이다. 그것은 언제나 무언가로 향해 있으며, 언제나 무언가에 관한 것이다. 그런데 그런 의미에서 존재의 근본적 차원, 객체들이 "모든 관계로부터 절대적으로 물러나 있는"(Harman 2005, 76) 그러한 차원이 사고에는 용납되지 않는다. 하먼은 객체의 가장 내적인 본질에 있어서, 어떠한 종류의 정신적, 육체적 접촉도 객체에 접근할 수 없을 뿐만 아니라, 객체 자신도 자신에 관해서 지각하거나 생각하지 않는다고 말한다. 하먼은 "관계하는 것은 무엇이든 지각하며," 그러므로 생각한다는 점을 받아들이지만, 관계가 본질적인 것이 아니기에 "이는 존재들이 자신의 권리로서가 아니라 우연히 프시케psyche를 가진다는 것을 의미한다"(2008, 9).

그렇게 하먼은 존재가 여타의 것과 일절 관계하지 않고, 그러므로 사고하지 않아도 존속할 수 있다고 주장한다. 하먼은 꽤 멋들어진 문장으로 이를 표현한다. "관계하지 않고 존재하며, 지각하지 않고 존재하는 그 객체의 이름은 잠자는 존재, 휴면 중인 객체이다 … 휴면 중인 객체는 실재적이지만, 지금으로선 프시케 없이 있는 듯하다. 매일 밤, 우리는 되도록 깊이 잠들고자 한다. 하루 동안 우연히 쌓아 올린 것을 벗어던지고 외적인 관계에 만져지지 않은 본질적인 삶 속으로 다시 한번 우리 자신을 거두어들이는 것이다." 그렇다면 그것은 사고에 의해 좌우되지 않는다(2008, 9). 하먼은 테니슨의 "크라켄"이나 러

브크래프트의 "크툴루"가 "꿈 없이 침범받지 않은 고대의 수면" 속에 있는 것처럼 객체가 비활성 상태에 있는 시나리오를 상상한다.

그런데 정말 그러한가? 수면은 참으로 "꿈 없이 침범받지 않을" 수 있는 것인가? 이 주장을 듣고 나는 "잠자는 것, 어쩌면 우연히 꿈을 꾸는 것"이 무엇인지를 묻지 않을 수가 없었다. 꿈을 꾼다는 것은 어느 정도까지 사적이고, 비관계적이며, 순수하게 내부적으로 창출되는 것이지만, 그럼에도 불구하고 꿈의 가능성은 우리에게 프시케가 여전히 존재하며, 외적 지각이나 자극, 또는 다른 형태의 접촉이 부재한 상황에서도 프시케는 여전히 기능한다는 것을 보여준다. 생각함은 관계함이 없이도 여전히 일어난다. 그리고 생각함은 어떠한 "지향적 객체"를 가지지 않아도 일어난다. 다른 한편, 꿈을 꾸는 것은 아무리 간접적이더라도 어느 정도까지 꿈꾸는 자의 외부 사건에 반응하는 것이다. 여기서 우리는 "물러남"이 결코 전체적이거나 절대적일 수 없다는 증거를 가지게 된다. 물론, 꿈꾸는 자는 자신의 꿈을 자극하는 외부 사건들과 자신의 꿈이 그 외부 자극에 불투명하게 반응하는 것을 자각할 필요는 없으며, 보통 자각하지도 않는다. 사물들은 계속해서 꿈꾸는 자를 촉발한다. 설령 꿈꾸는 자가 그러한 사물들에 대한 지식을 가지지 않더라도 촉발하는 것이다. 하먼은 존재론적 물러남을 생각이나 감각이 전혀 없으며 꿈을 절대 꾸지 않는 수면으로 그리고 있으며, 따라서 어떠한 관계로부터도 해방된 더없이 행복한 것으로 간주하고 있다. 그러나 그러한 상태는 결코 죽음이나 (무기적인 존재의 경우) 물리적인 해체를 통해 간편하게 이룰 수 있는 것이 아니다. 사물은 그것이 산산조각이 나고 더는 존재하기를 그만둘 때만 절대적으로 무감각할 수 있고 비관계적일 수 있다.

그러므로 하먼이 "만짐이 없이 만지기"를 말할 때, 이 인과적이고 정동적인 과정을 나는 오히려 원격접촉이라 부르며 긍정적으로 보고 싶다. 원격접촉을 지식이 없고 현상학적 지향성이 없는 일종의 감각력, 혹은 감수성으로 생각해보라. 하먼이 함의하는 것처럼 거리가 벌어진 채로 만짐이 "실제로는" 일어나지 않는다는 것이 아니라, 무엇보다도 먼저 그 만짐 자체가 인지나 지식이 접근할 수 없는 양태로 일어나는 것이다. 꿈에서처럼, 나는 나를 만진 것을 전혀 지각하지 못하고 전혀 다른 영역에서 암시적으로, 그리고 은유적으로만 그 효과를 느끼는 것일지도 모른다. 혹은 그 만짐은 단순히 피부를 스치는 것처럼, 혹은 오묘하게 침투하는 것처럼 암묵적으로 슬금슬금 내게 도달하는 것인지도 모른다. 아니면 에로틱하거나 치명적인 만짐이 나를 완전히 압도하여 차마 인지적으로 처리할 수 없게 되는 것인지도 모른다. 어떤 상황에서도 미적 접촉은 애초에 지식의 밖에서, 의식적 지각의 위상 아래에서, 또는 인식하거나 관련시킬 수 있는 능력을 넘어선 차원에서 일어난다. "주체"와 "객체," "아는 사물"과 "알려진 사물" 사이의 어떠한 상관관계도 넘어서서, 영향의 신비로운 과정은 이미 발생하고 있다. 하먼이 이러한 만짐은 "절대로 현전하지 않는 비밀스러운 내용"(2005, 124)을 포함한다고 말할 때 하먼은 전적으로 옳다. 그러나 설령 미적 접촉이 대리적, 혹은 미적이라 할지라도 거기에는 진정한 결과들, 때때로는 불행을 초래하는 결과를 가져오는 진정한 힘들이 진정으로 현현하고 있다.

그러므로 내 버전의 사변적 실재론은 인식론적 문제들에 전혀 초점을 맞추지 않는다. 오히려 미학에 단적으로 초점을 맞춘다. 왜냐하면, 미학은 내재적이고 비인지적인 접촉의 영역이기 때문이다. 미학은 지식에 선행한다. 아니, 차라리 지식으로 이끄는 지식의 유혹적 측면에 위치한다고 말해야겠다. 사실,『판단력 비판』의 전반부, 미학에 관한 칸트의 논의에서 이에 관한 단서를 찾아볼 수 있다. 특히 "미의 분석론"에서 칸트는 다른 곳에서는 볼 수 없는 길을 열어주며, 칸트 자신의 체계의 구축법에서는 배제된 사변적 가능성을 엿볼 수 있게 해준다. 물론 칸트가 결코 우리를 상관주의적 순환에서 벗어나도록 내버려 두지 않는다는 것은 여전히 사실이다. 그런데 칸트의 미학은 이 순환의 구성 자체를 선행한다. 그것은 논리적으로도 시간적으로도 그 구성을 선행하는 순간을 점하고 있다. 칸트에게 있어서 현상을 넘어서서 물자체에 대한 "지적 직관"을 향한 움직임은 있을 수 없다. 칸트에게 저 너머au-delà란 없는 것이다. 그럼에도 불구하고 칸트의 미학은 우리에게 이쪽en deçà을 제공한다. 정신과 존재, 그리고 주제와 객체의 상관관계보다 앞서서 오거나 혹은 그에 미치지 못하는 움직임을 가져오는 것이다. 이렇게 칸트의 미학은 여전히 유한성에 바탕을 두고 있는 가운데 상관주의적 구속을 회피하고 있다.

칸트의 미학은 특이성과 보편성 사이의 기묘한 공명 – 혹은 일종의 단락이라고 하는 것이 더 나을지도 모르는 것 – 을 전제로 하고 있다. 이 두 극단은 모든 위계, 모든 매개, 모든 중간적인 차원의 조직을 우회하며 즉발적이고 비인지적인 접촉에 흘러 들어간다. 이는 어떻게 가능한가? 칸트에게 아름다움은 객관적인 범주가 아니다. 미적인 것은 "객관적인 양적 판단을 포함하지 않으며, 오직 주관적인 판단만을 포함한다"(Kant 2000, 100, 214). 아름다움은 우리 자신의 존재보다 선행해서 존재하며 현실로 아름다운 것들이 순응해야 하는 윤곽을 가진 플라톤적 형상이 아니다. 아름다움은 개별적인 아름다운 사물들이 종種이 되는 유類적인 것도 아니다. 그러한 위계적인 분류는 불가능하다. "모든 취미판단" – 그러므로 아름다움의 판단 – 은 "특이한[단칭] 판단singular judgement이다"(100, 215). 이는 아름다움의 모든 사례가 근거도 정당화도, 혹은 전례도 없이 어떤 새로운 것임을 뜻한다. 아름다운 예술 작품은 사전에 "어떤 결정적인 법칙이 주어지지 않은" 생산물이다(186, 307). 이렇게 아름다움의 모든 사례는 여타의 모든 아름다운 사례와는 다르다. 아름다운 객체는 결코 다른 객체와 완전히 일치할 수 없으며,

서로 간에도 완전히 일치할 수 없다.

그런데 미적 판단이 특이하고 "그것의 결정적인 근거는 주관적일 수밖에 없다"(Kant 2000, 89, 203)고 하더라도, 이는 미적 판단이 단순히 주관적임을 뜻하지 않는다. 아름다운 것은 "선"과 마찬가지로 단순히 "합치할 수 있는" 것과는 구별되어야 한다(Kant 2000, 97~98, 212~13). 아름다운 것은 인지심리학과 "합리적 선택" 이론의 가정들을 중심으로 조직된 오늘날의 세계에서 그러하듯이 개인(또는 소비자)의 "선호"로서 특징지을 만한 어떤 것이 아니다. 아름다움은 개인적 "관심"interest의 문제가 아니다(90~91, 204~5). 그것은 고립된 주체의 변덕이나 갈망에 기인할 수 없다. 칸트는 어떤 것이 "내게 있어 아름답다"고 말하는 것은 누구에게나 "우스꽝스러운 일일 것"이라고 말한다(98, 212). 개인적 선호와는 대조적으로 미적 판단이 반드시 "만인의 동의를 … 요구"하기 때문이다(98, 213).

특이한 미적 판단들이 공통으로 가지는 유일한 것은, 그들이 모두 그러한 절대적 요구를 행한다는 것이다. 그들 각자는 타협이나 제한 없이 무한히 자신을 긍정한다. 그들 각자는 "보편적인 목소리"라는 같은 방식으로 자신을 말한다(Kant 2000, 101, 216). 칸트는 미적 판단이 "다른 것과 비교함이 없어 특이한 것이지만, 그럼에도 불구하고 보편성의 조건들과 합치하는 표상"(104, 219. 강조는 샤비로)이라고 말한다. 그런데 어떻게 그러한 조건들이 표현되며, 어떻게 획득될 수 있는가? 그런 의문들을 고려하면서 칸트는 존재의 일의성에 대한 들뢰즈의 학설을 미리 통찰하고 있었다. 칸트가 예외적인 상황으로 드는 것은 들뢰즈에게 기본적인 존재론적 원리가 된다. 이 상황이 예외적인 것은 그것이 객체에 관한 일반적인 지식이 아니며, 미적 판단에만 적용되기 때문이다. 들뢰즈에게 일의성이란 "존재를 단일하고 같은 의미로 말하는 것이 아니라, 개별화하는 모든 차이나 내재적인 양태에 대해 단일하고 같은 의미로 말하는 것"(1994, 36)을 의미한다. 달리 말하자면, 어떤 사물의 존재는 다른 사물의 존재와는 다른 것이지만, 그러나 존재 그 자체는 모든 사물에게 동일하게 귀속된다. 존재의 모든 양태는 특이성이지만, 그러한 특이성들은 모두 같은 방식으로 존재하게 되며, 바로 그 점 때문에 그들은 모두 같은 방식으로 자신을 긍정한다. 본질essence이 아니라 양식manner이 평행을 이루고 있다. 그리고 이것이 어떻게 특이성이 어떠한 매개도 없이도 보편성과 공명하게 되는지를 설명해준다.

각각의 미적 사례가 특이한 것이며 매개에 종속되는 것이 아니라면, 이는 그 사례가 보편적인 경계에 도달하더라도 어떠한 개념이나 범주에는 적합할 수 없다는 것을 의미한다. 아름다움은 "인식에는 아무런 기여도 하지 않는다"(Kant 2000, 90, 204). 오히려 인식을 언제나 선행할 뿐이다. 우리는 우리가 인식하기도 전에, 그리고 그것에 관해 반드시 알아야 할 필요도 없이 무언가가 아름답다고 감각하거나 느낀다. 칸트는 말한다.

"취미판단은 인식판단이 아니다. 그러므로 취미판단은 개념들에 근거를 두지 않으며 개념들을 목적으로 두지도 않는다"(95, 209). 오히려 아름다움의 감각은 직접적으로, "개념들의 매개작용이 없이"(101, 21) 일어난다. 객체와 조우할 때 나는 직접적으로 "쾌락이나 불쾌감을 느낀다"(89, 203). 이렇게 볼 때, 칸트의 미적 판단은 화이트헤드가 느낌이라 부르는 것, "평가절하나 평가절상이라는 형식을 띤" 원초적인 "욕구"(PR, 32)에 가깝다. 화이트헤드에게 있어 우리는 언제나 "정서적, 목적적, 평가적" 방식으로 유입되는 "여건"(PR, 85)을 받아들인다. 경험하는 계기는 각각 "기쁨과 혐오, 평가절상이나 평가절하의 성질"을 표현하는 "주체적 형식"을 가진다(PR, 234).

칸트의 미학에서 가장 성가신 문제는 미적 판단이 "무관심"disinterest하다는 그의 악명 높은 주장이다(Kant 2000, 91, 205). 쾌락과 불쾌와 관계있다는 미적 판단이 어떻게 무관심할 수 있단 말인가? 어떻게 무관심한 쾌락이 애초에 가능할 수 있단 말인가? 칸트의 미적 무관심이라는 관념은 터무니없음이 자명하다며 자주 조롱받고 거부되어 왔다. 아마도 가장 유명한 사례는 니체인데, 니체는 아름다움을 "위대한 개인적 사실과 경험으로, 강렬한 개인적 경험, 욕망, 놀라움, 그리고 쾌락의 자금으로"(Nietzsche 1997, 116) 여긴다. 그러나 니체의 냉소적인 비판은 오해에서 비롯되고 있다. 무관심이라는 관념은 아름다움이 비개념적이며, 그 무엇도 오직 내게 있어서만 아름다운 것이 아니라는 칸트의 주장에 밀접하게 뒤따른다. "무관심하다"라 함은 "정념적이지 않음"이나 "느낌을 결여함"을 뜻하지 않는다. 후자는 차라리 객관적 인식에 좀 더 잘 들어맞는다. 칸트의 용어법에서 무관심하다는 것은 오히려 "대리적인," 혹은 "대체에 의한" 어떤 것에 좀 더 가깝다. 미적 쾌락은 대리적 감각이나 대리적 향유로 가장 적절하게 기술될 수 있다. 여기서 우리는 대리적 인과관계라는 하먼의 관념에서 멀리 있지 않다. 미적 느낌에서 내가 아닌 무언가, 내가 나로 동화시킬 수 없는 무언가가, 그럼에도 불구하고 나와 직접적으로 소통한다. 나는 사물에 관한 앎에는 도달할 수 없을지라도, 그것을 멀리서 변환하며 암시할 수는 있다.

설령 아름다움이 감각적 직접성의 문제이더라도, 설령 아름다움의 기초가 "주관적일 수밖에 없더라도," 아름다움은 내가 아름다움을 포착하는 개별 상황에 속박될 수 없다. 내가 아름다운 무언가를 발견함은 나의 주관적인 필요나 욕망에 의존하지 않으며, 그 아름다운 객체와 나의 조우가 가지는 현실적 상황에도 의존하지 않는다. 내가 포착하는 아름다움의 특이한 사례는 그러한 모든 개별성으로부터 독립적이다. 그것은 데리다의 말을 빌리자면, 인용 가능하고 반복 가능하며, 따라서 다른 곳으로 운반할 수 있다. 아름다움을 주관적으로 판단하는 것이 구체적인 개인으로서의 나 자신이 아니기 때문이다. 오히려 미적 판단의 요점 — 그것이 주관적임에도 불구하고 보편적인 목소리로 말한다고 주장하는 것 − 은 그 판단을 내리는 "나"는 특수한 개인이 아니라 **누구든**^{anyone} 될 수 있다는 것이다. 미적 판단은, 조르조 아감벤이 말하는 "무엇이든 상관없는 것," 즉 "개별적이지도 일반적이지도 않고, 개인적이지도 포괄적이지도 않은"(1993, 1과 107) 것에 속삭인다. 적어도 원리상 아름다움의 사례는 내게 호소하는 방식과 같은 방식으로 다른 누구에게도 호소할 수 있어야 한다.

또한 미적 무관심은 나를 기쁘게 하는 객체가 실재적인지 허구적인지, 객체의 현실적 존재성을 따지는 문제를 유보함을 의미한다. 칸트는 미적 판단이 "객체의 존재에 관해서 무관심하다"(2000, 95, 209)고 말한다. 어떻게 이게 가능할 수 있는가? 제1의 비판에서 "존재는 명백하게 진정한 술어가 아니다"(1998, 567, A598/B626)라고 주장하며 신의 존재에 대한 "존재론적 증명"을 반박하는 칸트의 주장은 유명하다. 칸트에 따르면, 신이 존재해야만 한다는 기본적인 주장에 의거해서 "필연적 존재"를 신의 속성 중 하나로 열거할 수 없다. "내가 사물이 존재한다는 것을 부가적으로 상정할 때, 어떤 것도 더해지지 않기 때문이다"(567, A599/B627). 제3의 비판에서 칸트는 암묵적으로 유사한 논리에 의존한다. 모든 미적 판단은 "객체의 **합목적적 형식**"(Kant 2000, 106, 221)을 느끼고 그에 반응한다. 그런데 존재는 술어가 아니므로, 객체가 존재하는지 존재하지 않는지의 문제는 이 "형식"에 전혀 개입하지 않으며, 따라서 그것은 객체에 대한 나의 미적 반응에 개입할 수 없다. 미적 느낌은 그것이 얼마나 강렬한 것이든 대리적인 것으로 남는다.

실제로 내가 사물의 현실적인 존재(혹은 비존재)를 고려한다면, 나는 미적 판단보다는 인식적 판단이나 도덕적 판단을 하게 될 것이다. 칸트에게 인식적 판단은 객관적이다. 인식적 판단의 경험적 진리는 그 판단을 내리는 인간과는 완전히 독립되어 있다. 도덕적 판단은 정언명령, 보편적인 속박이다. 도덕적 판단은 예외 없이 절대적인 복종을 명령한다. 인식적 판단과 도덕적 판단은 모두everyone에게 보류 없이 적용된다. 이것은 미적 판단이 근거 없이 단순한 "주관적인 보편적 타당성"(Kant 2000, 100, 215)을 누구에게나 호소할 뿐이라는 미적 판단의 방식과는 매우 다르다(칸트 자신은 사실 모두everyone와 누구든anyone의 언어적 구분을 채택하지 않지만, 그럼에도 불구하고 칸트가 주장하는 원리상의 차이를 설명하고 지적하는 데는 유용한 방법이다). 인식적 판단이나 도덕적 판단의 보편성은 본질적으로 처음부터 참인 것으로 주어진다. 그러나 미적 판단은, 근거 없는 특이성의 긍정은 "그 자체가 모두의 합치를 상정하지 않는다 … 이 동의를 모두에게 돌릴 뿐이다"(101, 216). 그러므로 미적 판단은 인식이나 도덕적 판단과는 다르게 동의를 명령할 수 없으며, 그저 요구할 뿐이다. 그러한 판단은 "오직 타자의 동의로부터만 … 확증을 기대할 수 있다"(101, 216). 오직 자율적으로 순응하는 동의여야만 하는 것이다. 따라서 미적 판단의 "보편성"은 사전에 설립된 것이 아니다. 계속되는 간청과 소통의 과정을 통해 생산되어야만 하는 것일 뿐이다.

이렇게 볼 때, 칸트의 미적 판단은 마치 화이트헤드주의자의 "느낌"처럼 경험의 과정에서 마주친 객체에 대한 반응이다. 그러나 인지적이고 객관적인 것이 아니므로, 그러한 판단이나 느낌은 그것이 반응하게 되는 객체에 관한 것이 아니다. 칸트에 의하면 미적 판단을 통해서 "객체의 그 무엇도 지시되는 법이 없다"(2000, 89, 203). 그리고 화이트헤드는 모든 "평가절상"이나 "평가절하"가 현실적 존재가 마주친 여건에 대한 강제되지 않은 "결단"이라고 말한다(PR, 254). 어떤 경우에도 우리가 얻는 것은 객체의 (좀 더 정확하거나 좀 더 덜 정확한) 내적 표상이 아니라, 객체에 대한 근거 없는 미적 "가치평가," "상향上向적"이거나 "하향下向적"인 평가다(PR, 254). 설령 미적 느낌이 객체에 의해 촉발되었더라도, 그 느낌 자체는 객체와의 어떠한 지향적 관계로부터도 독립되어 있다. 객체에 대한 미적 느낌은, 그 객체와 상관할 수 없다. 미적 조우는 인식이나 소유함이 없이 발생하며, 현상학적 지향성이나 "관함성" 없이 발생한다.

따라서 칸트의 미적 판단은 감각적 직관의 수동적인 수용 이상의 것이지만 의식적 인식과 이해에는 미치지 못하는 일종의 감수성을 포함한다. 제1비판의 "개념의 분석론"은 질베르 시몽동이 질료-형상적 도식이라 부른 것을 따라 작동한다(2005, 39~51). 이는 능동적인 형상이 수동적이고 일차적으로 형상을 결여한 물질 또는 내용에 부여된다는 이원론이다. "지성의 범주들"은 모든 경험이 그것에 따라서 조직되게 되는 기본적인 원리들이다. 그리고 칸트가 도식schemata이라 부른 것은 그러한 범주들이 실천 속에서 적용되는 방식을 인도하게끔 작동한다. 칸트에게 있어서 이것만이 지각을 혼돈 이상의 것으로 만들고 긍정적인 지식이 조직될 수 있게 하는 유일한 방법이다. 그런데 제1비판과는 대조적으로 제3비판에서는 이 삐걱거리는 기계들이 모두 고장 난다. 중요한 모든 것은, 능동성과 수동성, 주체와 객체, 형식과 내용이라는 이원론적 양극성 사이에서 내재적으로 일어난다. 미적 판단의 관점에서 보면, 한편으로는 수동적 직관, 다른 한편으로는 능동적인 지성이라는 칸트의 정식이 사실 일차적으로 모호하고 중간적인 과정, 화이트헤드가 ("감각-지각"에 반대하여) "감각-수용"이라고 부른 것의 추상임을 돌이켜볼 수 있다(PR, 113).

칸트는 아름다움을 "개념이 결코 적합할 수 없는 (상상력의) 직관"(2000, 218, 342)으로 정의한다. 달리 말하자면 아름다움은 감각의 직접적인 과잉을 포함한다. 사고를 자극하면서도 어떠한 개별적 사고 속에도 담지되거나 사고로 표현될 수 없는 어떤 것을 포함하는 것이다. 범주화되거나 담지될 수 없는 지각적 경험의 범람이 있다. 그리고 바로 사고가 담지할 수 없기에 언어는 더욱 무력해진다. "미적 이념"은 "어떠한 결정적인 사고, 즉 그것과 적합할 수 있는 개념에 도달함이 없이 많은 것을 생각하게 하는 계기이며, 그러므로 어떠한 언어도 충분한 것일 수 없고, 이해 가능한 것으로 만들 수도 없다"(192, 314). 아름다움은 생각하도록 강요하지만, 그 자체로는 생각이 아니다.

　제3비판에서 칸트의 정식은 종종 화이트헤드와 들뢰즈 양쪽을 모두 관통한다. 사고하도록 격려하면서도 꾸준히 사고로부터 도망 다니는 칸트의 "미적 이념"은 화이트헤드가 "느낌을 위한 유혹"(PR, 85 외 여러 곳)이라 부르는 것이다. 아름다움을 사색하는 데 있어서, "지적 믿음"보다 "상상적 느낌"이 더 중요하다(PR, 187). "판단은 미적 환희에 가려져 빛을 잃는다"(PR, 185). 들뢰즈의 유사한 정식에서, "세계 속 무언가가 우리에게 생각하도록 강요한다. 이 무언가는 인식의 객체가 아닌 근본적인 조우encounter의 객체이다"(1994, 139). 그 객체는 생각하도록 유발하면서 자신이 생각되도록 내버려 두지를 않는다. 우리가 **생각하도록 강요받는** 것은, 사고가 움켜쥐거나 식별할 수 없는 어떤 것, 인식의 대상이 되는 것은 더 완강하게 거부하는 어떤 것과 우리가 마주쳤기 때문이다. 그러므로 들뢰즈에게 있어 조우의 객체는 현상학에서 말하는 "지향적 객체"가 아니다. 오히려 사고의 상관항이 아닌 무언가이며, 사고가 결코 그 자체와 상관할 수 없는 무언가이다.

　이러한 모든 면에서 미적인 것은 인식과 상관주의의 앞에 놓여 있는 장소, 인식과 상관주의가 아직 생겨나지 않은 장소를 표시한다. 칸트는 미적 판단을 단지 지성의 필연적 작동에서 벗어난 예외로 간주하는 것 같지만, 칸트의 정식은 이 이상을 암시하고 있다. 들뢰즈는 칸트를 발전시키거나 완성하고자 했던 "포스트칸트주의 사상가들"에게 있어, "객체와의 관계를 단순히 조건화하는 것이 아닌, 진정으로 발생적이고 생산적인 원리가 필요했다"(1983, 51~52)고 언급한다. 그런데 "미의 개념론"이나 제1비판을 개화시키는 "초월론적 감성론"에서 칸트는 이미 사고의 발생에 관한 그러한 설명의 맹아를 제공한다. 칸트의 암시적 서술에서 정동은 지성을 선행하고, 지성을 낳으면서도 지성을 능가한다. "초월론적 감성론"은 공간과 시간을 향한 우리의 침투라는 형식의 원초적인 미적 감수성을 상정한다. 비록 칸트는 물자체가 아니라 시간과 공간을 명시화하는 지각하는 마음을 신뢰하지만, 그럼에도 불구하고 시간과 공간은 지성에 기인하는 것이 아니라 "모든 감성적 직관의 순수한 형식"(Kant 1998, 183, A39/B56)으로서 지성을 절대적으로 앞선다고 설명한다. 이는 시간과 공간이 "경험적 개념"도 "담론적 개념"도 아님을 의미한다(174~79, A23/B38~A32/B48). 실제로, 비록 "시간과 공간이 … 인식의 원천"(183, A38/B55. 강조는 샤비로)이지만, 그것들 자체는 전혀 인식적이거나 개념적이지 않다. 정신은 칸트가 감각들의 미결정적인 유동이라고 주장하는 것에 "지성의 범주들"을 부여하지만, 시간과 공간은 이미 그 유동에 내재하여 있다. 시간과 공간은 어떠한 인식 행위도 선행하고, 그러면서 어떠한 인식 행위에도 이미 전제된 무언가다. 이를 통해 들뢰즈는 베르그손적인 시간 포착이나 프루스트적인 시간 포착은 이미 칸트 속에서 작동하고 있다고 주장한다. "시간은 우리에게 내적인 것이 아니다… 우리가 시간에 내적인 것이다"(Deleuze 1989, 82).

칸트의 유명한 정식에서, "내용 없는 사고는 공허하고, 개념 없는 직관은 맹목적이다"(1998, 193, B75/A51). 그런데 미적인 것은 이 원리를 수정하거나 유보한다. "내용 없는 사고"는 어떤 상황에서도 "공허"한 것으로 남지만, 제3비판에서 "개념 없는 직관"은 더 이상 생각할 수 없는 것이 아니다. 미적 판단은 실제로 "맹목적"인 것이다. 왜냐하면, 미적 판단은 지성 없이 내려지며, 심지어 포착되는 객체가 현실로 존재하는지도 알지 못하는 채 내려지기 때문이다. 그러나 이것은 미적 판단을 무효한 것으로 환원하지 않는다. 미적 느낌은 일차적으로 내재적이고 범주화할 수 없지만, 인식은 이 미적 느낌이 없이는 발생할 수가 없다. 모든 경험의 원초적인 형식은 미적인 것이며, 그렇기에 모든 행동과 관계의 형식은 미적인 것이다. 미학이 "인간 경험의 국소적 현상"이 아니라 "인과관계를 포함한… 모든 관계의 뿌리"라고 선언하는 하먼이 옳은 것은 이 때문이다. 미학은 "전체적으로 존재론에 속하는 것이지, 동물 지각에 관한 특수한 형이상학에 속하는 것이 아니다"(Harman 2007b, 205).

니체가 그토록 격렬하게 주장하는 것처럼, 세계가 "미적 현상"으로 "정당화"될 수 있을지는 매우 의심스럽다(1999, 72). 그러나 정당화되든 말든, 세계는 실제로 그 근본에 있어 미적이다. 그렇게 미적인 것을 통해 우리는 세계 속에서 행위를 하며, 세계와 세계 속 다른 사물들을 사고의 단순한 상관항으로 환원함이 없이 그들과 관계할 수 있다. 그렇기 때문에 나는 메이야수의 극단적 우연성과 하먼의 불변하는 진공 속에 갇힌 객체의 대안으로서 사변적 미학을 제안한다. 이러한 사변적 미학은 여전히 구성되어야 하는 것으로 남아 있다. 칸트, 화이트헤드, 그리고 들뢰즈는 그것의 맹아를 제공할 뿐이다. 사실상, 모든 미적 조우가 특이한 것인 한, 일반적 미학이라는 것은 불가능하다. 그렇다면 거창한 결론을 내놓기보다는 언제나 그러한 것으로 놔두는 것이 낫겠다.

:: 감사의 말

　이 프로젝트의 다양한 단계를 통틀어 나를 도와준 사람들의 완전한 목록을 제시하는 것은 불가능합니다. 특히 마이클 오스팅, 이언 보고스트, 레비 브라이언트, 윌리엄 코놀리, 롤랜드 파버, 에릭 페린토, 마크 피셔, 알렉산더 갤러웨이, 리처드 그루신, 그레이엄 하면, N. 캐서린 헤일즈, 마티아 젤라카, 티머시 모턴, 도미니크 페트먼, 스콧 리치먼드, 이사벨 스텡거, 유진 태커, 멕켄지 와크, 그리고 벤 우다드를 포함해서 이 목록에서 부주의하게 빠진 많은 사람에게 감사드립니다.

:: 출처

1장은 이전에 "Self-Enjoyment and Concern : On White-head and Levinas", *Beyond Metaphysics? Explorations in Alfred North Whitehead's Late Thought*, ed. Roland Faber, Brian G. Henning, and Clinton Combs (New York : Rodopi, 2010)으로 출간되었다.

2장은 이전에 "The Actual Volcano : Whitehead, Harman, and Problem of Relations", *The Speculative Turn : Continental Materialism and Realism*, ed. Levi Bryant, Nick Srnicek, and Graham Harman (Melbourne, Australia : re.press, 2011), 279~90으로 출간되었다.

3장은 이전에 "The Universe of Things", *Theory and Event* 14, no. 3 (2011)으로 출간되었다.

　20세기 후반, 철학의 주류는 언어론적 전환에 기반하였으며, 장엄한 실재론적 형이상학이 주된 주제로 취급되는 일은 없었다. 그러나 21세기에 들어서며, 20세기 후반의 반실재론적 경향에 대한 불만으로서 현대철학에는 다양한 실재론적 입장이 등장하고 있다. 그중에서도 그레이엄 하먼은 하이데거와 화이트헤드의 철학을 참조하며 자신의 형이상학 객체지향 존재론OOO을 구축했다. 이 책에서 스티븐 샤비로는 하먼이 객체지향 존재론을 구축하면서 행한 화이트헤드 해석에 관해 여러 가지 문제를 제기하고 있는데, 그중 가장 문제로 삼고 있는 것은 아마도 화이트헤드를 순전한 관계주의로 해석하는 점일 것이다. 이 책에서 샤비로는 화이트헤드의 철학 속에서 객체지향 존재론이 "물러남"이라는 용어를 통해 말하고자 하는 객체의 환원될 수 없는 고유성을 찾아내면서, 동시에 화이트헤드의 철학을 통해 사물들 사이의 관계성을 사물의 심장에 놓인 조건으로서 정당하게 다루고자 한다.

　하먼은 샤비로에 대한 응답으로서 「샤비로에 대한 응답」이라는 제목의 논문을 저술했다.[1] 이에 덧붙여서, 하먼은 샤비로의 견해에 관해 추가적인 논문을 쓰기도 했다.[2] 그렇다면 샤비로는 이 책 『사물들의 우주』에서 무엇을 통해 사물의 고유성을 말하고 있을까? 샤비로의 관점에 따를 때, 객체지향 존재론에서 말하는 객체의 "물러남"은 화이트헤드의 "주체적 정향"subjective aim, "주체적 형식"subjective form으로 이해될 수 있을 것 같다. 화이트헤드를 따를 때, 이 두 용어는 모두 영원한 객체에 속한다(화이트헤드는 "영원한 객체"라는 용어의 사용에 오해의 여지가 있다고 지적한다). 이 두 용어는 모두 사물이 자신이 맺는 관계에 의해 소진되지 않는 이유를 설명한다. "객체화는 제거를 포함하기 때문이다. 현재의 사실이 과거의 사실을, 그 완전한 직접성에 있어서의 과거의 사실을 포섭할 일은 없다"(PR 340). 그렇다면 화이트헤드의 체계에 따를 때 객체지향 존재론의 "물러남"은 영원한 객체이다. 영원한 객체는 객체지향 존재론자가 말하는 대로 특수한 "시간화"나 "공간화"에 의해 소진되지 않는다.

그러나 객체지향 존재론과 화이트헤드 철학 사이의 차이는 객체를 취급하는 태도에 있다고 생각된다. 화이트헤드에게서는 언제나 영원한 객체와 현실적 계기 사이의 간극이 보이며, 시공간적 넓이를 가진 현실적 계기가 관계들을 통해 영원

1. Graham Harman, "Response to Shaviro," Levi R. Bryant, Nick Srnicek, and Graham Harman (eds.), *The Speculative Turn*, re.press, 2011.
2. Graham Harman, "Another Response to Shaviro," Roland Faber and Andrew Goffey (eds.), *The Allure of Things : Process and Object in Contemporary Philosophy*, Bloomsbury : London, 2014, pp. 33~46.

한 객체를 실현하며 세계라는 무대를 운영하는 것처럼 보인다. 그것은 찰나에 생성되고 사라진다. 이와 대조적으로, 객체지향 존재론은 현실적 계기와 영원한 객체 사이의 구분과 완전히 무관하지는 않지만 상당히 다른 정식으로 객체를 기술한다(실재적 객체와 감각적 객체의 구분은 현실적 계기와 영원한 객체 사이의 구분과 정확히 동일하지는 않다). 그래서 화이트헤드와 달리 미시적 존재, 즉 현실적 계기를 말하지 않고 온갖 규모의 객체를 말하며 객체에서 객체로의 무한 퇴행과 무한 진행을 말한다. 대신 객체지향 존재론은 실재적 객체와 감각적 객체 사이의 균열을 만드는데, 그렇게 실재적 객체는 자신을 포함한 다른 객체와의 관계(감각적 객체)를 통해 "시간화"되고 "공간화"된다. 이 두 사상 사이의 차이 속에서, 이 책은 과정철학과 객체지향 존재론에 관심 있는 독자에게 많은 즐거움을 안겨줄 것이다.

이 번역서는 많은 사람의 도움이 있었기에 세상에 나올 수 있었다. 이 책을 펴내는 데 많은 도움을 주신 갈무리 출판사, 이 책을 번역하는 데 있어 조언을 아껴주지 않으신 장왕식 교수님을 포함해서 많은 분께 감사드린다.

2021년 11월

안호성

Agamben, Giorgio. 1993. *The Coming Community*. Translated by Michael Hardt. Min-
neapolis : University of Minnesota Press. [조르조 아감벤, 『도래하는 공동체』, 이경진
옮김, 꾸리에, 2014.]

Badiou, Alain. 2000. *Deleuze : The Clamor of Being*. Translated by Louise Burchill. Min-
neapolis : University of Minnesota Press. [알랭 바디우, 『들뢰즈 : 존재의 함성』, 박정태
옮김, 이학사, 2001.]

Barad, Karen. 2007. *Meeting the Universe Halfway : Quantum Physics and the Entangle-
ment of Matter and Meaning*. Durham, N.C. : Duke University Press.

Benjamin, Walter. 2003. *Selected Writings, Volume 4 : 1938-1940. Edited by Howard
Eiland and Michael W. Jennings*. Translated by Edmund Jephcott et al. Cambridge,
Mass. : Belknap Press of Harvard University Press.

Bennett, Jane. 2010. *Vibrant Matter : A Political Ecology of Things*. Durham, N.C. : Duke
University Press. [제인 베넷, 『생동하는 물질 : 사물에 대한 정치생태학』, 문성재 옮김,
현실문화, 2020.]

Bhaskar, Roy. 1975. *A Realist Theory of Science*. New York : Routledge, reprinted 2008.

Blamauer, Michael, ed. 2012. *The Mental as Fundamental : New Perspectives on Panpsy-
chism*. Frankfurt : Ontos Verlag.

Bogost, Ian. 2012. *Alien Phenomenology, or What It's Like to Be a Thing*. Minneapo-
lis : University of Minnesota Press. [이언 보고스트, 『에일리언 현상학』, 김효진 옮김,
갈무리, 근간.]

Brandom, Robert. 2009. *Reason in Philosophy : Animating Ideas*. Cambridge, Mass. : Har-
vard University Press.

Brassier, Ray. 2007. *Nihil Unbound : Enlightenment and Extinction*. New York : Palgrave
Macmillan.

_____. 2011. "I Am a Nihilist Because I Still Believe in Truth." http://www.kronos.org.
pl/index.php?23151,896.

Brassier, Ray, Iain Hamilton Grant, Graham Harman, and Quentin Meillassoux. 2007.
"Speculative Realism." *Collapse : Philosophical Research and Development* 3:307~449.

Braver, Lee. 2007. *A Thing of This World : A History of Continental Anti-Realism*. Evan-
ston, Ill. : Northwestern University Press.

Brembs, Bjorn. 2010. "Towards a Scientific Concept of Free Will as a Biological Trait :

Spontaneous Actions and Decision-Making in Invertebrates." *Proceedings of the Royal Society*, November 25. http://rspb.royalsocietypublishing.org/content/early/2010/12/14/rspb.2010.2325.full.

Bryant, Levi. 2011. *The Democracy of Objects*. Ann Arbor, Mich. : Open Humanities Press. [레비 브라이언트, 『객체들의 민주주의』, 김효진 옮김, 갈무리, 2021.]

_____. 2013. "I Guess My Ontology Ain't So Flat," in the blog "Larval Subjects," February 14. http://larvalsubjects.wordpress.com/2013/02/14/i-guess-my-ontology-aint-so-flat.

Bryant, Levi, Nick Srnicek, and Graham Hannan, eds. 2010. *The Speculative Turn : Continental Materialism and Realism*. Melbourne : re.press.

Chalmers, David. 1995. "Facing Up to the Problem of Consciousness." *Journal of Consciousness Studies 2*, no. 3 : 200~219.

_____. 1997. *The Conscious Mind : In Search of a Fundamental Theory*. New York : Oxford University Press.

Cobb, John B., and David Ray Griffin. 1976. *Process Theology*. Louisville, Ky. : Westminster John Knox Press. [존 캅 데이비드 그리핀, 『과정신학』, 류기종 옮김, 황소와 소나무, 2002.]

Cogburn, Jon. 2010. "Brandom on (Sentient) Categorizers versus (Sapient) Inferers." http:// drjon.typepad.com/jon_cogburns_blog/2010/03/ brandom-on-sentient-categorizers-versus-sapient-inferers.html.

_____. 2011. "Some Background on Harman and Speculative Realism." http://www.newappsblog.com/2011/02 /some-background-on-harman-and-speculative-realism-and-cool-new-book-series.html.

Coleman, Sam. 2006. "Being Realistic : Why Physicalism May Entail Panexperientialism." In *Consciousness and Its Place in Nature : Does Physicalism Entail Panpsychism?*, edited by Anthony Freeman, 40~52. Charlottesville, Va. : Imprint Academic.

_____. 2009. "Mind under Matter." In *Mind That Abides : Panpsychism in the New Millennium*, edited by David Skrbina, 83~108. Philadelphia : John Benjamins.

Coole, Diana, and Samantha Frost. 2010. *New Materialisms : Ontology, Agency, and Politics*. Durham, N.C. : Duke University Press.

Delanda, Manuel. 2002. *Intensive Science and Virtual Philosophy*. New York : Continuum. [마누엘 데란다, 『강도의 과학과 잠재성의 철학』, 김영범, 이정우 옮김, 그린비, 2009.]

_____. 2006. *A New Philosophy of Society*. New York : Continuum. [마누엘 데란다, 『새로운 사회철학』, 김영범 옮김, 그린비, 2019.]

Deleuze, Gilles. 1983. *Nietzsche and Philosophy*. Translated by Hugh Tomlinson. New York : Columbia University Press. [질 들뢰즈, 『니체와 철학』, 이경신 옮김, 민음사, 2001.]

_____. 1986. *Cinema 1 : The Movement-Image*. Translated by Hugh Tomlinson and Bar-

bara Habberjam. Minneapolis : University of Minnesota Press. [질 들뢰즈, 『시네마 1 운동-이미지』, 유진상 옮김, 시각과언어, 2002.]

_____. 1989. *Cinema 2 : The Time-Image*. Translated by Hugh Tomlinson and Robert Galeta. Minneapolis : University of Minnesota Press. [질 들뢰즈, 『시네마 2 시간-이미지』, 이정하 옮김, 시각과언어, 2002.]

_____. 1990. *The Logic of Sense*. Translated by Mark Lester. New York : Columbia University Press. [질 들뢰즈, 『감각의 논리』, 하태환 옮김, 민음사, 2008.]

_____. 1993. *The Fold : Leibniz and the Baroque*. Translated by Tom Conley. Minneapolis : University of Minnesota Press. [질 들뢰즈, 『주름, 라이프니츠와 바로크』, 이찬웅 옮김, 문학과지성사, 2004.]

_____. 1994. *Difference and Repetition*. Translated by Paul Patton. New York : Columbia University Press. [질 들뢰즈, 『차이와 반복』, 김상환 옮김, 민음사, 2005.]

Dennett, Daniel. 1988. "Quining Qualia." http://ase.tufts.edu/cogstud/papers/quinqual.htm

Derrida, Jacques. 1998. *Of Grammatology*. Translated by Gayatri Chakravorty Spivak. Baltimore, Md. : Johns Hopkins University Press. [자크 데리다, 『그라마톨로지』, 김성도 옮김, 민음사, 2010.]

Dolphijn, Rick, and Iris van der Tuin. 2012. *New Materialism : Interviews & Cartographies*. Ann Arbor, Mich. : Open Humanities. [릭 돌피언·이리스 반 데어 튠, 『신유물론 : 인터뷰와 지도제작』, 박준영 옮김, 교유서가, 2021.]

Dunham, Jeremy. 2009. "Whitehead on the Contingency of Nature's Laws." *Concrescence : The Australasian Journal of Process Thought* 10:35~44.

Freeman, Anthony, ed. 2006. *Consciousness and Its Place in Nature : Does Physicalism Entail Panpsychism?* Charlottesville, Va. : Imprint Academic.

Galloway, Alexander. 2012. *French Theory Today : An Introduction to Possible Futures*. New York : TPSNY/Erudio Editions. http : //cultureandcommunication.org/galloway/FTT/French-Theory-Today.pdf.

Gee, Henry, ed. 2007. *Futures from Nature : One Hundred Speculative Fictions from the Pages of the Leading Science Journal*. New York : Tor Books.

Grant, Iain Hamilton. 2006. *Philosophies of Nature after Schelling*. New York : Continuum.

_____. 2009. "All Things Think : Panpsychism and the Metaphysics of Nature." In *Mind That Abides : Panpsychism in the New Millennium*, edited by David Skrbina, 283~99. Philadelphia : John Benjamins.

Harman, Graham. 2002. *Tool-Being : Heidegger and the Metaphysics of Objects*. Chicago : Open Court.

_____. 2005. *Guerrilla Metaphysics : Phenomenology and the Carpentry of Things*. Chicago : Open Court.

_____. 2007a. *Heidegger Explained: Front Phenomenon to Thing.* Chicago: Open Court.

_____. 2007b. "On Vicarious Causation." *Collapse: Philosophical Research and Development* 2:171~205.

_____. 2008. "Intentional Objects for Nonhumans." http://www.europhilosophie.eu/recherche/IMG/pdf/intentional-objects.pdf.

_____. 2009a. "OOO: A First Try at Some Parameters." http://doctorzamalek2.wordpress.com/2009/09/04/ooo-a-first-try-at-some-parameters.

_____. 2009b. *Prince of Networks: Bruno Latour and Metaphysics.* Melbourne: re.press. [그레이엄 하먼, 『네트워크의 군주: 브뤼노 라투르의 객체지향 철학』, 김효진 옮김, 갈무리, 2019.]

_____. 2009c. "Zero-Person and the Psyche." In *Mind That Abides: Panpsychism in the New Millennium,* edited by David Skrbina, 253~82. Philadelphia: John Benjamins.

_____. 2010. "I Am Also of the Opinion That Materialism Must Be Destroyed." *Environment and Planning D: Society and Space* 28, no. 5:772~90.

_____. 2011a. *The Quadruple Object.* Winchester, England: Zero Books. [그레이엄 하먼, 『쿼드러플 오브젝트』, 주대중 옮김, 현실문화, 2019.]

_____. 2011b. *Quentin Meillassoux: Philosophy in the Making.* Edinburgh: Edinburgh University Press.

_____. 2011C. *Towards Speculative Realism: Essays and Lectures.* Winchester, England: Zero Books.

_____. 2012a. *The Third Table. Ostfildern,* Germany: Hatje Kantz.

_____. 2012b. "Wolfendale's Piece in the Speculations Issue," in the blog "Object-Oriented Philosophy," September 4.

_____. 2013. "The Current State of Speculative Realism." *Speculations* 4:22~28.

James, William. 1890/1983. *The Principles of Psychology.* Cambridge, Mass.: Harvard University Press.

_____. 1912/1996. *Essays in Radical Empiricism.* Lincoln: University of Nebraska Press. [윌리엄 제임스, 『근본적 경험론에 관한 시론』, 정유경 옮김, 갈무리, 2018.]

Jones, Gwyneth. 2011. "The Universe of Things." In *The Universe of Things,* 48~61. Seattle: Aqueduct Press.

Jones, Judith. 1998. *Intensity: An Essay in Whiteheadian Ontology.* Nashville, Tenn.: Vanderbilt University Press.

Kant, Immanuel. 1998. *Critique of Pure Reason.* Translated by Paul Guyer and Allen W. Wood. New York: Cambridge University Press. [임마누엘 칸트, 『순수이성비판 1, 2』, 백종현 옮김, 아카넷, 2006.]

_____. 2000. *Critique of Judgment.* Translated by Paul Guyer and Eric Matthews. New York: Cambridge University Press. [임마누엘 칸트, 『판단력 비판』, 백종현 옮김, 아카넷, 2009.]

Ladyman, James, Don Ross, David Spurrett, and John Gordon Collier. 2007. *Every Thing Must Go: Metaphysics Naturalized*. New York: Oxford University Press.

Laruelle, Francois. 1999. "A Summary of Non-Philosophy." *Pli* 8:138~48.

_____. 2009. *Dictionary of Non-Philosophy*. Translated by Taylor Adkins. http://nsr-nicek.googlepages.com/DictionaryNonPhilosophy.pdf.

_____. 2011. *The Concept of Non-Photography*. New York: Sequence/Urbanomic.

Latour, Bruno. 1988. *The Pasteurization of France*. Translated by Alan Sheridan and John Law. Cambridge, Mass.: Harvard University Press.

_____. 1993. *We Have Never Been Modern*. Translated by Catherine Porter. Cambridge, Mass.: Harvard University Press. [브뤼노 라투르, 『우리는 결코 근대인이었던 적이 없다』, 홍철기 옮김, 갈무리, 2009.]

Laity, Tanya, and Madeline Beekman. 2010. "Irrational Decision-Making in an Amoeboid Organism: Transitivity and Context-Dependent Preferences." *Proceedings of the Royal Society B*, published online before print August 11.

Levinas, Emmanuel. 1969. *Totality and Infinity: An Essay on Exteriority*. Translated by Alphonso Lingis. Pittsburgh: Duquesne University Press. [에마뉘엘 레비나스, 『전체성과 무한: 외재성에 대한 에세이』, 김도형·문성원·손영창 옮김, 그린비, 2018.]

Lewis, David. 1986. *Philosophical Papers II*. New York: Oxford University Press.

Manning, Erin. 2013. *Always More Than One: Individuation's Dance*. Durham, N.C.: Duke University Press.

McGinn, Colin. 2006. "Hard Questions: Comments on Galen Strawson." In *Consciousness and Its Place in Nature: Does Physicalism Entail Panpsychism?*, edited by Anthony Freeman, 90~99. Charlottesville, Va.: Imprint Academic.

McLuhan, Marshall. 1962. *The Gutenberg Galaxy: The Making of Typographic Man*. Toronto: University of Toronto Press. [마셜 맥클루언, 『구텐베르크 은하계』, 임상원 옮김, 커뮤니케이션북스, 2001.]

_____. 1964/1994. *Understanding Media: The Extensions of Man*. Cambridge, Mass.: MIT Press. [마셜 매클루언, 『미디어의 이해: 인간의 확장』, 김상호 옮김, 커뮤니케이션북스, 2011.]

McLuhan, Marshall, and Quentin Fiore. 1967. *The Medium Is the Message*. New York: Bantam. [마샬 맥루한, 쿠엔틴 피오르, 『미디어는 맛사지다』, 김진홍 옮김, 커뮤니케이션북스, 2001.]

Meillassoux, Quentin. 2008. *After Finitude: An Essay on the Necessity of Contingency*. Translated by Ray Brassier. New York: Continuum. [퀭탱 메이야수, 『유한성 이후: 우연성과 필연성에 관한 시론』, 정지은 옮김, 도서출판b, 2010.]

_____. 2012. "Iteration, Reiteration, Repetition: A Speculative Analysis of the Meaningless Sign." http://oursecretblog.com/txt/QMpaperApr12.pdf.

Merleau-Ponty, Maurice. 2002. *Phenomenology of Perception*. Translated by Colin Smith.

New York : Routledge. [모리스 메를로-퐁티, 『지각의 현상학』, 류의근 옮김, 문학과지성사, 2002.]

Metzinger, Thomas. 2004. *Being No One : The Self-Model Theory of Subjectivity*. Cambridge, Mass. : MIT Press.

Molnar, George. 2007. *Powers : A Study in Metaphysics*. New York : Oxford University Press.

Morton, Timothy. 2011. "AI, Anti-AI vs OOO, Enaction." http://ecologywithoutnature. blogspot.com/2011/05/ ai-anti-ai-vs-ooo-enaction.html.

_____. 2013. *Realist Magic : Objects, Ontology, Causality*. Ann Arbor, Mich. : Open Humanities Press. [티머시 모턴, 『실재론적 마술』, 안호성 옮김, 갈무리, 근간.]

Mullarkey, John. 2006. *Post-Continental Philosophy : An Outline*. New York : Continuum.

_____. 2012. "Can We Think Democratically? Laruelle and the 'Arrogance' of Non-Philosophy." http ://www.thelondongraduateschool.co.uk/thoughtpiece/can-we-think-democratically-laruelle-and-the-arrogance-of-non-philosoth.

Mumford, Stephen, and Rani Lill Anjum. 2011. *Getting Causes from Powers*. New York : Oxford University Press.

Nagel, Thomas. 1991. *Mortal Questions*. New York : Cambridge University Press.

Negarestani, Reza 2008. *Cyclonopedia : Complicity with Anonymous Materials*. Melbourne : re.press. [레자 네가레스타니, 『사이클로노피디아』, 윤원화 옮김, 미디어버스, 2021.]

Nietzsche, Friedrich. 1997. *On the Genealogy of Morality*. Edited by Keith Ansell Pearson. Translated by Carol Diethe. New York : Cambridge University Press. [프리드리히 니체, 『선악의 저편 · 도덕의 계보』, 김정현 옮김, 책세상, 2002.]

_____. 1999. *The Birth of Tragedy and Other Writings*. Edited by Raymond Geuss and Ronald Speirs. Translated by Ronald Speirs. New York : Cambridge University Press. [프리드리히 니체, 『비극의 탄생 · 반시대적 고찰』, 이진우 옮김, 책세상, 2005.]

Olson, Charles. 1987. *The Collected Poems of Charles Olson : Excluding the Maximus Poems*. Edited by George Butterick. Berkeley : University of California Press.

Peckham, Morse. 1979. *Explanation and Power : The Control of Human Behavior*. Minneapolis : University of Minnesota Press.

Pulos, C. E. 1954. *The Deep Truth : A Study of Shelley's Skepticism*. Lincoln : University of Nebraska Press.

Roden, David. 2013. "Nature's Dark Domain : An Argument for a Naturalized Phenomenology." *Royal Institute of Philosophy Supplement 72* (July) : 169~88.

Rucker, Rudy. 2006. "Mind Is a Universally Distributed Quality." http://www.edge.org/q2006/qo6_3.html#rucker.

_____. 2007. "Panpsychism Proved." In *Futures from Nature : One Hundred Speculative Fictions from the Pages of the Leading Science Journal*, edited by Henry Gee, 248~50.

New York : Tor Books.

Savarese, Ralph James, and Emily Thorton Savarese, eds. 2010. "Autism and the Concept of Neurodiversity." Special issue, *Disability Studies Quarterly* 30:1.

Seager, William. 2006. "The 'Intrinsic Nature' Argument for Panpsychism." In *Consciousness and Its Place in Nature : Does Physicalism Entail Panpsychism?*, edited by Anthony Freeman, 129~45. Charlottesville, Va. : Imprint Academic.

Sellars, Wilfrid. 1997. *Empiricism and the Philosophy of Mind*. Cambridge, Mass. : Harvard University Press.

Shaviro, Steven. 2003. *Connected, or, What It Means to Live in the Network Society*. Minneapolis : University of Minnesota Press.

_____. 2009. *Without Criteria : Kant, Whitehead, Deleuze, and Aesthetics*. Cambridge, Mass. : MIT Press.

_____.ed. 2011. *Cognition and Decision in Nonhuman Biological Organisms*. Ann Arbor, Mich. : Open Humanities Press.

Simondon, Gilbert. 2005. *L'individuation a la lumiere des notions de forme et d'information*. Grenoble, France : Million. [질베르 시몽동, 『형태와 정보 개념에 비추어 본 개체화』, 황수영 옮김, 그린비, 2017.]

Skrbina, David. 2005. *Panpsychism in the West*. Cambridge, Mass. : MIT Press.

_____. ed. 2009. *Mind That Abides : Panpsychism in the New Millennium*. Philadelphia : John Benjamins.

Sobchack, Vivian. 1992. *The Address of the Eye : A Phenomenology of Film Experience*. Princeton, N.J. : Princeton University Press.

Stengers, Isabelle. 2009. "Thinking with Deleuze and Whitehead : A Double Test." In Deleuze, *Whitehead, Bergson : Rhizomatic Connections*, edited by Keith Robinson, 28~44. New York : Palgrave Macmillan.

_____. 2011. *Thinking with Whitehead : A Free and Wild Creation of Concepts*. Translated by Michael Chase. Cambridge, Mass. : Harvard University Press.

Sterling, Bruce. 2005. *Shaping Things*. Cambridge, Mass. : MIT Press.

Strawson, Galen. 2006. "Realistic Monism : Why Physicalism Entails Panpsychism." In *Consciousness and Its Place in Nature : Does Physicalism Entail Panpsychism?*, edited by Anthony Freeman, 3~31. Charlottesville, Va. : Imprint Academic.

Thacker, Eugene. 2011. *In the Dust of This Planet*. Winchester, England : Zero Books.

Trewavas, Anthony. 2003. "Aspects of Plant Intelligence." *Annals of Botany* 92:1~20.

Trewavas, Anthony, and František Baluška. 2011. "The Ubiquity of Consciousness." *EMBO Reports* 12 (18 November) : 1221~25.

Tulving, Endel. 1985. "Memory and Consciousness." *Canadian Psychology/Psychologie Canadienne* 26:1.

Whitehead, Alfred North. 1920/2004. *The Concept of Nature. Amherst*, N.Y. : Prometheus

Books. [CN].[알프레드 노스 화이트헤드, 『자연의 개념』, 안형관 옮김, 이문출판사, 1998.]

_____. 1925/1967. *Science and the Modern World*. New York : Free Press. [SMW]. [알프레드 노스 화이트헤드, 『과학과 근대세계』, 오영환 옮김, 서광사, 2008.]

_____. 1926/1996. *Religion in the Making*. New York : Fordham University Press. [RM]. [알프레드 노스 화이트헤드, 『종교란 무엇인가』, 문창옥 옮김, 사월의책, 2015.]

_____. 1929/1978. *Process and Reality*. New York : Free Press. [PR]. [알프레드 노스 화이트헤드, 『과정과 실재 : 유기체적 세계관의 구상』, 오영환 옮김, 민음사, 2003.]

_____. 1933/1967. *Adventures of Ideas*. New York : Free Press. [AI]. [알프레드 노스 화이트헤드, 『관념의 모험』, 오영환 옮김, 한길사, 1997.]

_____. 1938. *Modes of Thought*. New York : Free Press. [MT]. [알프레드 노스 화이트헤드, 『사고의 양태』, 오영환·문창옥 옮김, 치우, 2012.]

_____. 1948. *Science and Philosophy*. New York : Philosophical Library. [SP].

_____. 1958. The Function of Reason. Boston : Beacon Press. [FR]. [알프레드 노스 화이트헤드, 『이성의 기능』, 김용옥 옮김, 통나무, 1998.]

Wittgenstein, Ludwig. 1922/2001. *Tractatus Logico-Philosophicus*. Translated by D. F. Pears and B. F. McGuinness. New York : Routledge. [루드비히 비트겐슈타인, 『논리-철학 논고』, 이영철 옮김, 책세상, 2006.]

_____. 1953. *Philosophical Investigations*, 4th ed. Translated by G. E. M. Anscombe, P. M. S. Hacker, and Joachim Schulte. Madden, Mass. : Wiley-Blackwell. [루트비히 비트겐슈타인, 『철학적 탐구』, 이영철 옮김, 책세상, 2019.]

Wolfendale, Pete. 2009. "Phenomenology, Discourse, and Their Objects." http : / / deontologistics.wordpress .com /2009 /12 /20/phenomenology-discourse-and-their-objects.

_____. 2010. "Brandom on Ethics." http : //deontologistics.wordpress.com/2010/02/27/brandom-and-ethics.

_____. 2012. "Not So Humble Pie." http://deontologistics.files.wordpress.com/2012/04/wolfendale-nyt.pdf.

Woodard, Ben. 2012. *On an Ungrounded Earth : Towards a New Geophilosophy*. New York : Punctum Books.

Žižek, Slavoj. 1993. *Tarrying with the Negative : Kant, Hegel, and the Critique of Ideology*. Durham, N.C. : Duke University Press. [슬라보예 지젝, 『부정적인 것과 함께 머물기 : 칸트, 헤겔, 그리고 이데올로기 비판』, 이성민 옮김, b, 2007.]

_____. 2012. *Less Than Nothing : Hegel and the Shadow of Dialectical Materialism*. New York : Verso.

:: 인명 찾아보기